www.ebn24.com

Wirtschaftsstandort Deutschland

Chancen und Perspektiven einer Wirtschaftsnation

Opportunities and Prospects of an Economic Nation

Europäischer Wirtschafts Verlag
Bundesrepublik Deutschland
2002/2003

Sehr geehrte Damen und Herren,

Der Erfolg einer modernen Industrienation im internationalen Wettbewerb wird heute vor allem daran gemessen, wie schnell es gelingt, Wissen in neue Produkte und Verfahren umzusetzen. Wie effizient arbeiten Wissenschaft und Wirtschaft dabei zusammen? Sind Forschung, Entwicklung und Produktion eng genug verzahnt? Stimmen die Rahmenbedingungen? Funktioniert die Kommunikation? Diese Fragen entscheiden über das Gelingen oder Scheitern der wirtschaftlich-technologischen Prozesse. – Genau hier wirkt die Philosophie unseres Medienprojekts, das die wichtigen Wirtschaftsstandorte Europas weltweit präsentiert. Das Projekt fördert die Kommunikation und führt zusammen, was in einer modernen Wirtschaft zusammengehört – Wissenschaft, Wirtschaft und Politik. Es analysiert nicht nur die Standorte hinsichtlich der Qualität ihrer harten und weichen Standortfaktoren, sondern leistet auch ganz praktische Hilfe, indem es Kooperationen fördert, neue Geschäftskontakte generiert und Absatzmärkte erschließt. Der vorliegende Band, mittlerweile die dritte Auflage des Headbuches, veranschaulicht diesen Anspruch in kontroversen, aber konstruktiven Beiträgen eindrucksvoll. Er führt aber auch zu einer wichtigen Erkenntnis: Der Wirtschaftsstandort Deutschland ist besser als sein Ruf.
Unser Land hat ausgezeichnete Voraussetzungen, die Chancen einer neuen wissensintensiven Wirtschaft für sich zu nutzen. Zum Beispiel die deutsche Automobilindustrie. Sie hat Kosten reduziert, ihr Innovationstempo forciert sowie ihre Produktpalette modernisiert und differenziert. Die deutschen Unternehmen wurden erfolgreiche Global Players, die fast jedes vierte in der Welt produzierte Fahrzeug herstellen. BMW, DaimlerChrysler und VW spielen erfolgreich in der World Automotive Champions League. Die deutschen Marken stehen auf der ganzen Welt für Qualität, technische Raffinesse und Komfort.

Das Herzstück der deutschen Wirtschaft ist und bleibt jedoch der Mittelstand. In den rund 3,3 Millionen kleinen und mittleren Unternehmen arbeiten über 23 Millionen Beschäftigte, also zwei Drittel aller Arbeitnehmer. Diese breit gefächerte Wirtschaftsstruktur schützt die Volkswirtschaft vor zu starken konjunkturellen Ausschlägen und schafft die Arbeitsplätze der Zukunft gerade im Bereich der Dienstleistungen oder der New Economy. Dazu müssen jedoch, auch das wird in unserem Buch deutlich, Bedingungen geschaffen werden, die es dem Mittelstand ermöglichen, seine Potenziale im Interesse von Wirtschaft und Gesellschaft voll zu entfalten.
Weiter an Gewicht gewinnt die deutsche Wirtschaft durch das weitere Zusammenwachsen Europas und den Euro. Heute bereits gehört der Euroraum neben den USA und Japan zu den bedeutendsten Wirtschaftsräumen der Welt. In der Europäischen Union werden etwa 16 Prozent des Weltsozialprodukts erwirtschaftet. Heute verlieren Entfernungen an Bedeutung, die Kommunikation wird schneller, die Volkswirtschaften rücken weltweit enger zusammen und Völkerverständigung wird zur Voraussetzung wirtschaftlicher Prosperität. Neben hohen Anforderungen an Unternehmer, Arbeitgeber und Arbeitnehmer bringt diese Entwicklung große Chancen für Wachstum und Beschäftigung mit sich. Der immanente Ideenwettbewerb fördert kreative Lösungen.

Unser Projekt „Wirtschaftsstandort Deutschland" wird dazu einen wichtigen Beitrag leisten.

Dear Reader

The success of a modern industrial nation in coping with global competition is measured today especially by how quickly it succeeds in turning knowledge into new products and processes. How efficiently do science and commerce work together? Are research, development and production sufficiently closely linked? Are basic conditions appropriate? Does communication work? These questions determine the success or failure of scientific and technological processes. – This is where the philosophy of our media project that presents the important business locations of Europe all over the world, works. The project promotes communication and brings together everything that has a place in a modern society – science, commerce and politics. It analyses not only the locations for the quality of their hard and soft location factors, but also provides practical assistance by promoting cooperation, generating new business contacts and opening up new markets.
This book – now the third edition of the flagship of this series – illustrates this demand in controversial, but constructive articles. But it leads to an important point: namely, that Germany as a place to do business is better than its reputation. Our country has excellent conditions for using the opportunities offered by a new, knowledge-intensive economy.
Take the German motor vehicle industry, for example. It has reduced its costs, increased its pace of innovation, modernised and increased its range of products. German motor vehicle companies became successful global players and manufacture almost every fourth motor vehicle produced in the world. BMW, DaimlerChrysler and VW are successful players in the World Automotive Champions League. All over the world German brands stand for quality, technical refinement and comfort. But the heart of the German economy is still the medium-sized sector of the economy. Over 23 million people – two thirds of all employees – work in the 3.3 million small and medium-sized sector. This broadly-structured economic structure protects the economy from strong cyclical swings and creates the jobs of the future in the area of services or the new economy. In addition – and this becomes clear in the book – conditions must be created that let the medium-sized sector to fully develop its potential in the interests of the economy and society. The German economy is also gaining importance through the growing up of Europe and Euro and today the Euro zone is already one of the world's most important economic regions. Some 16 per cent of the world's national product is earned in the European Union. Today distances are losing their importance, communications are becoming quicker, all over the world economies are moving closer together and international understanding is becoming a premise for economic prosperity. Besides big demands on entrepreneurs, employers and employees this development is being accompanied by great opportunities for growth and employment. The immanent competition of ideas demands creative solutions. Our project "Germany as a Place to do Business" will make an important contribution to this.

Christian Kirk
Managing Director of
MEDIEN GRUPPE KIRK AG

Sehr geehrte Damen und Herren,

Deutschland spielt beim europäischen Integrationsprozess von Anfang an eine entscheidende Rolle. Der große Gedanke der Gründerväter, der schließlich zur Schaffung der ersten Gemeinschaftsstrukturen führte, entstand gerade aus dem Wunsch heraus, eine endgültige Lösung für das Problem der deutsch-französischen Rivalität zu finden und die Versöhnung zwischen den Völkern und Nationen zum Dreh- und Angelpunkt einer neuen Phase des Fortschritts und Wohlstands zu machen. Seit damals gehört Deutschland bei allen Fortschritten im europäischen Aufbauwerk zu den Hauptakteuren.
Deutschlands erfolgreicher Wiederaufstieg nach der Katastrophe des 2. Weltkriegs und die Überwindung der Teilung des Landes sind der Beweis dafür, dass das Gemeinschaftsmodell nach wie vor Gültigkeit hat. Für die Europäische Union ist dies ein Vorbild. Mit dem Beitritt der ostmitteleuropäischen Länder wird die Europäische Union zum größten Binnenmarkt der Welt mit 500 Millionen Verbrauchern – das ist mehr als die Bevölkerung Japans, Australiens, der USA und Kanadas zusammengenommen – und mit einem enormen Umsatzvolumen. Deutschland wird geografisch im Herzen des neuen Europa liegen und sich somit in einer idealen Ausgangsposition befinden, um alle sich bietenden Chancen zu nutzen.
Die Beitrittsländer unternehmen schon seit Jahren gewaltige Anstrengungen, um die in Maastricht festgelegten Kriterien erfüllen zu können. Sind wir aber bereit, diese Länder in unsere Gemeinschaft aufzunehmen? Dabei geht es nicht nur um bloße Verwaltungsreformen: Vielmehr muss das gesamte System des Regierens – der Governance – in der Europäischen Union neu durchdacht werden, wobei Effizienz und Subsidiarität, aber auch Transparenz und Rechenschaftspflicht als Maßstäbe anzulegen sind.
Über rein quantitative Größen hinaus wird die Erweiterung dazu beitragen, die weltweite Rolle der Europäischen Union, ihre politische Identität, zu stärken. Es bedarf daher einer radikalen Rückbesinnung auf unsere eigentlichen Ziele, auf das Europa, das wir uns wünschen.
Deutschland hat sich stets sehr aufgeschlossen für europäische Fragen gezeigt und durch Außenminister Joschka Fischer und Bundeskanzler Gerhard Schröder bereits wichtige, anregende Diskussionsbeiträge beigesteuert.
Die zweite große Herausforderung, der wir uns stellen müssen, ist die Ausgestaltung der gemeinsamen Währung und unser endgültiger Eintritt in die neue Ära der Wissensgesellschaft. Die europäische Wirtschaft erzielt bereits ausgezeichnete Ergebnisse dank einer Strategie, die makroökonomische Stabilität mit mikroökonomischen Reformen verbindet. In dieser Hinsicht stellt der Euro für uns eine beachtliche Stärke dar. Er ist damit ein greifbarer Beweis und ein klares Symbol für die Fortschritte der Europäischen Union.
Binnenmarkt und Einheitswährung machen zusammen mit dem technischen Fortschritt die europäische Wirtschaft noch wettbewerbsfähiger. Ein Beispiel unter vielen sind die Finanzmärkte: Ein einheitlicher Euro-Kapitalmarkt wird weitaus effizienter sein, als dies die nationalen Märkte der einzelnen Mitgliedstaaten je gewesen sind.

Deutschland spielt aufgrund seiner geografischen Lage, seiner jüngsten Geschichte und seiner wirtschaftlichen Spitzenstellung eine Hauptrolle bei der Bewältigung dieser Herausforderungen. Die Rolle eines starken und klugen Akteurs, der sich seiner Verantwortung bewusst ist.

Dear Reader

Right from the beginning Germany played a deciding role in the process of European integration. The leading idea of the founding fathers which finally led to the creation of the initial framework of the community, arose from the desire to find a solution to the problem of Franco-German rivalry once and for all and to make the reconciliation between the peoples and nations of the earth the pivot of a new phase in progress and prosperity. With all the progress since that time Germany has played a leading role in building the new Europe. Germanys successful rise after the catastrophe of the Second World War and the overcoming of the partition of the country are the proof that a community of nations is still valid. With the entry of the countries Eastern Europe, the European Union will become the largest single market in the world. With 500 million consumers this is more than the populations of the United States, Canada, Japan and Australia put together. It also represents an enormous sales volume. Germany is in the geographic heart of this new Europe and is thus in an ideal position to take advantage of all the opportunities available it.
The new members of the Union have been making huge efforts for years to fulfil the criteria laid down in Maastricht. But are we ready to accept these countries into our Community? It is not simply a question of administrative reform: rather, the whole system of government, of governance in the European Union must be re-thought, where efficiency and subsidiarity and also transparency and accountability must be applied as standards.
Apart from pure size the increase in the number of members will contribute to the strengthening of the European Union's international role and its political identity. This requires a radical thinking back to our original goals, to the kind of Europe we want. Germany has constantly showed itself to be very open to European questions and through Germany's Foreign Minister Joschka Fischer and Chancellor Gerhard Schröder, has already made important and stimulating contributions to this debate.
The second great challenge we must face is the building up of the unified currency and our final entry to the new era of the knowledge society. The European economy is already gaining excellent results thanks to a strategy combining macroeconomic stability and microeconomic reforms. In this respect the Euro constitutes a considerable strength for us. It is thus physical proof of, and a clear symbol for, the progress of the European Union.
Together with technical progress, the single market and the unified currency make the European economy even more competitive. One example among many are the financial markets. A unified Euro-based capital market will be far more efficient than the national markets of individual member states have ever been. Due to its geographical position, its recent history and its leading economic position, Germany is playing a main role in overcoming these challenges – the role of a strong and clever actor, who is aware of his responsibility.

Professor Romano Prodi
President of the European Commission

Wirtschaftsstandort Deutschland
Business Location Germany

Christian Kirk Vorstandsvorsitzender der Medien Gruppe Kirk Holding AG	Vorwort Foreword	3
Prof. Romano Prodi Präsident der Europäischen Kommission	Vorwort Foreword	5
Hans Eichel Bundesminister der Finanzen	Sparen ist kein Selbstzweck Saving is not an End in Itself	8
Ernst Welteke Präsident der Deutschen Bundesbank und Mitglied des EZB-Rats	Die gemeinsame Währung als Motor der europäischen Wirtschaft The common Currency as Motor of the European Economy	14
Hilmar Kopper Vorsitzender des Aufsichtsrates Deutsche Bank (bis 22.5.02)	Germany means Business Germany means Business	22
Andrew Richards Geschäftsführer der 3i Deutschland GmbH	Venture Capital – Wachstumsfinanzierung für innovative Unternehmen Venture Capital – Financing Growth for innovative Companies	26
Günter Verheugen Mitglied der europäischen Kommission, zuständig für die EU-Erweiterung	Die Erweiterung der Europäischen Union – Herausforderung und Chance The Expansion of the European Union – a Challenge and an Opportunity	32
Rolf Schwanitz Mitglied des Deutschen Bundestages und Staatsminister für Angelegenheiten der neuen Länder	Hält der Osten Schritt? Wirtschaftliche Perspektiven der neuen Bundesländer Is the East keeping Pace? Economic Perspectives for Eastern Germany	42
Dr. Edmund Stoiber Ministerpräsident des Freistaates Bayern	Modell für deutsche Länder? Bayerns Weg zum Hightech-Standort A Model for the German States? Bavaria's Road to a High-Tech Location	48
Rainer Brüderle Mitglied des Deutschen Bundestages und stellvertretender Bundesvorsitzender der F.D.P.	Mittelstand – großer Verlierer der grün/roten Regierungszeit The medium-sized Business Sector – the big Loser of the SPD/Alliance 90-Green Government Era	56
Florian Gerster Vorstandsvorsitzender der Bundesanstalt für Arbeit	Personalwirtschaft im globalen Wettbewerb – Überlegungen zur Zukunft Personnel Matters in Global Competition – some Thoughts for the Future	64
Renate Künast Bundesministerin für Verbraucherschutz, Ernährung und Landwirtschaft	Im Zentrum steht der Verbraucher – die neue deutsche Agrarpolitik In the Hub stands the Consumer – the new German Agricultural Policy	72

Prof. Dr. Bernd Gottschalk Präsident des Verbandes der Automobilindustrie (VDA)	Die Automobilindustrie – auch weiterhin Motor der deutschen Wirtschaft The Automobile Industry will continue to be the Engine of the German Economy	82
Hartmut Mehdorn Vorstandsvorsitzender der Deutschen Bahn AG	Die Deutsche Bahn – ihr Beitrag zur Mobilität in der Zukunft The Deutsche Bahn and its Contribution to Mobility in the Future	94
Bernhard Schreier Vorstandsvorsitzender der Heidelberger Druckmaschinen AG	Wer global denkt und handelt, hat beste Zukunftsperspektiven Thinking and Acting Globally – a Guarantee of the best Prospects for the Future	102
Edelgard Bulmahn Bundesministerin für Bildung und Forschung	Wissenschaftsstandort Deutschland – Rahmenbedingungen für die Forschung Science Location Germany – The Basic Conditions for Research	110
Prof. Dr.-Ing. Dr. h.c. mult. Dr.-Ing. E.h. Hans-Jürgen Warnecke Präsident der Frauenhofer Gesellschaft	Noch Spitzenplätze – Deutschland im internationalen Technologiewettbewerb Still in Front – Germany's Position in the International Technology Race	118
Prof. Dr. Wolfgang Wahlster Geschäftsführer des Deutschen Forschungszentrums für Künstliche Intelligenz	Deutscher Zukunftspreis 2001 für Forschung über Künstliche Intelligenz German Future Prize 2001 for Research about Artificial Intelligence	130
Prof. Dr. Fritz Vahrenholt Vorstandsvorsitzender der REpowerSystems AG	Industrie und Umweltschutz in Deutschland Industry and environmental Protection in Germany	140
Dr. Ralf Corsten Mitglied des Vorstandes der Preussag AG	Reiseweltmeister Deutschland – der Tourismus als eine Säule des Standorts Germany – the World Travelling Champion: Tourism as a Pillar of the Location	148
Prof. Vittorio Prodi Präsident der Provinz Bologna, Italien Jürgen Petzinger Mitglied des Vorstandes der Fondazione L'Unione Europea	Das Nono-Projekt für Schulen in europäischen Regionen The Nono Project for Schools in the Regions of Europe	154
	Verzeichnis der vorgestellten Unternehmen List of Companies	158
	Impressum Imprint	160

Sparen ist kein Selbstzweck

Saving is not an End in Itself

Konkurrenz belebt das Geschäft. Was für den kleinen Einzelhandelsladen gilt, trifft inzwischen auch für ganze Staaten zu.
Im 21. Jahrhundert verlieren Entfernungen an Bedeutung, die Kommunikation wird schneller, die Volkswirtschaften rücken weltweit enger zusammen. Neben hohen Anforderungen an Unternehmer, Arbeitgeber und Arbeitnehmer bringt diese Entwicklung große Chancen für Wachstum und Beschäftigung mit sich. Der immanente Ideenwettbewerb fördert kreative Lösungen. Der Wegfall von Grenzen beschleunigt gleichermaßen den internationalen Handel wie die Mobilität jedes Einzelnen.

Das scheint nichts Neues zu sein. Diese Entwicklungen sind schon seit einiger Zeit zu beobachten. Neu ist das Ausmaß, in dem heute ganze Staaten voneinander abhängig sind. Besonders deutlich tritt dies zu Tage, wenn große Abnehmerstaaten in konjunkturelle Schwierigkeiten geraten. Stark exportorientierte Staaten, wie Deutschland, spüren derartige Trends verhältnismäßig stark. Dies gilt umgekehrt aber auch für Aufwärtstrends.

Ansprüche einer sich wandelnden Welt an die Politik

Gerade in einem solch interdependenten Umfeld sind günstige gesamtwirtschaftliche Rahmenbedingungen erforderlich, um die Voraussetzungen für mehr Wachstum zu verbessern und zu sichern, so dass im Ergebnis mehr Arbeitsplätze entstehen können. Zugleich erhöht ein positives gesamtwirtschaftliches Umfeld die Akzeptanz und die Chancen zur Realisierung notwendiger struktureller Reformen. Bei günstigen gesamtwirtschaftliche Aussichten wird die Bereitschaft von Arbeitnehmern und Unternehmern, von Investoren und Verbrauchern zur Umsetzung notwendiger struktureller Reformen größer sein, auch wenn sie für jeden Einzelnen im Übergang mit Anpassungslasten verbunden sein können.

In einem Umfeld mit immer schnelleren und neuen Entwicklungen und wachsender Konkurrenz muss Politik auch immer Orientierung bieten.

Hans Eichel

Der Autor, 1941 in Kassel geboren, studierte in Marburg und Berlin Germanistik, Philosophie, Politik und Geschichte. Seit 1964 SPD-Mitglied, gehörte er von 1969 bis 1972 als Stellvertreter des Bundesvorsitzenden dem Juso-Bundesvorstand an. Oberbürgermeister seiner Heimatstadt wurde er 1975 im Alter von 33 Jahren und übte das Amt bis 1991 aus.
1991 wurde Hans Eichel zum Ministerpräsidenten des Landes Hessen gewählt, wiedergewählt wurde er 1995. Seit April 1999 ist Hans Eichel Bundesminister der Finanzen.

The author was born in Kassel in 1941. He studied German, Philosophy, Political Science and History at the Universities of Marburg and Berlin. An SPD member since 1964, he was Vice-President of the management committee of the SPD's Young Socialists wing from 1969 to 1972. He became Lord Mayor of his home town of Kassel in 1975 at the age of only 33 and held that office until 1991. In that year Hans Eichel was voted State Premier of Hessen and was voted in again in 1995. He has been Federal Minister of Finance since 1999.

„Made in Germany" – noch immer ein Qualitätszeichen.
"Made in Germany" – still a sign of quality.

Competition livens up business. What applies to small retail shops also applies to whole states. In the 21st century distance is losing meaning, communication is becoming faster, economies across the world are moving closer together.

Besides making big demands on businessmen, employers and employees, this development is bringing big chances for growth and employment. Existing competition in ideas requires creative solutions. The disappearance of national borders accelerates international trade and the mobility of each individual equally. This does not seem to be anything new.

We have been observing these developments for some time. What is new is the extent to which whole states are dependent on each other. This is particularly noticeable when big importing states experience economic difficulties. Strongly export-oriented states such as Germany feel trends of this nature relatively strongly. The reverse applies to upwards trends.

Demands from a changing World on Politics

In an mutually dependent environment such as this one, ideal basic economic conditions are necessary in order to improve and ensure the conditions for more growth so that these result in more jobs. At the same time a positive macroeconomic environment increases the acceptance of, and the chances for, necessary structural reforms. With favourable macroeconomic prospects employees and businessmen, investors and consumers will be more prepared to implement necessary structural reforms, even if these are linked to transitional adjustment problems.

In an environment with increasingly faster and new developments and increasing competition governments must always show the way. Reliability and calculability are important elements, both for commercial decisions and for decisions of every citizen. So a country cannot alter a suitable course of political action when the first problems appear. Employees and employers, pensioners and families must have the confidence that the coordinates of any given political direction are lasting.

In a social market economy it is also – rightly – true that a suitable framework is necessary in order to prevent competition from being carried out at the expense of the environment or on the backs of the economically weak in particular. We must face up to our responsibilities. We will open up opportunities that the knowledge and information society offers all population groups and while simultaneously softening the risks of breakneck change. Our goal security is in times of change.

Answers by Financial Policies – to do more than just save

Ensuring Germany's ability to cope with the future will depend much on our solving central problems of finance and taxation. Solid, long-term state finances form an essential pillar for a stable macroeconomic framework. Creating the conditions for it must be introduced by a radical about-turn in financial politics. At the end of the 1990s German financial politics faced a gigantic challenge – the Federal Government's level of debt in 1985 had grown to 1.5 billion DM (just under 7.5 thousand million Euro). That meant a dramatic reduction in room for financial manoeuvre. The Federal Government had to use almost every fourth Deutschmark of tax revenue in interest repayments.

A deficit strategy of this nature is not viable in the long-term. Subsequent generations will be restricted from the beginning in their decisions. They will have to pay taxes today to finance the debts of yesterday and will also see themselves as being confronted by worsened conditions for growth and employment. A heavy burden of taxes and levies to finance interest payments and charges on the capital markets by state loan-demands weaken the forces of growth. Important tasks of the future such as education and research cannot be financed by debt. The spiral of debts, worsened prospects for growth and new debt would always turn faster and faster.

Verlässlichkeit und Berechenbarkeit der Politikgestaltung sind wichtige Elemente sowohl für Geschäftsentscheidungen von Unternehmen wie auch für Entscheidungen jedes Bürgers. Ein für die Verhältnisse in einem Land geeigneter politischer Kurs darf daher nicht wie eine Fahne im Wind gewendet werden, wenn die ersten Schwierigkeiten auftauchen. Arbeitnehmer und Arbeitgeber, Rentner und Familien müssen darauf vertrauen können, dass die Koordinaten einer politischen Ausrichtung Bestand haben.

In der Sozialen Marktwirtschaft gilt außerdem zu Recht, dass es eines geeigneten Rahmenwerks bedarf, damit Konkurrenz nicht ungebremst und damit auf dem Rücken insbesondere der wirtschaftlich Schwachen oder der Umwelt ausgetragen wird. Es gilt, aktiv Verantwortung zu übernehmen. Die Chancen der Wissens- und Informationsgesellschaft werden wir allen Bevölkerungsgruppen öffnen und gleichzeitig die Risiken des rasanten Wandels angemessen abfedern. Sicherheit im Wandel ist unser Ziel.

Antworten der Finanzpolitik: mehr als Sparen

Die Sicherung der Zukunftsfähigkeit des Standortes Deutschlands wird entscheidend von der Lösung zentraler finanz- und steuerpolitischer Aufgaben bestimmt. Nachhaltig solide Staatsfinanzen bilden einen wesentlichen Pfeiler für einen stabilen makroökonomischen Rahmen. Die Schaffung der Voraussetzungen dafür musste mit einer radikalen Kehrtwende in der Finanzpolitik eingeleitet werden. Ende der neunziger Jahre stand die deutsche Finanzpolitik vor einer gewaltigen Herausforderung: Der Schuldenstand des Bundes war im Jahr 1998 auf 1,5 Bio. DM angewachsen. Das bedeutete eine dramatische Verengung der finanzpolitischen Spielräume. Fast jede vierte Mark aus Steuereinnahmen musste der Bund Ende der neunziger Jahre für Zinszahlungen aufwenden.

Eine derartige Defizitstrategie ist nicht zukunftsfähig. Nachfolgende Generationen werden von vornherein in ihren Entscheidungen eingeengt. Sie müssen morgen Steuern für die Finanzierung von Schulden von gestern zahlen und sehen sich als Zugabe möglicherweise mit verschlechterten Wachstums- und Beschäftigungsbedingungen konfrontiert. Denn eine hohe Belastung mit Steuern und Abgaben zur Finanzierung der Zinszahlungen und die Belastung des Kapitalmarktes durch die staatliche Kreditnachfrage schwächen die Wachstumskräfte. Wichtige Zukunftsausgaben beispielsweise für Bildung und Forschung können nicht oder nur über weitere Kredite finanziert werden.

Die Spirale aus Schulden, verschlechterten Wachstumsaussichten und neuen Schulden würde sich immer schneller drehen.

Die Bundesregierung hat deshalb klar umgesteuert: Zur Stärkung der gesamtwirtschaftlichen Enwicklung fahren wir einen konsequenten Konsolidierungskurs. Durch niedrigere öffentliche Defizite wird der Kapitalmarkt entlastet und ein Beitrag zu niedrigen Preisen und Zinsen geleistet. Das fördert privaten Konsum und Investitionen und ist auch für das Ausland ein wichtiges Signal für einen soliden finanzpolitischen Kurs. Ganz im Sinn der Kontinuität im Wandel verfolgt die Bundesregierung eine langfristig angelegte finanzpolitische Konzeption, die einen klaren Entscheidungsrahmen vorgibt, Erwartungen stabilisiert und Investoren und Verbrauchern dauerhaft Planungssicherheit vermittelt.

Dieser klare Kurs zeigt bereits wichtige Erfolge. Die Nettokreditaufnahme wird – wie im Zukunftsprogramm 2000 beschlossen – kontinuierlich zurückgeführt. Das gilt auch für 2002. Das Niveau der über Kredite finanzierten Ausgaben liegt mit achteinhalb Prozent in einer Größenordnung, die seit 1974 nur im Jahr 1989 unterschritten wurde. Der Bund hat sich zum Ziel gesetzt, im Jahr 2006 einen ausgeglichenen Haushalt vorzulegen. Dazu ist eine Fortsetzung des verhaltenen Ausgabenkurses erforderlich.

Die Fortsetzung des erfolgreichen Konsolidierungskurses ist auch im Interesse der europäischen Integration. Über den EU-Binnenmarkt sind die europäischen Staaten besonders eng miteinander verbunden. Schon allein unter wirtschaftlichen Gesichtspunkten stärkt dieser Zusammenschluss die Rolle Europas in einer sich wandelnden Welt. Die gemeinsame Währung der Euro-Teilnehmerstaaten unterstreicht noch die gegenseitige Abhängigkeit der nationalen Volkswirtschaften. Dies erfordert einen engen Informationsaustausch und einen funktionsfähigen Koordinierungsprozess, der die starke Rolle Europas auf den Weltmärkten sichert. Auf europäischer Ebene hat sich Deutschland mit seinen Partnern auf eine strikte Anwendung des europäischen Stabilitäts- und Wachstumspakts geeinigt. Im zuletzt im Oktober vergangenen Jahres aktualisierten deutschen Stabilitätsprogramm hat sich Deutschland festgelegt, nach der Steuerreform für Bürgerinnen und Bürger sowie Unternehmen das gesamtstaatliche Defizit im Jahr 2002 wieder

Fast jede vierte Mark aus Steuereinnahmen muss für die Schuldentilgung eingesetzt werden.

Almost every fourth Mark of tax revenue is used to pay off debts.

So the German Federal Government changed course. In order to reinforce macroeconomic development we are taking a consistent consolidation course. The capital markets are being relieved by a lower public deficit and are contributing to lower prices and interest rates. This is a challenge to private consumption and investments and is also an important signal of a solid financial course for other countries. Wholly in the spirit of continuity in change the Federal Government is pursuing a long-term financial plan which prescribes a clear framework for decisions, stabilises expectations and gives investors and consumers long-term planning security.

This distinct course is already showing important successes. Net lending is – as decided in the Plan for the Future 2000 – dropping continually. This applies to 2002 in particular. The level of loan-financed expenses is at 8% of an order which were only fallen short of in 1974. The Federal Government has set itself the goal of presenting a balanced budget in 2006. This will also require a continuation of the current budget restraint.

The continuation of the successful consolidation course is also in the interests of European integration. The countries of the European Union are connected to one another in particular by the Single Market. From an economic point of view alone this integration is strengthening Europe's role in a changing world. The common currency of the participating Euro countries still emphasises the mutual dependence of national economies. This requires a close exchange of information and a functioning coordination process which ensures Europe's strong role on the world's markets.

At European level Germany has agreed with its partners on a strict use of the European Stability and Growth Pact. In the recently updated German stability programme of October 2001, Germany committed itself to reducing all state deficits in 2002 again after the tax reform for citizens and companies. A further requirement for this is a retention of restrained course of cost-containment. This plan is being supported by the EU as well as the OECD and the International Monetary Fund.

In many countries – including outside Europe – people are convinced that, in the long term, permanent debt-reduction will result in negative effects on the economy. Many states have therefore adopted measures to counter this. This particularly is the case in the Scandinavian countries. Their example has shown that a consistent policy of consolidation is compatible with social justice. But examples in other countries also show that unilateral solutions in a world with complex challenges do not lead to the goal. The solutions must be just as varied as the demands of economic, social and ecological developments.

Financial policy does not just mean saving. It also means instituting programmes.

Increasing the State of Public Finances

In order to improve and ensure opportunities for growth and employment in a changing world, even for coming generations, the quality of the budget must also be successively re-adjusted for changing demands. This has also been an issue at international level for some time. Last but not least, the EU Summit in Lisbon emphasised the significance of the quality of public finances for future development. In their economic recommendations the European Commission and the Council of Europe give clear recommendations for action. For example the tax and transfer systems are to be made more employment-friendly in order to ensure higher, long-term quality of public finances, more public expenditure is to be invested in physical and human capital; institutional and structural reforms will achieve more efficiency in public expenditure.

The long-term sustainability of public finances will be ensured by increasing employment, reducing state indebtedness and by further reforms in the pension system and in the health system. A strict consolidation course must therefore be supported by an improvement in the form of expenditure. The Federal Government's motto is therefore: "Investment in the future instead of interest payments". Infrastructure, education and research are especially importance with regard to the development of the global knowledge-, information- and innovation society. The first steps have already been taken.

An improvement in the quality of public finances will take place via the "Future Investment Programme". Together with the proceeds from the UMTS licence auctions, the interest savings resulting from the reduction in debt will be used in this programme to invest in future-oriented area

Frankfurt am Main ist heute neben London die Finanzmetropole Europas.

Beside London, Frankfurt am Main is Europe's financial metropolis today.

abzusenken. Dazu ist eine Beibehaltung des verhaltenen Ausgabenkurses eine wesentliche Voraussetzung. Die EU unterstützt damit dieses Vorgehen ebenso wie beispielsweise die OECD und der Internationale Währungsfonds.

In vielen Ländern – auch außerhalb Europas – hat sich die Überzeugung durchgesetzt, dass von einem permanenten Schuldenaufbau langfristig negative Effekte auf die Volkswirtschaft ausgehen. Viele Staaten haben daher entsprechend gegengesteuert. Dies gilt insbesondere für die skandinavischen Länder. Deren Beispiel zeigt, dass eine konsequente Konsolidierungspolitik mit der Sicherung der sozialen Gerechtigkeit verbunden werden kann.
Beispiele anderer Länder zeigen aber auch: Einseitige Lösungsansätze führen in einer Welt mit komplexen Herausforderungen nicht zum Ziel. Ebenso vielfältig wie die Anforderungen der wirtschaftlichen, sozialen und ökologischen Entwicklungen müssen auch die Antworten sein. Finanzpolitik heißt nicht nur Sparen. Finanzpolitik heißt auch Gestaltung.

Qualität der öffentlichen Finanzen steigern

Um die Wachstums- und Beschäftigungschancen in einer sich wandelnden Welt auch für nachfolgende Generationen zu verbessern und zu sichern, muss sukzessive auch die Qualität des Budgets an sich ändernde Anforderungen neu gestaltet. Dies ist ebenfalls auf internationalem Parkett bereits seit einiger Zeit Thema. Nicht zuletzt der EU-Gipfel von Lissabon hat die Bedeutung der Qualität der öffentlichen Finanzen für die zukünftige Entwicklung unterstrichen. In ihren wirtschaftspolitischen Empfehlungen geben die europäische Kommission und der europäische Rat diesbezüglich klare Handlungsempfehlungen. So sollen zur Verbesserung der Qualität und dauerhaften Tragfähigkeit der öffentlichen Finanzen die Steuer- und Transfersysteme beschäftigungsfreundlicher ausgestaltet, öffentliche Ausgaben hin zu mehr Investitionen in Sach- und Humankapital umgeschichtet und durch institutionelle und strukturelle Reformen eine höhere Effizienz öffentlicher Ausgaben erzielt werden. Die langfristige Tragfähigkeit der öffentlichen Finanzen sollte durch Erhöhung der Beschäftigungsquoten, Reduzierung der Staatsschuldenquoten und weitere Reformen der Alterssicherung und im Gesundheitswesen sichergestellt werden.
Ein strikter Konsolidierungskurs muss also von einer Verbesserung der Ausgabenstruktur flankiert werden. Das Motto der Bundesregierung lautet deshalb: „Zukunftsinvestitionen statt Zinszahlungen". Infrastruktur, Bildung und Forschung sind mit Blick auf die entstehende globale Wissens-, Informations- und Innovationsgesellschaft von besonderer Bedeutung. Erste Schritte sind unternommen. Eine Verbesserung der Qualität der öffentlichen Finanzen erfolgt beispielsweise über das „Zukunftsinvestitionsprogramm". Im Zusammenhang mit der Verwendung der UMTS-Versteigerungserlöse zum Schuldenabbau erzielte Zinseinsparungen werden mit diesem Programm für Investitionen in zukunftsträchtige Bereiche wie Infrastruktur, Bildung und Forschung verwendet. In der Zukunft wird aufgrund der Entwicklungen auf europäischer Ebene verstärkt darüber nachzudenken sein, wie geeignete Indikatoren für die Qualität der öffentlichen Finanzen gestaltet und verbessert werden können, um dieses Feld weiter mit Leben zu füllen.

Steuern und Abgaben senken, externe Effekte internalisieren

„Qualität der öffentlichen Finanzen", wie sie innerhalb der EU definiert wird, berührt auch die Steuer- und Transfersysteme. Der Beitrag der Finanzpolitik an der gesamtwirtschaftlichen Entwicklung geht über Einsparungen und Umschichtungen in Richtung zukunftsträchtiger Bereiche weit hinaus. Neben ihren strikten Konsolidierungskurs hat die Bundesregierung daher als zweite Leitplanke ihrer Finanzpolitik die Förderung von Wachstum und Beschäftigung durch ein tragfähiges und gerechtes Steuer- und Abgabensystem gestellt. Die Steuer- und Abgabenpolitik muss nicht nur sicherstellen, dass die Finanzierung der notwendigen staatlichen Aufgaben langfristig gewährleistet ist. Im Sinne der Sozialen Marktwirtschaft müssen darüber hinaus die richtigen wirtschafts- und sozialpolitischen Signale für Arbeitnehmer, Familien und Unternehmen gesetzt werden. Die Bürger dürfen nicht über Gebühr belastet werden. Verantwortungsbewusste Politik erfordert, steuerliche Entlastungen nur auf der Basis zurückgewonnener Handlungsspielräume des Staates anzugehen. Im Einklang mit der Konsolidierungsstrategie sind hier bereits wichtige Erfolge erzielt worden. Mit der Umsetzung der wachstums- und beschäftigungsfördernden Steuerreform 2000 mit stufenweisen Steuerentlastungen bis zum Jahr 2005 erreichen die Nettoentlastungen ein Gesamtvolumen von insgesamt über 50 Mrd. Euro. Dies stärkt die private Nachfrage, schafft Freiräume für die private Altersvorsorge, regt die wirtschaftliche Dynamik an und verbessert die internationale Wettbewerbsfähigkeit des deutschen Steuersystems.

Die Ökologische Steuerreform setzt zudem ein Zeichen für mehr Umweltbewusstsein und gegen einen bedenkenlosen Umgang mit natürlichen Ressourcen. Umweltpolitische Zielsetzungen finden ihren Niederschlag nicht nur in der Ökologischen Steuerreform, sondern beispielsweise auch in der Förderung von Investitionen in den Umweltschutz, wie dies beispielsweise auch im Rahmen des „Zukunftsinvestitionsprogramms" vorgesehen ist.
Auch dies gehört zu einer gesunden gesamtwirtschaftlichen Entwicklung. Eine verbesserte Familienförderung komplettiert das Konzept unserer Finanzpolitik im Sinne einer nachhaltigen Entwicklung. Neben allen steuerlichen Maßnahmen muss vor allem auch Steuergerechtigkeit geschaffen und bewahrt werden. Das gehört ebenfalls zu den Rahmenbedingungen einer günstigen gesamtwirtschaftlichen Entwicklung.

Fazit und Ausblick

Die skizzierten Elemente, Sanierung der Staatsfinanzen, Verbesserung der Qualität der öffentlichen Finanzen und Reform des Steuer- und Transfersystems tragen zusammengenommen zu einer entscheidenden Stärkung der Wachstumsgrundlagen der deutschen Wirtschaft, zur Schaffung von Arbeitsplätzen, zum Schutz der Umwelt und der sozialen Sicherungssysteme bei. Sie führen aus der Schuldenfalle heraus und bereiten den Weg in die wissensbasierte Gesellschaft. Sie senken die Steuer- und Abgabenbelastung und eröffnen so auch mehr Raum für Eigeninitiative und Kreativität. Die Doppelstrategie einer Stärkung der Binnennachfrage und Verbesserung der Angebotsbedingungen greift.
Der Standort Deutschland ist heute wesentlich attraktiver als noch vor drei Jahren. Die Investitionsbedingungen haben sich deutlich verbessert. Wir erreichen so nicht nur mehr Investitionen einheimischer Unternehmen, sondern tragen damit auch dazu bei, dass sich ausländische Unternehmen verstärkt in Deutschland ansiedeln.

Die Finanzpolitik der Bundesregierung leistet also einen entscheidenden Beitrag zu einem höheren gesamtwirtschaftlichen Entwicklungspfad. Gemeinsam mit einer stabilitätsorientierten Geldpolitik, einer beschäftigungsorientierten Lohnpolitik, der Umsetzung notwendiger struktureller Reformen sowie dem Engagement aller gesellschaftlichen Kräfte wird es uns gelingen, Deutschland auch in der Zukunft einen wirtschaftlichen Spitzenplatz in der Welt zu sichern. ■

such as infrastructure, education and research. Due to developments at European level we will have to give more thought in future to how suitable indicators for the quality of public finances can be designed and improved in order to inject more life into this area.

Reducing taxes and levies, internalising external effects

The "quality of public finances", as they are defined within the EU, affects tax and transfer systems. The contribution of financial policies to macroeconomic development goes far beyond saving and reallocation towards future-oriented areas. For this reason German Government has placed the need for growth and employment through a sustainable and just system of taxation and levies beside its strict consolidation course as a second guardrail of its financial policies. Taxation and levy policies must not only ensure that the financing of public functions is guaranteed over the long term. The right economic and social signals must be given to families, employees and the commercial sector in the spirit of the social market economy. The people must not given a burden they cannot carry.

Responsible policies requires that tax cuts can only be given if the State can afford them. Many important successes have already been gained in accordance with the consolidation strategy. With the implementation of the growth and employment promotion programme of the 2000 tax reform, with step-by-step tax reduction until 2005 net tax relief will reach a total volume of over 50 thousand million Euro. This will increase consumer demand, create room for additional private pensions, stimulate economic growth and improve the international competitiveness of the German tax system. The reform of the ecological tax will also give a sign for more environmental awareness and against thoughtless use of natural resources. Environmental objectives will find their expression not only in the reform of this tax but in the call for investment in environmental protection as well, the same way this is provided for as part of the "Investment Programme in the Future", for example.

This is also part of healthy macroeconomic development. Improved support for families completes our financial policy to promote long-term development. More than anything else we must create and maintain not just tax measures but also tax fairness. This is also part of the basic conditions of favourable macroeconomic development.

Results and Prospects

Taken together, the reorganisation of state finances, the improvement of the quality of public finances and the reform of the tax and transfer system contribute to a vital strengthening of the bases for growth of the German economy, the creating of jobs, the protection of the environment and the social welfare system. They lead out of the debt trap and prepare the way to the knowledge-based society. They reduce the burden of taxes and levies and thus open up more room for peoples' own initiative and creativity. The double strategy of a strengthening of domestic demand and the improvement of the conditions of supply is taking hold.

As a place to do business today Germany is far more attractive than two years ago. Investment conditions have improved vastly, which means that we will gain not only more investment from local companies but also that they will also contribute to more companies settling in Germany.

The German Government's financial policies are thus making a vital contribution to a higher macroeconomic development path. With stability-oriented fiscal policies, employment-oriented wage policies, the implementation of necessary structural reforms and the involvement of all the forces in this society we will succeed in ensuring Germany's place at the top of the economic ladder in the future. ■

Im internationalen Wettbewerb festigt Deutschland seinen wirtschaftlichen Spitzenplatz.

Germany is firming up its top economic position in international competition.

Die gemeinsame Währung als Motor der europäischen Wirtschaft

The common Currency as Motor of the European Economy

Der Euro ist seit dem 1. Januar 1999 die gemeinsame Währung in elf, seit dem Beitritt Griechenlands am 1. Januar 2001, in zwölf europäischen Ländern. Der Euro verändert Europa. Er ist Motor der neuen europäischen Wirtschaft. Mit dem Euro-Bargeld, das seit Januar 2002 in Umlauf ist, wurde für fast 300 Millionen Bürger im Euroraum ein Symbol des europäischen Einigungsprozesses mit Händen greifbar.

Die Europäische Währungsunion

Die Bargeldeinführung vollendete die Währungsunion. Mehr als 50 Jahre hat es bis dahin gedauert. Schumann-Plan, Werner-Plan und Delors-Bericht markieren Meilensteine dieses Weges. Der Delors-Bericht legte die Basis für die Einführung einer einheitlichen Währung. Er sah einen dreistufigen Prozess vor sowie die Gründung einer Europäischen Zentralbank mit dem obersten Ziel der Wahrung der Preisstabilität. Die erste Stufe startete am 1. Juli 1990 mit der Liberalisierung des Kapitalverkehrs zwischen den meisten EU-Mitgliedsstaaten. Dies war ein wesentlicher Schritt hin zu einer effizienteren Allokation des Kapitals innerhalb der Europäischen Union. Das Wechselkursrisiko blieb in dieser ersten Stufe jedoch noch ein wesentlicher Bestimmungsfaktor in der Anlageentscheidung der Investoren.

Im Dezember 1991 einigte sich der Europäische Rat auf seinem Gipfel in Maastricht auf den „Vertrag über die Europäische Union". Im Maastricht-Vertrag wurde die Gründung einer Europäischen Union, die Einführung einer gemeinsamen Außen- und Sicherheitspolitik sowie eine enge Zusammenarbeit in den Bereichen Justiz und Inneres vereinbart. Er legte auch die Konvergenzkriterien als Voraussetzung für den Beitritt zur Währungsunion fest. Am 1. Januar 1994, mit dem Beginn der zweiten Stufe der Währungsunion, wurde das Europäische Währungsinstitut gegründet. Es bereitete den Rahmen vor, in dem die Europäische Zentralbank mit dem Start der dritten Stufe der Währungsunion am 1. Januar 1999 die geldpolitische Verantwortung übernehmen sollte.

Die letzten Jahre vor dem Start der Währungsunion waren durch eine bis dahin nicht gekannte Konvergenz der kurz- und langfristigen Zinssätze und der Inflationsraten gekennzeichnet. Die staatlichen Budgetdefizite und Schuldenquoten wurden reduziert. Die Wechselkurse zwischen den Beitrittsländern der Währungsunion waren relativ stabil. Die Konvergenz der langfristigen Zinsen

Ernst Welteke

Der Autor, 1942 in Korbach geboren, studierte Volkswirtschaftslehre in Marburg und Frankfurt am Main mit dem Abschluss als Diplom-Volkswirt. Von 1974 bis 1995 war er Mitglied des Hessischen Landtags.
Ernst Welteke war von 1991 bis 1994 Hessischer Minister für Wirtschaft, von 1994 bis 1995 Hessischer Minister der Finanzen. Von 1995 bis 1999 war der Autor Präsident der Landeszentralbank in Hessen und Mitglied des Zentralbankrats der Deutschen Bundesbank. Seit September 1999 ist Ernst Welteke Präsident der Deutschen Bundesbank und Mitglied des EZB-Rats.

The author was born in Korbach in 1942 and studied economics at the Universities of Marburg and Frankfurt am Main, graduating in this subject from the latter institution. From 1974 to 1995 he was a Member of Hessen's State Legislature. Ernst Welteke was Hessen's Minister of Commerce from 1991 to 1994 and from 1995 to 1995 State Minister of Finance. He was President of the State Central Bank from 1995 to 1999 in Hessen and Member of the Deutsche Bundesbank's Central Banking Committee. Since September 1999 Ernst Welteke has been the President of the Deutsche Bundesbank and a member of the ECB Council.

Das Gebäude der Deutschen Bundesbank in Frankfurt am Main.

The Deutsche Bundesbank building in Frankfurt am Main.

The Euro has been the common currency in eleven countries of the European Union since 1 January 1999, and in twelve countries since the entry of Greece into the currency union on 1 January 2001. The Euro is changing Europe. It is the motor of the new European economy. With Euro cash which has been in circulation since 1 January 2002 a symbol of the European unification process became within physical reach for almost 300 million citizens.

The European Currency Union

The introduction of the Euro in its cash form completed the Currency Union. It took more than 50 years to reach this point. The Schumann Plan, the Werner Plan and the Delors Report are milestones on this road. The Delors Report laid the basis for the introduction of a unitary currency. It provided for a three-stage introduction process and the establishment of a European Central Bank with the stability of the currency as its top priority. The first stage started on 1 July 1990 with the liberalisation of the movement of capital between most of the EU states. This was an essential step towards a an efficient allocation of capital within the European Union. However the exchange risk remained an essential determining factor in the investors' decisions at the preliminary stage.

In December 1991 the Council of Europe agreed on the "Treaty on the European Union" at its summit in Maastricht. The Treaty agreed to the founding of a European Union, the introduction of a common foreign and security policy and close cooperation in the areas of Justice, and Internal Affairs. It laid down convergence criteria as a requirement for the entry to the Currency Union. On 1 January 1994, with the beginning of the second stage of the Currency Union, the European Currency Institute was founded, preparing the framework in which the European Central Bank would take over fiscal responsibility with the start of the third stage of the Currency Union.

The last few years before the start of the Currency Union were distinguished by a hitherto unknown convergence of short- and long-term interest rates and inflation rates. State budget deficits and debt ratios had been reduced and exchange rates between the candidate countries were relatively stable. The convergence of low-level long-term interest rates shows that the participants in the financial markets trusted the ECB to live up to its task to preserve stability.

The European Central Bank's Monetary Policies

The European Currency Union was deliberately designed to precede the political union in the hope that this would accelerate the process of integration in Europe. In fact fiscal policies form the first really European-directed policy area with its own Europe-wide institutions, based on European law and with fiscal strategy designed for the whole of the Euro-region.

Europeanisation is expressed in equal voting rights for all Members of the Council of the European Central Bank (ECB Council) without regard to the size of their national economy. National or auf einem niedrigen Niveau zeigt, dass die Finanzmarktteilnehmer darauf vertrauten, dass die EZB ihrem Stabilitätsauftrag gerecht werden würde.

Die Geldpolitik der Europäischen Zentralbank

Die Europäische Währungsunion wurde bewusst der politischen Union vorausgeschickt, in der Hoffnung, damit den Integrationsprozess in Europa zu beschleunigen. Tatsächlich bildet die Geldpolitik den ersten wirklich europäisch ausgerichteten Politikbereich. Mit eigenen europaweiten Institutionen, basierend auf europäischem Recht und mit einer für den gesamten Euroraum konzipierten geldpolitischen Strategie.

Die Europäisierung findet ihren Ausdruck im gleichen geldpolitischen Stimmrecht für alle Mitglieder des Rates der Europäischen Zentralbank (EZB-Rat) unbesehen der Größe ihrer nationalen Volkswirtschaft. Nationale oder gar regionale Besonderheiten werden bei den geldpolitischen Entscheidungen nicht berücksichtigt. Es gibt nur einen Leitzinssatz für den gesamten Euroraum. Die Mitglieder des EZB-Rates sind europäische Geldpolitiker und richten ihre Entscheidungen an den ökonomischen Daten des gesamten Euroraumes aus.

Zwölf souveräne Staaten haben ihre geldpolitische Verantwortung im Europäischen System der Zentralbanken vereinigt, mit dem EZB-Rat als dem obersten Entscheidungsgremium. Mit politischer Unabhängigkeit ausgestattet ist der EZB-Rat auf die Sicherung der Preisstabilität verpflichtet. Es gibt in Europa mittlerweile einen festen Konsens über die Bedeutung stabiler Preise als Grundlage für ein gut funktionierendes Marktsystem und für Wachstum und Beschäftigung. Der EZB-Rat definiert Preisstabilität als Anstieg des Harmonisierten Verbraucherpreisindex für das Euro-Währungsgebiet von unter zwei Prozent gegenüber dem Vorjahr.

Preisstabilität ist umso wirksamer, je größer der geografische Raum ist. Durch die Europäische Währungsunion wird ermöglicht, dass fast ganz Westeuropa, vom Atlantik bis zur Ägäis, von der Straße von Gibraltar bis zum Nordpolarmeer, mit einer Währung arbeiten kann.

Zu den dauerhaften Vorteilen der gemeinsamen Währung zählen erhöhte Preistransparenz und

verstärkter Wettbewerb. Wechselkursschwankungen, die in der Vergangenheit oftmals die Wirtschaftstätigkeit störten, gehören der Vergangenheit an. Damit ist eine größere Planungssicherheit für Unternehmen und Märkte gegeben. Zudem entfallen die Kosten der Kurssicherung der Wirtschaft bei grenzüberschreitendem Handel und bei ausländischen Direktinvestitionen.

Die Transaktionskosten im Euro-Raum sinken, Umtauschgebühren entfallen ganz. Die Vorteile für Deutschland liegen auf der Hand: Sechs der zehn wichtigsten Handelspartner und vier der beliebtesten Reiseländer sind Partner in der Währungsunion. Der größere Währungsraum bewirkt eine geringere Abhängigkeit von weltwirtschaftlichen Entwicklungen.

Finanzmärkte im Euroraum

An den Finanzmärkten ist der Euro bereits voll akzeptiert. Er trägt entscheidend zu ihrer Integration bei. Die Kapitalmärkte sind tiefer, breiter und liquider geworden. Die größere Transparenz und

Liquidität der Euro-Märkte im Vergleich zu den kleinen Märkten der Vorgängerwährungen beschleunigen das Wachstum der europäischen Finanzmärkte. Integration, Konzentration und Disintermediation sind laufende Prozesse, die auch vom Euro vorangebracht werden.

Detailaufnahme des Wasserzeichens (links oben), links eines Sicherheitsmerkmals und rechts von Hologramen beim 50 Euro Schein.

A detailed view of the watermark (left above), a security feature (left) and holograms (right) of the 50 Euro note.

Die nationalen Geldmärkte der Teilnehmerstaaten der Währungsunion sind zusammengewachsen. Auf den europäischen Rentenmärkten verschwanden die Renditedifferenzen für Staatsanleihen fast vollständig. Ein bisher kaum vorhandener Markt für Unternehmensanleihen wächst rasant. Über den erweiterten europäischen Markt können die Unternehmen im Euroraum ihren Kapitalbedarf preiswerter und flexibler decken.

Junge und innovative Unternehmen zählen zu den wichtigsten Antriebskräften für Wachstum und Beschäftigung. Sie benötigen in der Startphase Wagniskapital. Der Markt für risikobereites Kapital hat in den letzten Jahren in Deutschland und Europa einen kräftigen Aufschwung genommen.

Mit der Einführung des Euro 1999 in den elf Teilnehmerländern entstand der drittgrößte Aktienmarkt der Welt. Der Euro hat den Wettbewerbsdruck für Emittenten und Börsen erhöht. Für die Anleger führte dies zu geringeren Transaktionskosten, zu einem breiteren Anlagespektrum und zu liquideren Märkten. Die Aktienmärkte werden

Detailansicht der Kopfzeile eines 50 Euro Scheines.

A detailed view of the top side of a 50 Euro note.

even regional particularities were not taken into consideration. There is only one key interest rate for the whole Euro-region. The members of the ECB Council are European politicians and make their decisions according to the economic data of the whole Euro-region.

Twelve sovereign states have unified their monetary responsibilities in the European system of central banks, with the ECB Council as the supreme decision-making body. Politically independent, the ECB Council is obliged to ensure price stability. In Europe today there is now a strong consensus as to the meaning of stable prices as a basis for a well-functioning market system and for growth and employment. The ECB Council defines price stability as an increase in the Harmonised Price Index for the Euro currency area of less than two per cent against the previous year. The larger the geographical area, the more ineffective price stability is. The European Currency Union enables almost the whole of Europe, from the Atlantic to the Aegean, from the Straits of Gibraltar to the Arctic Ocean, to work with one currency.

The long-term advantages of the common currency include increased price transparency and more competition. Exchange rate fluctuations, which often used to disrupt economic activity, are now a thing of the past. This means greater planning security for companies and markets. In addition, there are no more hedging costs in cross-border transactions and direct foreign investment. Transaction costs in the Euro area are sinking and exchange fees are disappearing altogether. The advantages for Germany are obvious. Six of its ten most important trading partners and four of its favourite travel destinations are partners in the currency area. The larger the currency area is bringing about a lesser degree of dependence on international economic developments.

Financial Markets in the Euro Area

The Euro is now completely accepted in the financial markets and is making a considerable contribution to their integration. The capital markets have become deeper, wider and more liquid. The greater transparency and liquidity of the Euro Markets in comparison to the smaller national currencies are accelerating the growth of the European financial markets. Integration, concentration and disintermediation are permanent processes that are also being speeded up by the Euro.

The national money markets of the participating countries have grown together. On the European bond markets the differences in yields for government bonds disappeared almost completely. A previous, hardly-noticed market for company bonds is growing fast. Companies in the European area can cover their capital requirements more cheaply and more flexibly through the extended European market. Young, innovative companies are among the most important driving forces of growth and employment and need venture capital in their early stages. The market for risk capital has taken a powerful upturn in the last few years in Germany and Europe.

With the introduction of the Euro in the 11 participating countries in 1999 developed the third largest share market in the world. The Euro has increased competition on issuers and exchanges. For investors this has led to lower transaction costs, to a wider range of investment options and to more liquid markets. Increasing interest by private and institutional investors are also strengthening the share markets, particularly since the problems of the public pension system are forcing an expansion to additional company and private pensions.

However the Euro's catalytic function could not overcome all institutional restrictions for continued integration. For example, many processing systems and the different legal frameworks are confronted by a truly European capital market. But this will not stay that way. The EU summit in Lisbon agreed on 2005 as the date for the completion of the integration of the European financial markets. The "Committee of Wise Men", headed by Baron Lamfalussy, suggested that an integration could be reached as early as 2003.

auch durch das zunehmende Interesse privater und institutioneller Investoren gestärkt, zumal die Probleme der gesetzlichen Rentenversicherung zu einem Ausbau der betrieblichen und privaten Altersvorsorge zwingen.

Die Katalysatorfunktion des Euro konnte jedoch nicht alle institutionellen Hemmnisse für eine weitergehende Integration überwinden. So stehen die Vielzahl der Abwicklungssysteme und die unterschiedlichen rechtlichen Rahmenbedingungen einem wahrhaft europäischen Kapitalmarkt entgegen. Das soll jedoch nicht so bleiben.

Der EU-Gipfel in Lissabon verständigte sich auf das Jahr 2005 als Termin für die Vollendung der Integration der europäischen Finanzmärkte. Der „Ausschuss der Weisen" unter der Leitung von Baron Lamfalussy hat vorgeschlagen, den Rechtssetzungsprozess in Europa so zu beschleunigen, dass eine Integration schon im Jahr 2003 erreicht werden kann.

Europäische Wirtschaft und Euro im weltweiten Vergleich

Die europäische Wirtschaft gewinnt durch den Euro an Gewicht. Der Euroraum ist neben den USA und Japan einer der drei bedeutenden Wirtschaftsräume der Welt.

Die Bürger der Europäischen Währungsunion erwirtschafteten im Jahr 2000 etwa 16 Prozent des Weltsozialprodukts. In der Wirtschaftskraft wird der Euroraum nur von den Vereinigten Staaten übertroffen, auf welche etwa 22 Prozent der weltweiten Produktion entfallen. Das Euro-Währungsgebiet ist ein gleichgewichtiger Mitspieler in der Triade der globalen Wirtschaftszentren USA, Japan und Europa.
Gemeinsam ist allen drei dominierenden Wirtschaftsräumen der Welt, dass mehr als zwei Drittel der gesamtwirtschaftlichen Leistung auf den Dienstleistungssektor entfallen. Dagegen liegt der Außenbeitrag im Euroraum deutlich höher als in den USA oder Japan. Der Euroraum hält die Spitzenstellung im interkontinentalen Handel mit einem Anteil von fast einem Fünftel am Weltexport.

Der Euro hat sich schnell als zweitwichtigste Weltwährung etabliert. Darin spiegelt sich sowohl das Gewicht der europäischen Wirtschaft als auch das Erbe der Vorgängerwährungen, insbesondere der D-Mark wider. Darüber hinaus steigt seine Bedeutung als Finanzierungs- und Investitionswährung seit seiner Einführung. Als Reservewährung nimmt der Euro die zweite Stelle hinter dem US-Dollar ein.

Sicherlich können nicht alle Entwicklungen der vergangenen Jahre dem Euro zugeschrieben werden. Die Kapitalverflechtung innerhalb Europas und weltweit hat aber durch die europäische Währungsunion kräftige Anstöße enthalten. Die Entwicklung aus deutscher Sicht mag dafür beispielhaft sein.

Der Bestand der unmittelbaren deutschen Direktinvestitionen im Ausland hat sich innerhalb eines Zeitraums von nur zehn Jahren annähernd vervierfacht. Die Unternehmensbeteiligungen in umgekehrter Richtung waren mehr als dreieinhalbmal so hoch wie zehn Jahre zuvor.

Kapitalverflechtungen bestehen in erster Linie zwischen Industrieländern. Das gilt auch aus deutscher Perspektive; von dem deutschen Direktinvestitionsvermögen im Ausland sind über vier Fünftel in Industrieländern angelegt. Mehr als die Hälfte entfällt auf EU-Länder.

Auch bei den Beteiligungen in umgekehrter Richtung dominieren Investoren aus dem EU-Raum: Gemessen am gesamten Direktinvestitionsvermögen in Deutschland stammen drei Fünftel der Engagements aus EU-Ländern.

Der Euro als Motor

In der Europäischen Union bewirken die Freizügigkeit von Kapital, Gütern und Dienstleistungen sowie Personen eine immer engere wirtschaftliche Verflechtung. Der Wettbewerb wird intensiver. Die Niederlassungsfreiheit macht die unternehmerische Standortwahl zu einer europäischen. Die makroökonomische Stabilität hat sich in Europa deutlich verbessert, nicht zuletzt dank der gemeinsamen Geldpolitik des Eurosystems.

Die Länder der EU richten ihre in nationaler Verantwortung verbliebene Wirtschafts- und Finanzpolitik auf freien Wettbewerb aus. Das macht sie zu einem wichtigen Wettbewerbsparameter im gemeinsamen Währungsraum. Der Euro wirkt wie ein Katalysator. Er beschleunigt den strukturellen Wandel, denn notwendige

Strukturreformen können in diesem Umfeld nicht mehr aufgeschoben werden. Reformen der Steuersysteme und der umlagefinanzierten Rentensysteme in Deutschland

ebenso wie in anderen Euroländern sind die auffälligsten Beweise für diese Entwicklung.

Die einheitliche europäische Geldpolitik und die Gemeinschaftswährung Euro wappnen Europa für die Herausforderungen der Zukunft.

Als Motor der neuen europäischen Wirtschaft hat der Euro sich bereits bewährt. Und der Euro wird auch zukünftige Bewährungsproben bestehen. ■

The European Economy and the Euro compared to the Rest of the World

The European economy is gaining weight through the Euro. Besides the USA and Japan, Euro-Land is one of the world's three important economic regions. In 2000, the citizens of the European Currency Union produced some 16 % of the world's national product. Its economic strength is exceeded only by that of the USA, where some 22 % of the world's production takes place. Euro-Land is a player with equal weight in the triad of the world's economic centres of the USA, Japan and Europe.

One thing all three dominant economic regions of the world have in common is that more than two thirds of macroeconomic services come from the area of the service sector. Net exports of goods and services in Euro-Land are higher than in the USA or Japan. Euro-Land occupies the top position in intercontinental trade with a share of almost a fifth of world exports.
The Euro has quickly established itself as the world's second most important currency. This reflects the weight of the European economy as well as the heritage of the old currencies, especially the Deutschmark. In addition, its significance as a currency for financing and investment since its introduction is increasing. As a reserve currency the Euro is in second place after the US dollar.

Certainly, not all developments of the past few years can be ascribed to the Euro, but the link between capital inside Europe and the rest of the world has received powerful impetus through the advent of the European Currency Union. This development from a German point of view may well be exemplary. The amount of direct German investment abroad has almost quadrupled within only ten years. Company shareholdings in the opposite direction were more than three and a half times as high as ten years previously. Interlocking financial interrelationships exist primarily between industrialised countries. More than half of these are in EU countries, and even shareholdings in the opposite direction are dominated by investors from this region, so measured by total direct investment in Germany three fifths come from activities in EU countries.

The Euro as a Motor

In the European Union the freedom of movement of capital, goods, services and people is making for an increasingly closer economic inter-linking. Competition is becoming more intense. Freedom of settlement makes the choice of a commercial location a European choice. Macro-economic stability has improved noticeably, due to not least a common monetary policy of the Euro-system.

The countries of the EU are directing their remaining economic and fiscal policy at free competition on their own. This makes them an important competitive parameter in the common currency area.

The Euro acts as a catalyst, accelerating structural change because necessary structural reforms in this area can no longer be deferred. Reforms of national tax systems and the pay-as-you-go pension system in Germany as well as in other Euro countries is the most conspicuous proof of this development.

The unitary European monetary policies are the common currency are arming Europe for the challenges of the future. The Euro has already proved itself as the motor of the new European economy. And the Euro will also pass future tests. ■

Linke Seite oben:
Die Vorderseite der 1-Euro-Münze aller Länder der EU.

Die Rückseiten dieses Geldstücks sind individuell gestaltet. Beispiele dafür auf dieser und der linken Seite.

Left side above:
The upper side of a 1-Euro coin of all the EU countries.

The undersides are shaped individually for every nation, as you see on this side and the left.

Medien Gruppe auf Expansionskurs

Medien Gruppe sets a Course for Expansion

Die Medien Gruppe Kirk vereint erfolgreich mehrere Geschäftsfelder und Unternehmen unter einem Dach: international tätige Verlage für Wirtschaft, Kultur und Sport sowie klassische Werbung, Telemarketing, Media Planung und Neue Medien – alle Bereiche befinden sich auf Expansionskurs.

Der Europäische Wirtschafts Verlag realisiert ein besonders innovatives Projekt: Er produziert ein Standardwerk zu europäischen Wirtschaftsstandorten, das allein in Deutschland mehr als 100 Bände umfassen wird und erstmals allen Interessierten die Möglichkeit gibt, sich umfassend über die Besonderheiten der wichtigsten Wirtschaftsstandorte zu informieren. Als äußerst effektiv erweist sich dabei, dass die Bücher im Rahmen einer umfassenden Datenbank – mit Informationen aus 14 Ländern in 11 Sprachen – im Internet präsent sind.

Große Resonanz finden auch die Bücher, die vom Europäischen Sport Verlag auf dem Gebiet des Sports und vom Europäischen Kultur Verlag im Bereich Kunst und Kultur veröffentlicht werden.

In der zur Medien Gruppe gehörenden Media Team GmbH entstehen in den mit modernster Multimediatechnik ausgestatteten Units für Text und DTP Grafik- und Konzeptionslösungen in höchster Qualität. Vor allem die zahlreichen Kunden aus mittelständischen Unternehmen schätzen hier die kreative Leistung in Verbindung mit Effektivität und Transparenz. Zu erbringende Leistungen, der zu erwartende Erfolg und der Weg zum Ziel werden exakt analysiert und realisiert.

Im Kunstverlag der Media Team werden international bekannte Künstler verlegt, die Auftragsarbeiten in grafischer und fotorealistischer Höchstqualität schaffen. Hier zählen international tätige Konzerne ebenso zu den Kunden wie Persönlichkeiten aus Sport und Gesellschaft. ■

The media group Medien Gruppe Kirk has been successful in uniting several business fields under one roof: internationally active publishing houses for economy, culture and sports as well as classical advertising, telemarketing, media planning and the new media – all fields are currently on a course of expansion.

The publishing house Europäischer Wirtschafts Verlag realises an especially innovative project: it produces a standard work concerned with economic locations, which will comprise more than 100 volumes in Germany alone and gives interested readers the opportunity to obtain detailed information about the distinctive features of the most important economic locations. It is extremely effective here that the books are accessible in an extensive database in the Internet – with information from 14 countries and in 11 languages.

Also, the books published by Europäischer Sport Verlag in the area of sports and by Europäischer Kultur Verlag in the area of art and culture are finding a great acceptance.

At Media Team GmbH, which is part of the Medien Gruppe, graphic and concept solutions of the highest quality standards are created in units for text and DTP that are equipped with the most modern multimedia technology. Above all numerous clients from the mid-sized business sector appreciate the creative performance linked with effectiveness and transparency. Services to be delivered, expected successes and the approach taken for reaching an aim are all analysed precisely and implement accordingly.

Within the art publishing branch of Media Team, internationally renowned artists are published that create contract work in graphic and sophisticated realistic photo quality. Here, both internationally active corporations as well as personalities from the fields of sport and society are among our clients. ■

Medien Gruppe Kirk

Medien Gruppe KirkHolding AG

Vorsitzender des Vorstandes/
Chairman of the Board of Directors:
Christian Kirk

Media Team
Gesellschaft für Kommunikation mbH

Geschäftstätigkeit/Business activities:
Werbung, Telemarketing, Neue Medien,
Media Planung, Konzeption, Internet, Kunstverlag
Advertising, telemarketing, new media,
media planning, conception, Internet, art publishers
E-Mail mt@medien-gruppe.com

Europäischer Wirtschafts Verlag GmbH

Geschäftstätigkeit/Business activities:
Buch- und Zeitschriftenproduktion,
Veranstaltungen, Wirtschaftsinformationen,
Datenbanken im Internet
Production of books and magazines, events,
business information, databases in the Internet
E-Mail ewv@medien-gruppe.com

Europäischer Kultur Verlag GmbH

Geschäftstätigkeit/Business activities:
Buch- und Zeitschriftenproduktion,
Veranstaltungen, Kunst- und
Kulturinformationen,
Datenbanken im Internet
Book and magazine production,
sport information, databases in the Internet
E-Mail ekv@medien-gruppe.com

Europäischer Sport Verlag GmbH

Geschäftstätigkeit/Business activities:
Buch- und Zeitschriftenproduktion,
Veranstaltungen, Sportinformationen,
Datenbanken im Internet
Book and magazine production,
sport information, databases in the Internet
E-mail esv@medien-gruppe.com

Kunden/Customers:
europaweit/europe-wide

Anschrift/Address:
Groß-Gerauer Weg 1
D-64295 Darmstadt
Telefon +49 (6151) 17 70-0
Telefax +49 (6151) 17 70-10
LeoPro +49 (6151) 17 70-48
E-Mail info@medien-gruppe.com
Internet www.medien-gruppe.com
www.ebn24.com
(european business network)

Die Informationsquelle für den Finanzmarktprofi

The source of information for the financial market professional

Bloomberg

Bloomberg L.P.

Gründer/Founder:
Michael Rubens Bloomberg

Gründungsjahr/Year of Foundation:
1981

Mitarbeiter/Employees:
über 7.800 weltweit/over 7,800 worldwide

Produkte/Products:
BLOOMBERG PROFESSIONAL® Service
BLOOMBERG NEWS®
BLOOMBERG TELEVISION℠
BLOOMBERG® INTERACTIVE TELEVISION
BLOOMBERG.COM℠
BLOOMBERG RADIO℠
BLOOMBERG PRESS℠

Geschäftstätigkeit/Business Activity:
Anbieter von Finanzmarktinformationen/-analysen und Nachrichten
A supplier of information on financial markets, financial analysis and news

Anschrift/Address:
Neue Mainzer Straße 75
D-60311 Frankfurt
Telefon +49 (69) 920 41-0
Telefax +49 (69) 920 41-720
Internet www.bloomberg.com

BLOOMBERG PROFESSIONAL® Service ist ein unverzichtbares Arbeitsmittel für Finanzfachleute und Investoren.

BLOOMBERG PROFESSIONAL® Service is an essential tool for financial market professionals and investors.

Bloomberg L.P. wurde 1981 gegründet. Das Unternehmen ist als Anbieter von Informationen und Analysen, Nachrichten und Hintergründen eine der ersten Adressen für die Akteure an den weltweiten Finanzmärkten. Finanzprofis rund um die Welt vertrauen auf Bloomberg. Sie beziehen Echtzeit-Kurse und historische Daten, Wirtschaftsindikatoren und Analysen, rufen Nachrichten ab und nutzen die Möglichkeit zur elektronischen Kommunikation – 24 Stunden am Tag. Bloomberg produziert zusätzlich eine breite Palette ergänzender Medienprodukte; unterhält eine eigene weltumspannende Nachrichtenagentur, sendet Fernseh- und Radioprogramme, informiert auf seinen Internet-Seiten und publiziert Bücher.

BLOOMBERG PROFESSIONAL® Service ist ein interaktives Finanzinformationssystem, das Kerngeschäft und das Herz von Bloomberg L.P. Der Service steht mehr als 260.000 Profis aus der Finanzwelt in über 100 Ländern rund um die Uhr zur Verfügung. Das System vereint auf einer einzigen Plattform Daten und Analysen, Nachrichten und Multimedia-Berichte. Ein systeminternes E-Mail-Netz ist Kommunikationsbasis für alle Nutzer. Finanzprofis weltweit treffen auf dieser Grundlage ihre Entscheidungen. ■

Founded in 1981, Bloomberg L.P. is a unique entrepreneurial organisation that has established a position as the principal provider of news, data, and analysis for those involved in financial markets around the globe. Financial professionals rely on Bloomberg for real-time and historical pricing, indicative data, analytics, and electronic communications 24 hours a day. In addition, Bloomberg produces a wide range of related media products, including television and radio programms, Internet sites, and publications worldwide.
The BLOOMBERG PROFESSIONAL® service is the interactive, financial information network that is the core business of Bloomberg L.P. Available 24 hours a day to more than 260,000 professionals in over 100 countries, the service seamlessly integrates data, news, analysis, multimedia reports, and e-mail into a single platform. It is used by market professionals around the world to make informed decisions and to complete transactions in any currency, in a way that is meaningful, accurate and consistent. ■

BLOOMBERG TELEVISION℠ – 24 Stunden Wirtschafts- und Finanznachrichten.

BLOOMBERG TELEVISION℠ – 24 hours of business and financial news.

Germany means Business

In the Heart of Europe

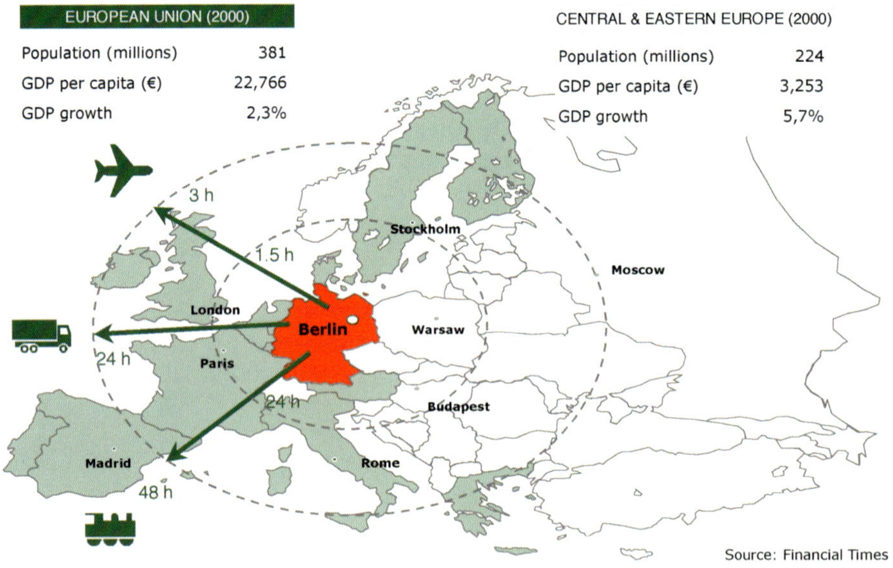

Die Aussichten Deutschlands als Investitionsstandort sind in den nächsten Jahren positiv – trotz des geringen Wachstums des letzten Jahres. Die geringere Inflationsrate, die gesunkenen Energiepreise, der günstigere Euro-Wechselkurs sowie die bereits gestiegene Zuversicht an den US-Börsen werden sich in diesem Jahr auf das deutsche Wirtschaftswachstum deutlich positiv auswirken.

Hinzu kommt, dass das Jahr 2002 wichtige Reformen beinhaltet, die den Wirtschaftsstandort Deutschland in Europa nachhaltig prägen werden. Mit der Einführung der Euro-Banknoten und Münzen wurde eines der größten Reformprojekte in der Geschichte Europas umgesetzt. Deutschland befindet sich damit im Zentrum des größten zusammenhängenden Wirtschafts- und Währungsraumes der Welt.

Nun gibt es keine Wechselkursschwankungen mehr, die den zwischenstaatlichen Austausch von Gütern und Dienstleistungen im europäischen Währungsraum behindern. Entscheidungsträger in den Unternehmen schätzen seither die beträchtliche Reduzierung von Transaktionskosten und profitieren von der gestiegenen Preis-Transparenz zwischen einzelnen europäischen Anbietern. Bereits mit der Einführung des „virtuellen" Euros 1998 wurde ein gemeinsamer Währungsraum geschmiedet, der groß genug ist, um mit dem US-Dollar als internationaler Reserve- und Transaktionswährung zu konkurrieren. Dies gibt Europa die Chance, in Zukunft eine weitaus prominentere Rolle im internationalen Wirtschaftsgefüge zu spielen. Investoren von außerhalb des Euro-Raumes werden dabei von dieser Vergrößerung des Währungsraumes in gleicher Weise profitieren wie einheimische Unternehmen. Trotzdem muss der individuelle Investor nach wie vor „seinen" Standort in Europa finden, der ihm am besten für seine Expansionspläne geeignet erscheint.

Fügt man dabei alle Argumente zusammen, so ist Deutschland – als Kern des neuen Europa – der logische Standort für Investitionen in Europa: In der Europäischen Union nimmt Deutschland einen Spitzenplatz ein, was geografische Lage, wirtschaftliche Größe und politische Bedeutung betrifft.

Die Europäische Union ist der größte zusammenhängende Markt der Welt:

- Die EU-Mitgliedstaaten produzieren mit ihren 380 Millionen Konsumenten ein Sozialprodukt von etwa 8.700 Mrd. Euro (2000);
- Die Europäische Währungsunion fasst die 12 stabilsten Volkswirtschaften in der EU zusammen. Seit 1998, dem Zeitpunkt der unwiderruflichen Fixierung der Wechselkurse im Europäischen Währungssystem, hat die Inflationsrate in

Hilmar Kopper

Der 1935 in Oslanin/Westpreußen geborene Autor war von 1997 bis Mai 2002 Vorsitzender des Aufsichtsrates Deutsche Bank AG. Stationen seiner beruflichen Laufbahn: 1989 Deutsche Bank AG, Sprecher des Vorstandes, 1977 Deutsche Bank AG, Mitglied des Vorstandes, 1975 Deutsche Bank AG, Generalbevollmächtigter, 1972 European Asian Bank AG, Hamburg, Mitglied des Vorstandes, 1957 J. Henry Schroder Banking Corp., New York, Trainee, 1954 Rheinisch-Westfälische Bank AG, Köln-Mühlheim, Banklehre. Hilmar Kopper ist Beauftragter der Bundesregierung für Auslandsinvestitionen in Deutschland seit 1998.

The author, born in Oslanin/West Prussia (now part of Poland) in 1935, has been Chairman of the Board of Directors of the Deutsche Bank AG from 1997 to 2002. His banking career is as follows: 1989: Deutsche Bank AG, Spokesman of the Managing Board; 1977: Member of the Managing Board of the Deutsche Bank AG; 1975: Deutsche Bank AG, Manager with General Power of Attorney; 1972: European Asian Bank AG, Hamburg, Member of the Management Board; 1957 J. Henry Schroder Banking Corp., New York, Trainee; 1954 Rheinisch-Westfälische Bank AG, Cologne-Mühlheim, where he completed a traineeship as a bank officer. Herr Hilmar Kopper was appointed Commissioner for Foreign Investment in Germany by the German Federal Government in 1998.

Das Büro des Beauftragten für Auslandsinvestitionen in Deutschland unterstützt internationale Investoren mit Informationen zum wirtschaftsstandort Deutschland. Weitere Grafiken können unter www.fdin.de abgerufen werden.

The Office of the Federal Commissioner for Foreign Investment in Germany supports international investors with information on Business Location Germany. Therefore, more graphs can be seen under www.fdin.de.

Industrial Harmony

Germany offers the most stable business environment in Europe.

Working days lost to strikes per 1,000 inhabitants
Yearly average between 1995-1999 and in 2000

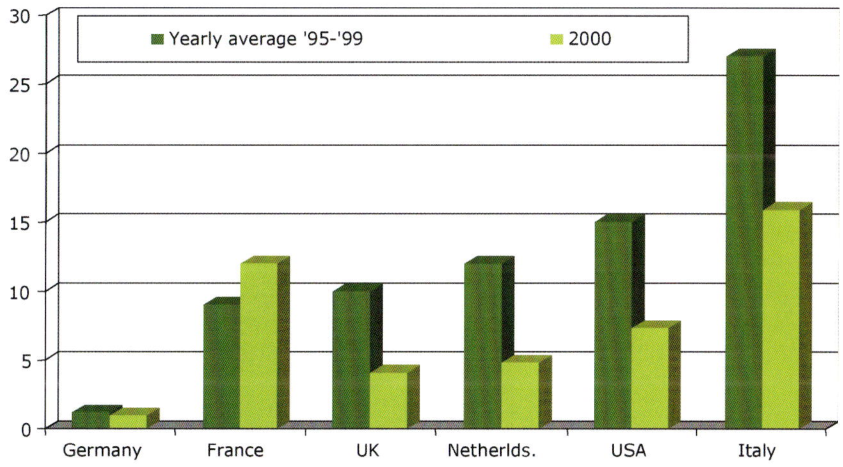

Source: BBfAI

Germany's prospects as a place for investment in Europe will remain excellent in the next years – even though last year's GDP growth rate has been below the original expectations. The low inflation rate, lower energy prices, the better exchange rate with the Euro and the already increased confidence on the US stock exchanges will have a distinctly positive effect on economic growth in Germany this year. As well, the year 2002 will see important reforms which will have an influence on Germany as a place to do business for a long time to come. The introduction of the Euro currency was one of the biggest reforms in the history of Europe. Germany is thus in the centre of the largest related economic and currency regions of the world.

There are now no currency fluctuations any more to hinder the exchange of goods or services within the European currency area. Decision makers appreciate the considerable reduction in transaction costs and benefit from the ability of a clearer comparison of national market baskets in Europe.
The implementation of the Euro in 1999 forged a currency area large enough to rival the US-Dollar. At the same time it enables Europe to assume a much more prominent role within the international business community because international investors will benefit from the larger currency area in the same way as domestic businesses. But the individual investor still has to choose a location which serves best as a platform for his expansion scheme within Europe.

If you put all the arguments together, Germany – as the heart of Europe – is the logical location for any business in Europe.

This holds true because in the EU, Germany enjoys a prominent role with respect to geography, economy and politics.

The European Union is the largest contiguous market in the world:

- The EU-member States with their 380 million consumers achieve a GDP of about 8,700 bn Euro (2000).
- The EMU comprises the 12 most stable economies in the EU. A growth rate of more than 3 percent and an inflation rate below 2 per cent guarantee a sustainable economic growth in the future as well.
- The result of this stability, which also comes from more budget discipline in the Member States, has resulted in more room to move in establishing the central bank discount rate on the part of the European Central Bank. Lower interest rates make it easier for companies in the Euro-Area to obtain capital.
- The projected entry of the Eastern European States in the near future will result in a substantial market expansion of more than 200 mio inhabitants.

Germany is the largest single market in the European Union:

- Germany's geographical position offers the ideal platform for market entry into both West and East European markets.
- With a GDP of nearly 2,000 bn Euro, enterprises operating in Germany produce 26 per cent of the entire economic output in Europe.
- Next to the USA the German Economy is the world's largest exporter.

Europe's Biotech Center

German Biotech Attracts the Most Venture Capital in Europe

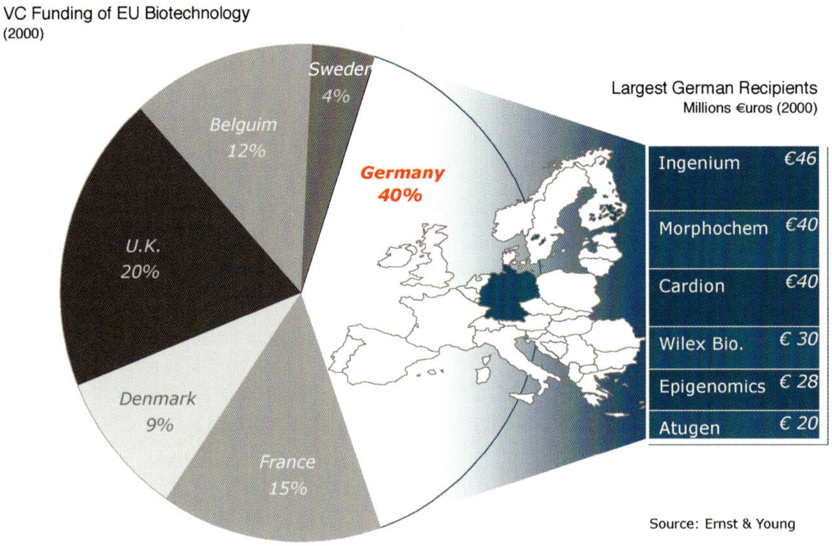

Euroland die 2 Prozent-Marke nicht wesentlich überschritten – trotz des Inflationsdruckes durch hohe Ölpreise im Jahr 2000.

- Das Ergebnis dieser Stabilität, die auch aus einer gesteigerten Haushaltsdisziplin der Mitgliedstaaten kommt, sind größere Spielräume bei der Festlegung der Leitzinsen seitens der EZB. Niedrigere Zinssätze erleichtern Unternehmen im Euro-Raum in Zukunft die Kapitalbeschaffung.
- Der geplante Beitritt der osteuropäischen Staaten bedeutet eine substantielle Ausweitung des EU-Marktes um mehr als 200 Millionen Einwohner.

Deutschland ist der größte Markt in der Europäischen Union:

- Die geografische Lage Deutschlands bietet eine ideale Plattform für den Eintritt ausländischer Unternehmen in die west- und osteuropäischen Märkte.
- Mit einem Bruttosozialprodukt von fast 2.000 Mrd. Euro tragen die Unternehmen, die am Standort Deutschland tätig sind, zu 26 Prozent des gesamten europäischen Sozialproduktes bei;
- Nach den USA ist die deutsche Volkswirtschaft der weltweit größte Exporteur.
- Die deutschen Ausfuhren nach Mittel- und Osteuropa haben sich seit 1996 fast verdreifacht. Deutschland ist damit unbestritten der Haupthandelspartner der zukünftigen Wachstumsökonomien in Tschechien, Polen, Ungarn und den Baltischen Staaten.

Die Deutsche Wirtschaft ist international:

- Internationale Investoren haben den Standort Deutschland wiederentdeckt. 1999 betrugen die ausländischen Direktinvestitionen in Deutschland noch 48 Mrd. Euro – ein Niveau, welches allerdings schon dreimal so hoch war wie das vorangegangene Zehnjahres-Hoch von 1998. Ein neuer Rekordwert von 200 Mrd. Euro war schließlich für das Jahr 2000 zu verzeichnen. Im vergangenen Jahr flossen trotz konjunktureller Abkühlung immer noch mehr ausländische Investitionen nach Deutschland als im Schnitt der vergangenen zehn Jahre. Dadurch werden ausländische Investitionen auch in Zukunft der deutschen Wirtschaft ein internationales Gesicht geben.
- Mehr als 20.000 ausländische Firmen operieren jetzt schon in Deutschland. Sie machen dabei einen Umsatz von mehr als 1.000 Mrd. Euro und beschäftigen 2,1 Mio. Menschen.

Die Bedingungen für unternehmerisches Handeln in Deutschland sind außergewöhnlich:

- Deutschland besitzt den größten Arbeitsmarkt mit den am besten ausgebildeten Arbeitnehmern in Europa.
- Mit einem durchschnittlichen Produktivitätswachstum von 3 Prozent im Jahr für die Gesamtwirtschaft und 6 Prozent in der Industrie gehört Deutschland zu den Schrittmachern des technologischen Fortschrittes seit Mitte der 90er-Jahre. ■

Financial Markets

Germany has Europe's second largest stock exchange.

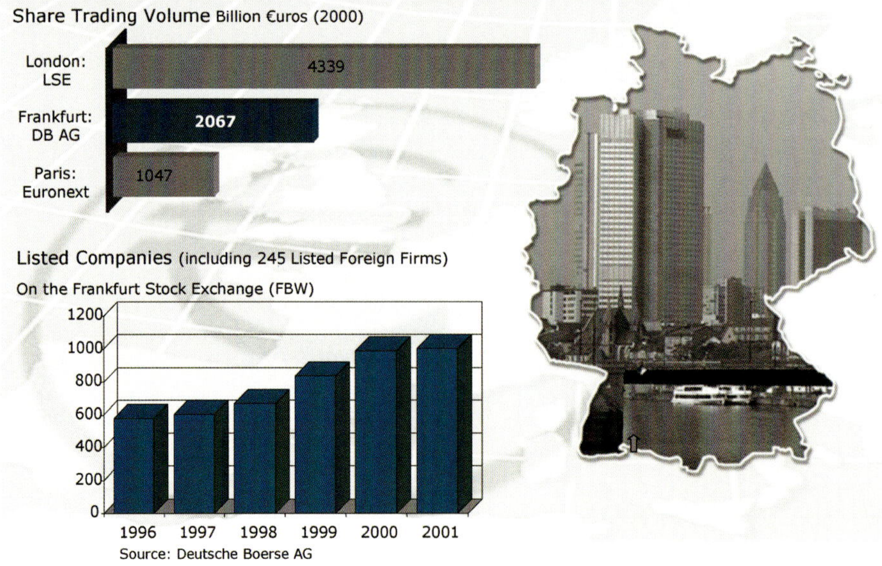

- German exports to Central and Eastern Europe have almost tripled since 1996. Hence, Germany is the major trade partner for the forthcoming expansion economies Czech Republic, Poland, Hungary and the Baltic States.

Germany's economy is international:

- International investors have rediscovered Germany. In 1999, foreign direct investment in Germany reached 48 bn Euros, a level three times higher than the ten-years-peak in 1998. A new record value occurred in 2000 when the capital inflow into Germany peaked at more than 200 bn Euro. Last year, in spite of the cyclical downturn, more money was invested in Germany than the average of investments over the past ten years. Foreign investments will continue to give the German economy an increasingly international shape.
- More than 20,000 foreign companies operate in Germany and obtain annual revenues of more than 500 bn Euro. They employ over 2,1 million people.

The conditions for entrepreneurship in Germany are outstanding:

- Germany has the largest labour market with the best trained employees in Europe.
- With an average rise in productivity of about 3 percent annually throughout the economy and more than 6 percent in industry, Germany has belonged to the pacesetters of technological progress since the mid-90s.

World's Largest Exporters

High quality and competitive prices make Germany the world's second largest exporter after the USA.

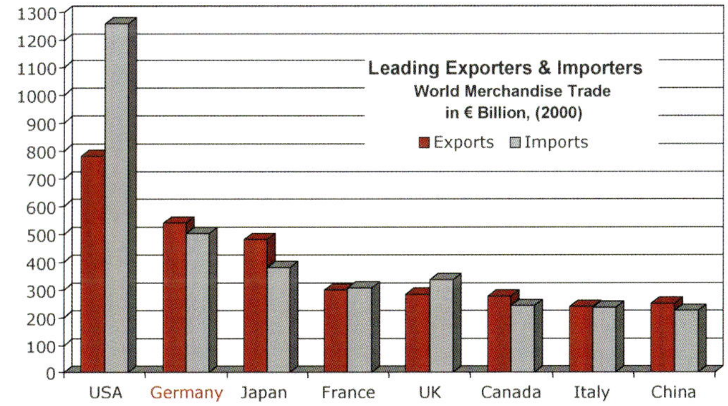

Source: WTO

Foreign Direct Investment in Europe

Foreign direct investment to Germany increased dramatically in 2000.

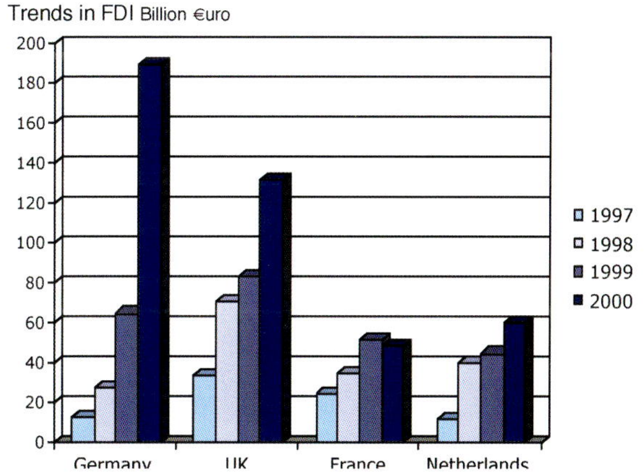

Source: German Federal Statistical Office

European Economies

By both GDP and population:
Germany is the largest market within the European Union.

Country	GDP in € Billion (2000)	Population in Millions (2000)
Germany	2176.2	82.2
UK	1486.4	59.8
France	1478.1	59.0
Italy	1214.2	57.8
Spain	624.5	39.5
Netherland	409.1	16.0
Belgium	258.9	10.3
Sweden	250.1	8.9
Austria	216.7	8.1
Denmark	181.4	5.3
Finland	136.8	5.2
Greece	129.9	10.6
Portugal	117.7	10.0
Ireland	103.7	3.8
Luxemburg	20.9	0.4
EU 15	8804.6	376.9
USA	10787.1	282.4
Euroland 12	7020.5	302.9

Source: OECD and Eurostat

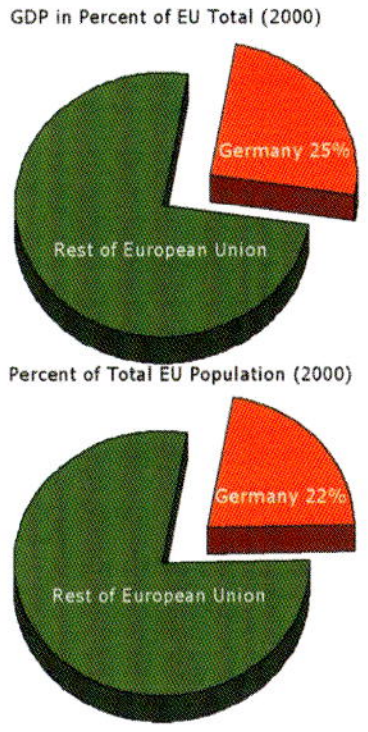

A leader in Innovation

Germany: 1st in Europe and 2nd in the World

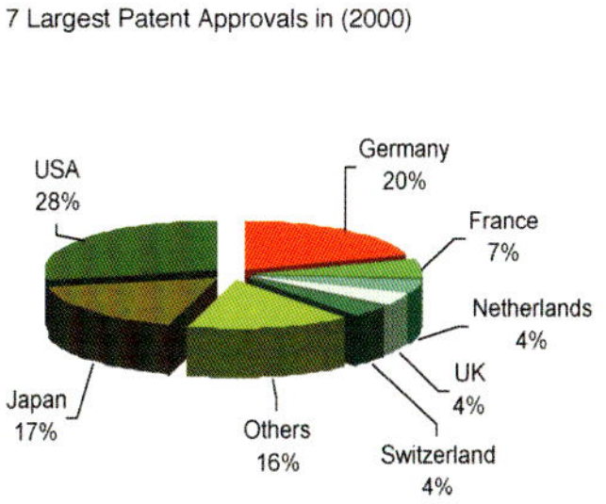

Source: European Patent Office EPO

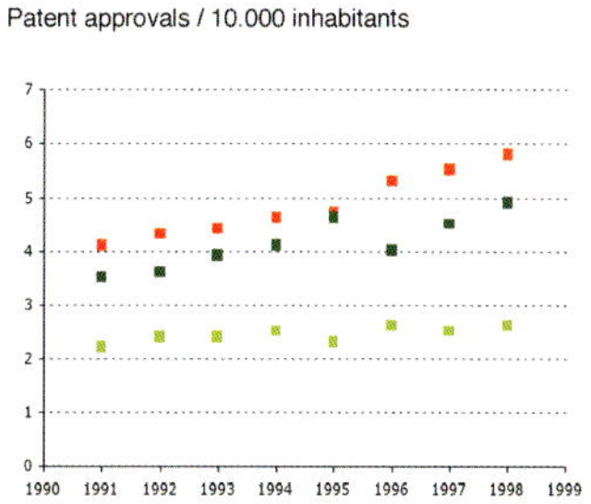

Venture Capital – Wachstumsfinanzierung für innovative Unternehmen

Venture Capital – Financing Growth for innovative Companies

Zu Beginn des neuen Jahrtausends zeigt sich Deutschland als dynamischer Wirtschaftsraum, der Gründer und etablierte Unternehmen gleichermaßen anzieht. Mehr als 1.000 Internet Firmen sind nach Angaben des Internet-Verbandes Eco allein im Jahr 2000 hierzulande entstanden. Die Gründungswelle in den Hightech-Branchen hat auch die Kapitalgeber erfasst und zur Entstehung zahlreicher Venture Capital Gesellschaften (Risikokapitalgesellschaften) geführt. Beide profitieren voneinander, denn den jungen Gründern fehlt es zumeist nicht nur an Kapital, sondern auch an Know-how und internationalen Kooperationspartnern.
Seit der Entstehung des deutschen Venture Capital Marktes (auch Risikokapital- oder Wagniskapitalmarkt) Mitte der achtziger Jahre ist die Zahl der Beteiligungsgesellschaften nach der Statistik des Bundesverbandes deutscher Kapitalbeteiligungsgesellschaften (BVK) bis zum Ende des Jahrtausends auf 180 angewachsen. Bis zum Jahr 2005 rechnen Analysten damit, dass die Zahl auf 250 steigen wird. Im Vergleich zu den gut 600 US-Venture-Capital-Gesellschaften ist die Anzahl hierzulande sehr hoch, insbesondere wenn man berücksichtigt, dass der amerikanische Markt rund das 20fache des deutschen Volumens beträgt.

Ein Venture Capitalist begleitet ein junges Unternehmen durch alle Phasen seines Wachstums, von der Gründungsphase (Seed), in der häufig lediglich eine Idee und ein Geschäftsplan existieren, über die Markteinführung (StartUp) bis zur Börsennotierung (IPO: Initial Public Offering) oder Unternehmensverkauf. Er stellt Existenzgründern mit innovativen Ideen Eigenkapital zum Aufbau und Wachstum zur Verfügung. Aus Sicht des Unternehmers bietet die Eigenkapitalfinanzierung gegenüber anderen Finanzierungsquellen klare Vorteile: Im Gegensatz zur traditionellen Bankenfinanzierung investieren Venture Capitalisten auch in visionäre und damit risikoreiche Unternehmensideen. Da der Geldgeber durch die Finanzierung Anteile am Unternehmen erhält, vermindert der Gründer seine Zinsbelastungen und profitiert zudem von der Erfahrung des Partners. Das Verhältnis von Gründern und Investoren lässt sich mit einer „Ehe auf Zeit“ umschreiben. Diese Partnerschaft fußt nicht nur auf Kapital und Branchen-Know-how des Investors, sondern auch auf gegenseitigem Vertrauen. Die 3i-Gruppe, Europas führende Venture Capital-Gesellschaft, versteht sich in diesem Zusammenhang als Mitarchitekt und Mitunternehmer, der über ein starkes internationales Netzwerk verfügt und Firmen in strategischen Entscheidungen berät.

Erfahrene VCs bieten echten Mehrwert: Expertise, Kontakte und Erfahrung

Ein erfolgreiches Beispiel, die Firma Kontron (Kontron Embedded Computers AG), hat den Sprung an den Neuen Markt erfolgreich absolviert. Bereits Anfang 1999 beteiligte sich 3i in einer ersten Finanzierungsrunde an dem Münchner Unternehmen, das industrielle Computer für Services und Industrie entwickelt und vermarktet.

Die Führungsspitze von 3i.

The top managers of 3i.

Andrew Richards

Andrew Richards kam im Juli 1986 zu 3i Deutschland, nachdem er bereits sechs Jahre bei 3i plc. in Birmingham (England) beschäftigt war. Seit Januar 1996 ist er alleiniger Geschäftsführer der 3i Deutschland GmbH und war maßgeblich an der Übernahme der Technologieholding VC GmbH im Februar 2000 beteiligt.

Vor seiner Zeit bei 3i war Andrew Richards von 1977 bis 1980 bei Arthur Andersen und von 1976 bis 1977 bei Coopers & Lybrand, beides in Birmingham, tätig.
Andrew Richards studierte Mathematik am University College in London (Abschluss BSC Mathematicsam).

Andrew Richards came to 3i Germany in July 1986 after six years at 3i in Birmingham, England. He has been sole General Manager of 3i Germany since January 1996 and played a major role in the takeover of Technologieholding VC GmbH in February 2000.

Before he came to 3i in the UK, Andrew Richards worked for Arthur Andersen from 1977 to 1980 and from 1976 to 1977 at Coopers & Lybrand, both in Birmingham.
Andrew Richards studied Mathematics at University College, London, where he graduated with a BSc.

At the beginning of the new millennium Germany is proving to be a dynamic economic region that is attracting new and established companies. According to information from Eco, the internet industry association, more than 1,000 internet firms have sprung up here. The wave of start-ups in the high-tech sector has also caught hold of investors and has lead to the founding of countless venture capital firms. Both profit from one another because the young entrepreneurs usually lack not only capital but also know-how and international partners.

According to figures of the German Equity Investment Companies' Association (BVK), since the origin of the German venture capital market in the middle of the 1980s the number of associated or holding companies had grown to 180 by the end of 1999. By 2005 analysts are predicting an increase to 250. Compared with the 600 US venture capital companies the number here in Germany is very high, particularly if you consider that the American market has 20 times the volume of the German market.

A venture capitalist accompanies young companies through all phases of its growth, from the founding phase (seeding) where there are often just an idea and a business plan via the start-up phase to the listing on the stock exchange (IPO, or initial public offering) or the sale of the company. The venture capitalist lends equity capital to entrepreneurs with ideas in order to build and expand up the firm. From the point of view of the entrepreneur financing with equity capital offers clear advantages. Compared to finance from a bank venture capitalists invest in visionary – and hence, risky – business ideas. As the financial backer receives shares in the company through his capital the young entrepreneur reduces his interest-debt and profits from the experience of his partner.

The relationship between entrepreneurs and partners can be described as a "limited period marriage". This partnership is based not only on the investor's capital and his sector know-how but on mutual trust as well. The 3i-Group, Europe's leading venture capital company, sees itself in this context as a fellow architect and fellow founder, which has a wide international network and which advises firms in their strategic decisions.

Experienced VCs, as Providers of Venture Capital are known, offer enhanced Value in Form of Expertise, Contacts and Experience

One successful example, the Kontron company (Kontron Embedded Computers AG), made the leap onto the New Market successfully. As recently as the beginning of 1999 3i participated in an initial financing round in the Munich company that develops and markets industrial computers for service companies and manufacturers. With his main idea the founding team had discovered a niche in the market.

Embedded computers are "invisible, computer-based brains" with integrated software that equip appliances and plant with artificial intelligence. The quality of the management team and the market potential convinced 3i that the company would be able to hold its own, even against strong competition, on the German market. As experienced financiers, 3i guided the company towards added value and consistently built up a proper reporting system.

The company was also prepared for its entry to the stock market in the April 2000. An experienced partner helps not only to advise on the IPO but check out in the commercial decisions, strategy and the actual timetable as well. Entrepreneurs thus accumulate valuable experience that can pay dividends in negotiations with banks, analysts and fund managers.

The risk for investors is very great in the early stages of a company's development. Complex business models and technological innovation such as in bio-technology or information- or telecommunications technology require a high degree of industrial expertise. Moreover the quality of the management, the existence of innovative technology and the company's potential for growth are other deciding factors for the investor. The young entrepreneurs are often technically competent, but lack any ability on the financial

VC Markt Deutschland

Entwicklung der Bruttoinvestitionen

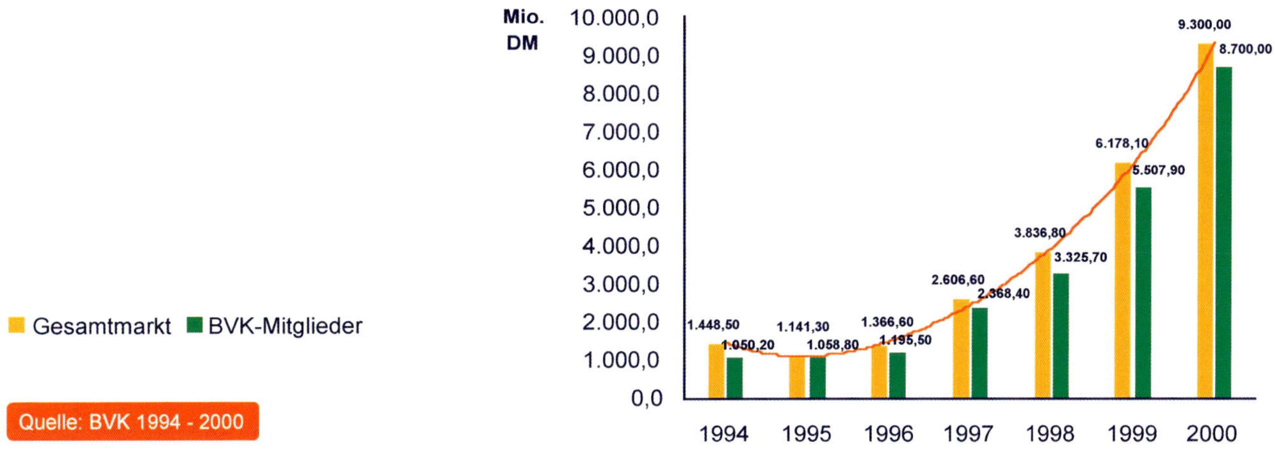

Mit seiner Leitidee hat das Gründerteam eine Nische entdeckt: Embedded Computer sind „unsichtbare computerbasierende Gehirne“ mit integrierter Software, die Geräte und Anlagen mit künstlicher Intelligenz ausstatten. Die Qualität des Management-Teams sowie das Marktpotenzial haben 3i überzeugt, dass sich das Unternehmen auch gegenüber starker Konkurrenz auf dem deutschen Markt etablieren wird. Als erfahrener Finanzier hat 3i das Unternehmen von Anfang auf Wertsteigerung ausgerichtet und konsequent ein ordentliches Berichtswesen aufgebaut.

Auch für den Börsengang im April 2000 war das Unternehmen gerüstet: Nicht nur in der IPO-Beratung, sondern auch bei unternehmerischen Entscheidungen hilft ein erfahrener Partner, die Strategie und den konkreten Fahrplan auf Herz und Nieren zu prüfen. Auf diese Weise sammeln Unternehmer wertvolle Erfahrungen, die sich auch in Gesprächen mit Banken, Analysten und Fondsmanagern auszahlen.

Gerade in frühen Stadien der Unternehmensentwicklung ist das Risiko für Kapitalgeber sehr hoch. Komplexe Geschäftsmodelle und technologische Innovationen, wie in der Biotechnologie oder der Informations- und Kommunikationstechnologie, erfordern ein hohes Maß an Industrie-Expertise. Darüber hinaus ist für die Risikokapitalgeber die Qualität des Managements, die Existenz innovativer Technologie sowie das Wachstumspotenzial eines Unternehmens entscheidend. Häufig decken die Jungunternehmer zwar die technologische Seite ab, finanzielle und betriebswirtschaftliche Kompetenz und strategische Planung auch auf lange Sicht dagegen fehlt. Gerade wenn das Unternehmen mittelfristig einen Börsengang anstrebt, sind Beteiligungsgesellschaften ein idealer Partner. Auch hier sprechen die Zahlen für sich: Nach einer Studie von Mackewicz & Partner haben sich Firmen, die von Venture-Capitalisten unterstützt wurden, im Schnitt in den ersten zwölf Monaten nach Börsennotierung rund dreimal so gut entwickelt wie der gesamte Neue Markt.

Auf dem deutschen Markt haben vor allem die Bereiche Life Science, Informations- und Kommunikationstechnologie gute Chancen. Das Klima für Existenzgründer ist günstig: Mit der Gründung des Neuen Marktes der Frankfurter Börse 1997 begann der Boom in der Venture-Capital-Szene. Vor allem im Frühphasenbereich liegt Deutschland im europaweiten Vergleich an erster Stelle. Nach Angaben des BVK hat sich der Wachstumstrend des deutschen Beteiligungsmarktes auch 2000 fortgesetzt. Das Ergebnis kann sich sehen lassen: Das Gesamtportfolio der insgesamt 180 BVK-Mitglieder ist im Jahr 2000 auf 20,9 Milliarden Mark gestiegen. Mit 8,7 Milliarden Mark haben die Bruttoinvestitionen (Neugeschäft) der

Wie ist die Qualität des Managements? – eine wichtige Frage für den Kapitalgeber.

What is the quality of a company's management like? This is an important question for investors.

BVK-Mitglieder einen neuen Höchststand erzielt. Die Zahl der Beteiligungsnehmen lag zum Jahresende 2000 über 5.400. Etwa jede zweite mit Venture Capital finanzierte Neugründung oder Expansionsfinanzierung kommt derzeit aus Bayern, Berlin, Hamburg und Hessen.

Gegenüber 1999 haben die Beteiligungsgesellschaften ihre Brutto-Investitionen im Jahr 2000 mit 3,5 Milliarden Mark nahezu verdoppelt. Der BVK deckt damit das Investitionsvolumen auf dem deutschen Markt zu etwa 90 Prozent ab. Größter Risikokapitalgeber im europäischen Vergleich ist 3i, gemessen an der Zahl der Beteiligungen und dem investierten Fondsvolumen. Das Portfolio von 3i Deutschland besteht derzeit aus 302 Beteiligungen mit einem Investitionsvolumen von über 1 Milliarde Euro. Seit Bestehen des Unternehmens (1988) hat 3i im deutschsprachigen Raum mehr als 1,5 Milliarden Euro in über 470 Unternehmen investiert. Damit zählt 3i zu den wichtigsten Wagniskapitalgebern am deutschen Markt. Weltweit ist 3i an mehr als 3.000 Unternehmen beteiligt, bei einer Bewertung des Portfolio von über 22 Milliarden Mark.

Neuer Markt verleiht der Wirtschaft neue Schubkraft

Mit der Entstehung des Neuen Marktes im März 1997 haben sich Firmengründern und Kapitalgebern neue Möglichkeiten eröffnet. Angetrieben durch das starke Wachstum des deutschen Venture Capital Marktes stieg die Marktkapitalisierung des Neuen Marktes von 25,9 Millionen Euro Ende 1998 auf mehr als 200 Milliarden Euro im September 2000.

Gemessen an der Anzahl der börsennotierten Portfolio-Firmen belegt 3i einen Spitzenplatz: 41 der insgesamt 112 untersuchten börsennotierten Unternehmen entfielen nach einer Studie von Mackewics & Partner auf 3i. Hiervon wurden 28 am Neuen Markt zugelassen, darunter Unternehmen wie ACG, Brokat, Morphosys und Mobilcom. Mit zunehmender Professionalisierung des deutschen Venture-Capital-Marktes verwundert es daher kaum, dass der Wettbewerb um interessante Investments weniger über die Größe des Fondsvolumens entschieden wird, sondern über den Mehrwert, den der Investor dem Unternehmen bietet.

Auch nach Einbrüchen am Neuen Markt sind die Risikokapitalgeber weiterhin investitionsfreudig, denn ein Börsengang stellt für sie lediglich eine von vielen potenziellen Exitkanälen dar. Bei der 3i-Gruppe beträgt der Anteil der Börsengänge weiterhin lediglich 20 Prozent der Verkäufe auf dem deutschen Markt. Den verbleibenden Teil machen Trade Sales (Veräußerung von Unternehmensanteilen an industrielle Investoren), Secondary Purchase oder Rückkäufe durch Dritte aus.

Gute Wachstumsaussichten für den deutschen Markt

Für die Zukunft gehen Experten davon aus, dass die Branche der Eigenkapitalfinanzierung auch künftig Motor für weitere Unternehmensgründungen ist. Die zunehmende Deregulierung und ein neues unternehmerisches Denken geben in Europa Anlass zu Optimismus und der Hoffnung auf einen nachhaltigen wirtschaftlichen Aufschwung. Hinzu kommt die Unternehmenssteuerreform, die Konzernen seit dem 1. Januar 2002 die steuerfreie Veräußerung von Beteiligungen ermöglicht. Auf diese Weise steigen die Chancen für Finanzinvestoren, Geschäftszweige in verschiedenen Branchen zu übernehmen und zu einem späteren Zeitpunkt mit Gewinn zu veräußern. Auch 3i erwartet ein starkes Wachstum in allen Bereichen. Die Unternehmensberater Mackewicz & Partner prognostizieren bis 2005 ein Marktvolumen von 17 bis 28 Milliarden Euro. Sollte der obere Wert erreicht werden, beträgt das Volumen der Venture Capital-Investitionen in Deutschland den Anteil am Bruttoinlandsprodukt, den sie in Großbritannien bereits heute einnehmen. ■

and business side. An equity investment company is an ideal partner when the young entrepreneur are aiming at a mid-term entry to the stock market. But the figures speak for themselves. According to a study by Mackewicz & Partner, partners supported by venture capitalists are, on average, usually three times better developed in the first twelve months after going onto the share market than the whole New Market.

The life sciences, information- and communication technology especially have good chances on the German market these days. The climate for company start-ups is good – the boom in the venture capital scene began with the establishing of the New Market. In the early phase especially Germany occupies first place compared with other European countries. According to information from the BVK the growth trend in equity capital investments continued in 2000, and the results were impressive. The total portfolio of all the 180 members increased to 10.45 million Euros. Gross investments (new business) to the value of 4.45 thousand million Euro by the BVK members took investments to a new high. At the end of 2000 the number of equity investment companies was over 5,400. Every second start-up or expansion financed by venture capital investment at the time was in Hesse, Berlin and Bavaria.

Compared to 1999 the equity investment companies had almost doubled their gross investments totalling 1.275 million Euro. The BVK thus dominates 90 % of the German market. The biggest risk capital investor on the European market is 3i, measured by the number of investment partnerships with an investment volume of over 500,000,000 million Euro. Since the company started (1988) 3i has invested more than 7.7 million Euro in the German-speaking countries of Europe. This makes 3i the most significant venture capital investor on the German market. The company is involved in more than 3,000 companies world-wide with total investments of over 11 million Euro.

The New Market gives the Economy new Impetus

The inception of the New Market in March 1997 enabled young entrepreneurs and equity investors to develop new opportunities. Driven by the strong growth on the German venture capital market, capitalisation on the New Market rose from 25.9 million Euro at the end of 1988 to more than 2000,000,000 Euro in September 2000.

Measured by the number of the portfolio companies noted on the stock exchange 3i occupies first place. According to a study by Mackewics & Partner 41 of the total of 112 companies noted on the stock exchange that were investigated were being supported by 3i. Of these 28 were registered on the New Market, including companies such as ACG, Brokat, Morphosys and Mobilcom. With increasing professionalism of the German venture capital market it is hardly surprising that the competition for interesting investments is decided less over the size of the funds as over the increased value offered by the equity capital investor.

Even after the collapse of the New Market the venture capital investors continue to be keen on investing, because the entry to the share market is merely one of many potential exit channels. With the 3i Group the share of share market listings continues to be only 20 % of sales on the German market. The remaining share consists of trade sales, secondary purchases or repurchases by third parties.

Good Prospects for Growth on the German Market

For the future more experts are assuming that the equity industry will also be the motor for more company start-ups. The increasing de-regulation and new commercial ideas in Europe are giving rise to optimism and hope for a long-term economic upturn. As well there is the reform of company taxation, which makes it possible to sell shares tax-free. In this way the opportunities for financial investors to take over sectors of various industries and sell them at a profit later are increasing. Even 3i is expecting strong growth in all areas. The management consultants Mackewicz & Partner are forecasting a market volume of 17 to 28 thousand million Euro by 2005. Should this upper figure be reached, the volume of venture capital investments in Germany will be equal to the amount of the Gross Domestic Product already taken by Great Britain. ■

Die Performance von VC finanzierten Firmen am neuen Markt war um 141% besser als der Durchschnitt.

VC Markt Deutschland

IPOs deutscher VCs (1996 - 2000)

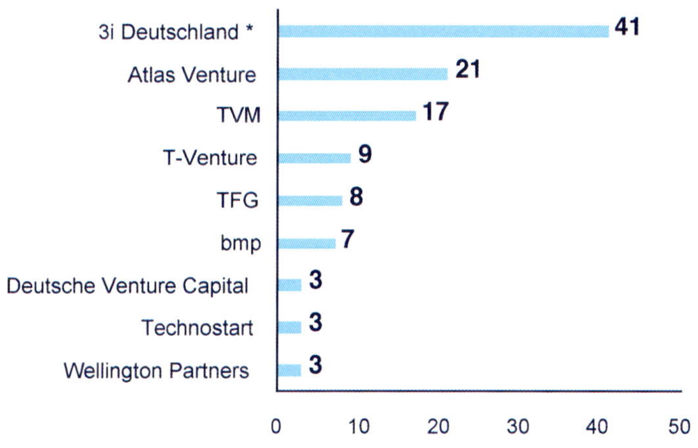

Anzahl IPOs im Portfolio

* 3i im deutschsprachigen Raum

Quelle: Mackewicz & Partner 2001

Swiss Life Asset Management
Kapitalanlagegesellschaft mbH
Swiss Life Asset Management
Capital Investment Trust mbH

Geschäftsführer/Managers:
Anton Hinterberger,
Stefan Freytag,
Dr. Bernd Klusak

Gründungsjahr/Year of Foundation: 1999

Mitarbeiter/Employees: 25

Geschäftstätigkeit/Business Activity:
Asset Management – Verwaltung und Vertrieb von Publikums- und Spezialfonds
Administration and sale of retail and special mutual funds

Anschrift/Address:
Leopoldstraße 11 a
D-80802 München
Telefon +49 (89) 381 09-840
Telefax +49 (89) 381 09-465
E-Mail slam.service@swisslife.de
Internet www.sl-am.de

Anton Hinterberger, Geschäftsführer.

Anton Hinterberger, Manager.

Swiss Life Asset Managment – Kunden-und Marktnähe durch internationales Netzwerk

Swiss Life Asset Management – close to our clients and the market with our international network

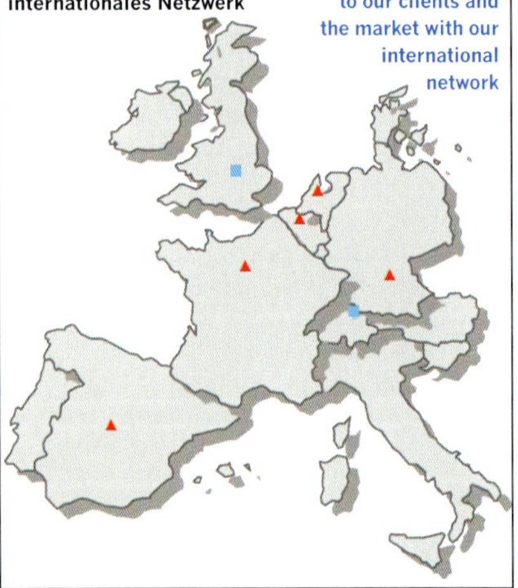

■ *Hauptzentren: Zürich, London*
▲ *Portfolio Management & Client Relationship: Deutschland, Frankreich, Belgien, Holland, Spanien.*

■ *Main centres: Zürich, London*
▲ *Portfolio Management & Client Relations: Germany, France, Belgium, Holland Spain.*

Investmentfonds mit Schweizer Know How

Mutual Funds with Swiss Know How

Als 1857 mit der Schweizer Rentenanstalt der Grundstein für die Swiss Life Gruppe gelegt wurde, konnte man sicher noch nicht absehen, welche Dimensionen das Unternehmen annehmen würde. Die Swiss Life Asset Management Kapitalanlagegesellschaft mbH Deutschland ist Teil der Swiss Life Asset Management Holding in Luxemburg und wurde im März 2000 gegründet. Ihre Produktpalette umfasst derzeit 21 Publikumsfonds: geldmarktnahe Fonds, Rentenfonds, Gemischte- und Aktienfonds. Besonders bei den Aktienfonds hat Swiss Life Asset Management viele Auszeichnungen bekommen. So wurde der von ihr verwaltete Swiss Life European Equity Fonds als bester europäischer Aktienfonds in verschiedenen europäischen Ländern ausgezeichnet. Der Fondsmanager des Produktes, Herr Daniel Brem, bekam die Auszeichnung als bester europäischer Aktienfondsmanager in 1999.

Swiss Life Asset Management an sich ist bisher in Deutschland noch wenig in Erscheinung getreten. Dennoch kann die Gesellschaft auf einen mehr als 100jährigen Erfahrungsschatz im Asset Management zurückblicken. Die Swiss Life Gruppe verwaltet insgesamt mehr als 280 Milliarden DM (Stand 12/2000) an Vermögen. Sie ist mit ihrem europaweiten Netz in fast allen europäischen Ländern mit eigenen Kapitalanlagegesellschaften und/oder Asset Management Gesellschaften vertreten. Obwohl die Publikumsfonds von Swiss Life teilweise bereits in 1991 aufgelegt wurden und somit einen langjährigen track-record aufweisen können, geht die Gesellschaft erst jetzt den Weg, diese Produkte einem breiten Publikum anzubieten. Bisher war Swiss Life vorwiegend institutionellen Anlegern ein Begriff. Das soll sich nun ändern.

Über 15 Millionen Kunden und 12.000 Mitarbeiter weltweit sprechen für Swiss Life und unsere Schweizer Wertarbeit. Im Hinblick auf das stark wachsende Anlagevermögen investieren wir permanent in die gleichbleibend gute Betreuung unserer Kunden. Unsere Schweizer Wertarbeit zeichnet sich dadurch aus, dass wir nicht die schnelle Mark versprechen, ohne Rücksicht auf Verluste. Wir arbeiten zielgerichtet an langfristigen Strategien, die sich mit unserer Unternehmensvision decken: „Wir wollen ein in Europa führender Asset Manager sein, der attraktive Lösungen mit einer langfristig überdurchschnittlichen Anlageperformance und einem erstklassingen Kundenservice anbietet." ■

When the foundations for the Swiss Life Group were laid in the form of the Swiss Pension Company in 1857, nobody could have foreseen the dimensions the company would assume later on. The Swiss Life Asset Management Capital Investment Trust Germany Ltd is a part of the Swiss Life Asset Management Holding in Luxemburg and was founded in March 2000. Its range of products currently comprises 21 retail mutual funds: money market funds, bond funds, mixed funds and share-based funds. Swiss Life Asset Management has received many awards for its share-based funds especially. For example its Swiss Life European Equity Fund received an award in various European countries as the best European share-based fund and fund manager Herr Daniel Brem received an award for the best European fund manager for 1999.

Swiss Life Asset Management itself is little known in Germany so far, but the company can look back at more than 100 years of experience in asset management. As at December 2000 the Swiss Life Group administered a total of more than 14 thousand million Euros worth of assets. With its Europe-wide network it is represented in almost all European countries with its own investment trust companies and/or asset management companies. Although Swiss Life's retail funds were launched as early as 1991, thus pointing to a long track record, the company is only now offering this product to the general public. Swiss Life was previously known only to institutional investors. That will now change.

Over 15 million clients and 1,200 employees world wide speak for Swiss Life and our top-class performance. In view of our fast-increasing assets we invest in a constantly high standard of client service. Our Swiss top-class performance is distinguished by the fact that we do not promise quick returns, without regard to losses. We work specifically towards long-term strategies that are in accordance with our company vision: "We want to be one of Europe's leading asset managers, offering long-term, above-average investment performance and first-class client service." ■

Auch in unruhigen Zeiten an der Börse Geld verdienen

Earning Money in the Financial Markets even in troubled Times

PHOENIX
KAPITALDIENST

PHOENIX Kapitaldienst GmbH

Geschäftsführer/Manager:
Dieter Breitkreuz
Elvira Ruhrauf

Gründungsjahr/Year of Foundation:
1977

Geschäftstätigkeit/Business Activity:
Durchführung und Vermittlung von Vermögensanlagen, Finanzdienstleistungsinstitut nach § 64e KWG, Mitglied der EdW Entschädigungseinrichtung der Wertpapierhandelsunternehmen/
Business Activity: Investments and arranging of investments; financial services institute according to Para. 64e of the Capital and Securities Investment Law; member of the Securities Compensation Fund

Anschrift/Address:
Vilbeler Straße 29
D-60313 Frankfurt am Main
Telefon +49 (69) 28 02 66
Telefax +49 (69) 29 01 80
E-Mail phoenix@phoenix-ffm.de
Internet www.phoenix-ffm.de

Seit 1977 ist die PHOENIX Kapitaldienst GmbH am Optionsmarkt tätig. Auf der Käuferseite werden Kunden betreut, die in Märkten mit hohen Kursausschlägen schnell viel Geld verdienen wollen, die dabei aber auch ihren Einsatz – die Optionsprämie – verlieren können: ein hektisches Geschäft für starke Nerven.

Weniger risikofreudige Anleger sind auf der Verkäuferseite – als Stillhalter – besser aufgehoben. Für sie haben wir 1992 das PHOENIX Managed Account aufgelegt. Denn laut Statistik verfallen 80 % aller Optionen mehr oder weniger wertlos. Und zwar regelmäßig dann, wenn gegenläufige oder geringe Preisbewegungen in einem Basismarkt die Ausübung der Option nicht profitabel gestalten. Die bezahlte Optionsprämie vereinnahmt der Stillhalter – in diesem Fall die Gemeinschaft der am PHOENIX Managed Account beteiligten Partner.

Das Produkt ist nach anfänglicher Zurückhaltung in den Folgejahren positiv aufgenommen worden. Dafür gibt es mehrere Gründe:

- Jahresgewinne von Beginn an über 10 % netto
- Kurze Kapitalbindungsfrist von 6 Monaten
- Danach Kündigungsmöglichkeit mit Monatsfrist
- Monatliche Bewertung des Anlagevermögens
- Detaillierte Kontoauszüge monatlich
- Beratung vor Ort durch unabhängige Finanzdienstleister

Wie PHOENIX besitzen alle Vertriebspartner die staatliche Zulassung für ihre Tätigkeit. Sie haben meist auch andere Kapitalanlagen im Programm, um ihre Kunden je nach Anlagehorizont und Risikobereitschaft individuell beraten zu können.

Das PHOENIX Managed Account ist eine „alternative" Kapitalanlage. Mit ihr soll – unabhängig von traditionellen Investments wie Aktien oder Anleihen – eine attraktive Rendite erwirtschaftet werden. So kann selbst dann ein Gewinn erzielt werden, wenn die Aktienkurse zurückgehen. Durch breite Streuung des Anlagekapitals in verschiedene Märkte und Marktsegmente ist das PHOENIX Managed Account weitgehend unempfindlich gegen Turbulenzen an den Aktienbörsen. Schwerpunkt der Diversifizierung bilden die kaum korrelierenden Devisen-, Rohstoff- und Kapitalmärkte. Der Erfolg dieser Anlagestrategie lässt sich an der stabilen Performance ablesen. Alle Jahre schlossen mit einem Wertzuwachs deutlich oberhalb von 10 % ab. ■

PHOENIX Kapitaldienst GmbH has been on the options market since 1977. On the buyers' side it looks after customers who want to earn some money fast with high exchange rate movements, but who are also prepared to risk losing their investment – the options bonus. It's a hectic business for those with strong nerves. Investors less willing to takes risks are better off on the sellers' side – as seller of a buying option. We started the PHOENIX Managed Account for them in 1992. According to statistics 80 % of all options mature more or less without any value and do this regularly when anti-cyclical or negligible price movements in a base market make the exercising of the option unprofitable. The options bonus paid is collected by the seller of the buying option – in this case the community of partners participating in the PHOENIX Managed Account.

After initial reserve the product was well received in the years that followed. There are several reasons for this.

- Annual profits from the start of over 10 % net;
- A short capital tie-up period of 6 months;
- Thereafter the account can be closed with one month's notice;
- Monthly valuation of the sum invested;
- Detailed monthly statements;
- On-the-spot advice by independent financial consultants.

Like PHOENIX all distribution partners are state-licensed. They also usually offer other capital investment schemes in order to be able to advise their clients according to the latters' financial status and willingness to take risks.

The PHOENIX Managed Account is an "alternative" capital investment scheme. Independent of traditional investments such as shares or bonds it earns an attractive rate of return. Thus the investor can make a profit even if share prices fall. Through a broad diversificaton of the investment capital in various markets and market segments, the PHOENIX Managed Account is largely immune to the turbulence on the share market. The emphasis of the diversification forms the unlikely partners of currency, commodities and capital markets. The success of this investment strategy can be seen from the stable performance. Each year has closed with growth of well over 10 %. ■

Die Erweiterung der Europäischen Union – Herausforderung und Chance

The Expansion of the European Union – a Challenge and an Opportunity

Die Erweiterung der Europäischen Union, die Reform ihrer Institutionen und Aufgaben und die Durchsetzung neuer politischer Ziele, die mehr innere und äußere Sicherheit bringen, Handlungsfähigkeit stärken und wirtschaftliche und soziale Entwicklung ankurbeln – das sind die drei Schlüsselthemen für Europa am Beginn des 21. Jahrhunderts. Sie stehen in einem untrennbaren Zusammenhang und beeinflussen sich wechselseitig.

Die Erweiterung ist das politische Gestaltungsprinzip nach dem Fall des Eisernen Vorhangs. Sie füllt das Vakuum nach dem Ende der Nachkriegsordnung und schafft eine neue Struktur der Sicherheit und Zusammenarbeit, die wesentliche Teile des Europäischen Kontinents erfasst. Mit der Erweiterung reagiert die Union offensiv auf mögliche Risiken und Unsicherheiten, die mit dem Zusammenbruch eines ganzen Imperiums, mit offenen Grenzen und mit dem Transformationsprozess in den mittel- und osteuropäischen Staaten verbunden sind. In diesem Sinne ist die Erweiterung historisch unausweichlich. Gleichzeitig bedeutete der demokratische Neubeginn die Chance, der Systemtransformation eine klare Prägung geben, die Begrenztheit des gemeinschaftlichen Marktes zu überwinden und eine größere Plattform für die wirtschaftliche und wissenschaftlich-technische und soziale Entwicklung im globalen Wettbewerb zu schaffen. Die Perspektive der EU-Mitgliedschaft, die den mittel- und osteuropäischen Staaten seit dem Jahre 1993 eingeräumt wurde, war deshalb von Anfang an mehr als eine vorsorgende Sicherheitspolitik, um Frieden und Stabilität in Europa besser zu gewährleisten. Sie bedeutete gleichzeitig den Beginn einer strategischen Kräftebündelung der europäischen Gesellschaften im globalen Kräftemessen. Auch in diesem Verständnis gibt es zur Erweiterung keine vernünftige Alternative

Seit dem Gipfel der EU-Staats- und Regierungschefs in Kopenhagen im Jahr 1993, auf dem der Prozess der Vorbereitung der Erweiterung politisch begann, sind weniger als zehn Jahre vergangen. Die heutige Bilanz belegt bereits, dass der gewählte Weg richtig und für beide Seiten vorteilhaft ist. Mehr noch: Die positivsten Auswirkungen der Erweiterung sind heute schon sichtbar. In den Ländern Mittel- und Osteuropas, die eine EU-Perspektive haben, sind stabile Demokratien entstanden. Nirgendwo hatten Reaktionäre oder Extremisten bisher eine reelle Wahlchance. Überall besteht eine klare Verpflichtung auf die Menschenrechte und den Schutz von Minderheiten, auch wenn im Einzelfall noch vieles praktisch zu lösen bleibt. Fast allen Ländern, in denen noch vor wenig Jahren planwirtschaftliche Misswirtschaft herrschte, gelang der Sprung in die Marktwirtschaft, auch wenn die eine oder andere Strukturreform noch nicht abgeschlossen ist. Dabei orientieren sich die Kandidaten grundsätzlich am Leitbild einer nachhaltigen, sozialen Marktwirtschaft. Die meisten unter ihnen kommen zudem der Fähigkeit, dem Wettbewerb und dem Binnenmarktdruck in der EU voll standzuhalten, immer näher. Dabei muss man berücksichtigen, dass die Kandidatenländer bereits stark in den Binnenmarkt integriert sind, da unter anderem der Handel mit Gütern und einige Teile des Dienstleistungsbereiches bereits weitestgehend liberalisiert sind. In allen Ländern wurde intensiv an der Übernahme gemeinschaftlichen Besitzstandes gearbeitet. Längst steht die korrekte Umsetzung und Anwendung dieses Rechtes im Mittelpunkt der Aufmerksamkeit. Aber die positiven Auswirkungen des Erweiterungskurses sind nicht allein auf die mittel- und osteuropäischen Staaten begrenzt. Die gewonnene Stabilität, die keineswegs selbstverständlich ist, wenn man etwa auf den Balkan blickt, ist ein unbestreitbarer und nicht geringzuschätzender Gewinn für alle Europäer. Durch die Erweiterungsperspektive haben sich die gegenseitigen Wirtschafts- und Handelsbeziehungen sehr dynamisch entwickelt. In nur wenigen Jahren gelang den Kandidatenländern eine Ablösung aus den alten, überkommenen Mustern des RGW-Handels und eine strikte Hinwendung auf die Märkte der EU, die zu ihrem wichtigsten Handelspartner wurde. Umgekehrt gilt dies ebenfalls für die Europäische Union. Nach den USA ist die Gruppe der Kandidatenländer längst zum zweitwichtigsten Handelspartner der EU aufgestiegen. Viertwichtigstes Exportland der EU im Jahre 2000 war Polen, fünftwichtigstes Exportland die Türkei. Im Import der EU rangierte Polen und Ungarn auf dem 8. und 9. Platz ebenfalls sehr weit vorn. Dabei spielte die erfolgreiche Handelsentwicklung

Günter Verheugen

Der 1944 in Bad Kreuznach geborene Autor studierte Geschichte, Soziologie und Politische Wissenschaften in Köln und Bonn. Von 1969 bis 1974 war er Leiter des Referats Öffentlichkeitsarbeit im Bundesministerium des Innern, von 1974 bis 1976 Leiter des Arbeitsstabs Analyse und Information des Auswärtigen Amtes, von 1977 bis 1978 Bundesgeschäftsführer der F.D.P. und anschließend bis 1982 Generalsekretär der F.D.P. 1982 Eintritt in die SPD und von 1983 bis 1999 Mitglied des Deutschen Bundestags.
Von 1998 bis 1999 war Günter Verheugen Staatsminister im Auswärtigen Amt und Mitglied des Bundeskabinetts, und seit 1999 ist er Mitglied der Europäischen Kommission, zuständig für die EU-Erweiterung.

The author was born in Bad Kreuznach in 1944 and studied History, Sociology and Political Science at the Universities of Cologne and Bonn. From 1969 to 1974 he was Head of the Public Relations Department of the German Federal Ministry of the Interior and from 1974 to 1976 Head of the Analyse and Information Staff in the German Foreign Ministry. From 1977 to 1978 he was Party Whip of the national wing of the F.D.P. and then its secretary-general till 1982. In the same year joined the SPD and from 1983 till 1999 was a Member of the German Bundestag. From 1998 to 1999 Günter Verheugen was Minister of State in the Foreign Ministry and a Member of the SPD Cabinet.
Since 1999 he has been a Member of the European Commission, where he is responsible for the expansion of the European Union.

The expansion of the European Union, the reform of its institutions and tasks and the implementation of new political goals bringing more internal and external security, reinforce its ability to act and stimulate economic and social development. These are the three key issues for Europe at the beginning of the 21st century. They are inseparably linked and each influences the other.

The expansion is the political organisation principle after the fall of the Iron Curtain. It fills the vacuum after the end of the post-war order and creates a new structure of security and cooperation comprising the essential parts of the European continent. With the expansion the Union is going on an offensive to react to any possible risks and uncertainties connected with the dissolution of a whole empire with open borders and with the transition process in Central and Eastern Europe. In this sense the expansion is historically inevitable. At the same time, the new democratic beginning meant the opportunity to give a distinct style to the transition from one system of government to another, to overcome the limitations of the common market and create a larger platform for economic, social and scientific-technical development in global competition. The prospect of EU membership, which was conceded in principle to the countries of Eastern and Central Europe in 1993, was thus more then just a precautionary security policy to guarantee peace and stability in Europe. It meant the simultaneous beginning of a strategic bundling of forces by European society in a global test of strength. In this sense, too, there is no sound alternative to the expansion of the EU.

Since the 1993 EU Heads-of-State-and-Government Summit in Copenhagen, where the political process for the preparation of the expansion, less than 10 years have gone by. The situation today shows that the path chosen was the right one and that it is of advantage to both sides. More than this, the positive effects of the expansion are already visible today.

Stable democracies have emerged in those countries of Central and Eastern Europe that have prospects of becoming EU members. Reactionaries or extremists did not have a real chance anywhere. There is a clear commitment to human rights and the protection of minorities, even if much remains to be resolved in individual instances. The leap to the market economy succeeded in almost all countries dominated by centralised economies a few years ago, even if a few structural reforms have not been completed. The candidate countries are following the example of a lasting social market economy. Most of them are gradually developing the ability to withstand the competition and pressure from the single market.

Die Erweiterung der EU ist ein Schlüsselthema des neuen Jahrhunderts.

The expansion of the EU is a key topic of the new century.

At the same time it must be remembered that the candidate countries are already very well integrated into the single market, since trade in goods and some parts of the service sector among other things have already been liberalised to a large extent. In all countries there has been intensive work done on the takeover of state assets. The focus of attention is on the proper implementation and use of this law. But the positive effects of the expansion are not limited solely to the countries of Central and Eastern Europe. The stability that has been gained, by no means a matter of course if one looks at the Balkans, for example, is an indisputable, not-to-be-underestimated gain for all Europeans. Through the prospects for expansion, mutual economic and trade relations have developed very well. In only a few years the candidate countries succeeded in freeing themselves from then old, traditional COMECON trade and doing an about-turn to the markets of the EU, which became their most important customers. This applies equally to the European Union. After the USA the group of candidate countries have risen to become the most important trading partners after the EU.

The EU's most important export customer in 2000 was Poland, the fifth most important export customer was Turkey. Poland and Turkey are the EU's eighth and nineth most important import suppliers respectively. The successful development of trade with Germany plays a decisive role here. Today the countries of Eastern and Central Europe are Germany's most non-EU import suppliers. They have bumped the US down to 2nd place with a total import volume of 18.7 %. And Germany is the biggest exporter to non-EU countries after the USA.

The various competitive strengths and the necessary efforts at modernisation on the part of these young economies led to a clear, constant and high foreign trade surplus in favour of the EU. In the period 1996 to 2000 this surplus totalled some 100 thousand million Euro compared to the 10 Central and Eastern European countries. Just under a third of this trading surplus was earned by Germany.

Along with the prospects for expansion, the first steps in other important areas succeeded. These include the first common activities by the EU in mit Deutschland die entscheidende Rolle. Die mittel- und osteuropäischen Staaten sind heute der wichtigste Importpartner der Bundesrepublik Deutschland außerhalb der EU. Mit einem Anteil von 18,7 % am Gesamtimport im Jahr 2000 haben sie die USA auf den 2. Platz verwiesen. Im Export der Bundesrepublik Deutschland nach Drittstaaten stellen sie nach den USA den zweitwichtigsten Absatzmarkt für Waren dar.

Die unterschiedliche Wettbewerbskraft, aber auch die notwendigen Modernisierungsanstrengungen der jungen Volkswirtschaften führten zu einem klaren, stetigen und hohen Außenhandelsüberschuss zugunsten der Europäischen Union. Dieser Überschuss addierte sich im Zeitraum 1996 bis 2000 gegenüber den 10 mittel- und osteuropäischen Beitrittsländern auf rund 100 Mrd. Euro. Knapp ein Drittel dieses Handelsbilanzüberschusses wurde durch die Bundesrepublik Deutschland erwirtschaftet.

Mit der Erweiterungsperspektive gelangen auch erste Schritte in weiteren wichtigen Bereichen. Dazu gehören erste gemeinsame Aktivitäten der EU mit den Kandidatenländern gegen grenzüberschreitende Kriminalität, aber auch die Verbesserung des Niveaus der Grenzsicherung in den Kandidatenländern. Zudem wird immer spürbarer, dass die Kandidatenländer es ernst meinen mit dem Aufräumen von Umweltsünden der Vergangenheit. Schließlich haben die Erweiterungsvorbereitungen das Interesse, die Neugier und die Kooperationswilligkeit der verschiedensten Akteure angekurbelt. Das sich entwickelnde Netze der gegenseitigen Beziehungen geht weit über den von der Europäischen Union institutionalisierten politschen Dialog hinaus. Auf lokaler Ebene oder regionaler Ebene wurden alte Partnerschaften wiederbelebt und neue begründet. Vor allem die deutschen Länder in unmittelbarer Grenzlage begannen sich couragiert für intensive grenzüberschreitende Zusammenarbeit und Kooperation zu engagieren.
In den europäischen Verbänden und Institutionen haben die Kandidatenländer längst ihren selbstverständlichen Platz. Vertreter der Kandidatenstaaten sind heute auf beinahe jeder wissenschaftlichen Tagung oder größeren Diskussionsveranstaltung vertreten. Präsentationen des beachtlichen wirtschaftlichen, technischen und künstlerischen Schaffens dieser Länder genießen höchste Aufmerksamkeit. Dieses Beziehungsgeflecht ist für das Gelingen der Erweiterung unersetzlich, denn es führt nicht nur die Wirtschaft, sondern Vertreter aller gesellschaftlichen Gruppen zusammen.

Gleichzeitig ist aber ebenfalls richtig, dass alle Beitrittskandidaten noch ein gutes Stück Arbeit leisten müssen, damit ihre Aufnahme in die Europäische Union schnell möglich wird. Im Verlaufe der letzten Jahre haben sich einzelne neuralgische Punkte herauskristallisiert. Zum einen betrifft das die notwendige Stärkung der öffentlichen Verwaltung und des Justizwesens in den Kandidatenländern. Die jungen Verwaltungen der Kandidatenländer, die unter Personalfluktuation leiden und nur über eine vergleichsweise geringe technische Ausstattung verfügen, müssen trotz schlechter Entlohnung modernes Verwaltungshandeln erlernen. Hinzu kommt, dass sich der Schwerpunkt der Anstrengungen in den meisten Ländern von der rein gesetzgeberischen Übernahme des gemeinschaftlichen Besitzstandes hin zu dessen korrekter Umsetzung und Anwendung verlagert hat. Das ist eine schwierige und mühsame Aufgabe, deren Lösung dennoch für das wirtschaftliche und soziale Gelingen der Transformation und insgesamt für das Gelingen der Erweiterung unerlässlich ist. Mindestens ebenso wichtig ist der weitere energische Kampf gegen Korruption, die Gesellschaften zerfressen und jedes Bemühen um wirtschaftlichen Aufschwung zunichte machen kann. Es liegt auf der Hand, dass die Attraktivität der Kandidatenländer als Wirtschaftspartner und Standort für Direktinvestitionen von einer rigiden Politik gegen jede Form von Rechtsunsicherheit, Rechtsbeugung und Rechtsmissbrauch mit abhängt. In jedem der Kandidatenländer muss zudem der wirtschaftliche Reformprozess vorangetrieben werden, was teilweise mit schwierigen Strukturentscheidungen verbunden ist. Auch bei der Gewährleistung der Menschenrechte und beim Schutz von Minderheiten sind einige Fragen noch nicht gelöst. So ist in einigen Ländern die anhaltende soziale Diskriminierung der Roma nicht hinnehmbar. Auch wenn die Diskriminierung der Roma kein ausschließliches Phänomen in Erweiterungsländern ist, muss bereits die Vorbeitrittsphase genutzt werden, um das Übel an den Wurzeln zu bekämpfen. Die noch bestehenden Schwachstellen sind in den Kandidatenländern bekannt und sie sind politisch willens, sich den damit verbundenen Herausforderungen zu stellen. Das ist eine solide Basis für weitere Fortschritte.

Unbeschadet aller noch bestehenden Defizite und Schwächen ist die Gesamtbilanz der Erweiterungsvorbereitungen positiv. Dies gilt um so mehr, als dass dieses Ergebnis zuallererst auf den Eigenanstrengungen der Kandidatenländer beruht. Die Bürgerinnen und Bürger dieser Länder tragen bis zum heutigen Tag – unbeschadet beachtlicher Unterstützung von Seiten der Europäischen Union – die Hauptlast der Transformation.
Das Geheimnis dieses unermüdlichen Reformwillens war und ist dabei die Mitgliedschaftsperspektive in der Europäischen Union. Das Vertrauen auf gleichberechtigte Teilhabe, auf gleichberechtigte Mitarbeit setzte und setzt enorme Reformkräfte frei.
Andererseits reagiert die Öffentlichkeit dieser Länder mit geradezu seismographischer Genauigkeit auf jede mögliche Stimmungsschwankung in den einzelnen Mitgliedstaaten der Europäischen Union. In jedem dieser Länder gibt es zudem Populisten, die mit den durchaus vorhandenen Ängsten der Menschen spielen, im „reichen Europa" möglicherweise doch nicht willkommen zu sein. Auch aus diesem Grund brauchen diese Länder das berühmte Licht am Ende des Tunnels.

Freie Fahrt in Europa – die Erweiterung der Europäischen Union wird weitere Erleichterungen schaffen.

All clear to Europe – the expansion of the European Union will create more relief in various areas.

Dabei geht es nicht zuallererst um eine nötige Atempause im Reformprozess, sondern um den öffentlichen Nachweis, dass sich die Anstrengung lohnt. Zudem können diese Länder erst nach dem Beitritt auf wirklich substantielle finanzielle Hilfen der Europäischen Union zur Bewältigung der verschiedenen Probleme setzen.
Deshalb waren die Beschlüsse der EU-Staats- und Regierungschefs in den letzten drei Jahren, die auf

assisting the candidate countries to combat cross-border crime or improving the level of security at their borders. It is also becoming more noticeable that the candidate countries are taking seriously the old problems of environmental pollution.

After all, the preparations for expansion have stimulated interest, curiosity and willingness to cooperate by a variety of involved parties. The developing network of mutual relations far exceeds the political dialogue institutionalised by the EU. Old partnerships were re-awakened and re-established at local or regional level. Especially those German States directly on the border regions began to courageously to get involved in intensive cross-border cooperation. The candidate countries have long taken their natural place in the European industry associations and other institutions. Today representatives of the candidate countries are represented at almost every scientific congress or major conference. Presentations of remarkable economic, technical or artistic works by these countries enjoy the greatest attention. This network of relationships is irreplaceable for the success of the expansion, because it brings not only the economies but also the representatives of all social groups together.

At the same time all candidate countries still have much work to do in order to speed up their entry to the EU. Over the last ten years individual points of concern have crystallised. One concerns the necessary strengthening of the public administration and the justice systems in candidate countries. Their new public administrations, which suffer under fluctuating staff-levels and a comparatively low level of technical equipment, must learn modern administration in spite of low pay. As well, the focus of efforts in most of these countries from the purely administrative takeover of public assets has shifted to its proper implementation and use. This is a difficult and long-winded exercise, whose completion is still essential for the economic and social success of the transformation and the success of the expansion as a whole.

At least as important is the continued energetic struggle against corruption, which eats societies and can thwart all efforts to achieve an economic upturn. It is self-evident that the attractiveness of the candidate countries as trading partners and as locations for direct investment is also dependent on a rigid policy against every form of legal uncertainty, abuse of the law and miscarriage of justice. In each of the candidate countries the process of economic reform must also be accelerated, which is partly connected with difficult structural decisions.

Even in guaranteeing human rights and in the protection of minorities, a few matters still have to be solved. For example, in some countries the continued social discrimination of the Roma is not acceptable to the EU. Even if discrimination of the Roma is not exclusive to the candidate countries, the pre-entry phase must be used to combat this evil at its roots. The still-existing weak sports in the candidate countries are known and the countries are politically willing to face the related challenges. This is a solid basis for further progress.

Irrespective of all remaining faults and weaknesses the overall picture if the preparations for the expansion is positive. This applies all the more since the this effort is the result of the candidate countries' own efforts. To this day the citizens of these countries bear the main burden of transition, in spite of considerable assistance from the EU countries. The secret of this tireless will to reform was and is the prospects for membership in the European Union. Their hope for equal participation, equal cooperation released, and is releasing, enormous forces for reform.

On the other hand the public in these countries is reacting with positively seismographic precision to every possible mood-change in individual member

eine Beschleunigung der Erweiterung, ohne Aufgabe der harten Beitrittskriterien, abzielten, nur folgerichtig. Die konsequente Befürwortung einer schnellstmöglichen Erweiterung hat sich bezahlt gemacht und in den Kandidatenländern weitere Kraftreserven mobilisiert.

Seit den Europäischen Räten von Nizza im Dezember 2000 und Göteborg im Juni 2001 ist klar, dass die Erweiterung unwiderruflich vor der Tür steht. Seit einem Jahr laufen die Verhandlungen zu den wirklich substantiellen Fragen. Tatsächlich geht es nunmehr um die Aushandlung von Übergangsregelungen. Derartige Regelungen sind ein übliches Instrument von Beitrittsverhandlungen. Mit ihnen kann die Anwendung des gemeinschaftlichen Besitzstandes punktuell zeitlich hinausgeschoben werden, um die Integration so harmonisch wie möglich zu vollziehen, Risiken zu begrenzen und Verwerfungen zu vermeiden. So wichtige Fragen wie die Freizügigkeit von Arbeitnehmerinnen und Arbeitnehmern, der freie Erwerb von Grund und Boden in den Kandidatenländern oder die Anpassung an gemeinschaftliche Umweltnormen standen in diesem Frühjahr zur Entscheidung. Bei ihren Verhandlungsvorschlägen hat die Kommission dabei strikt darauf geachtet, dass keine Seite überfordert und den vorhandenen Ängsten in der Bevölkerung, hier wie dort, Rechnung getragen wird. Diese Strategie hat sich bisher ausgezahlt und auch Kandidatenländern einen zügigen Kompromiss ermöglicht. Auch für die weiteren Verhandlungen bleibt es wichtig, dass jeder Dogmatismus vermieden wird und sinnvolle Übergänge organisiert werden. Mit einem wirtschaftlichen oder sozialem Schock, insbesondere in den Kandidatenländern wäre die erweiterte Union erheblich belastet oder möglicherweise sogar gescheitert. Aus diesem Grund sind politisches Augenmaß, Flexibilität und eine offensive öffentliche Debatte für den Erfolg der Verhandlungen maßgeblich. Dieser Erfolg entscheidet sich nicht an der Zahl der vorläufig geschlossenen Verhandlungskapitel oder am gelungenen Verhandlungsabschluss. Er entscheidet sich daran, dass überall die Ratifikation gelingt – in den EU-Staaten, in jedem Kandidatenland.

Nach den politischen Planungen könnten die Verhandlungen bis zum Ende des Jahres 2002 mit maximal 10 der 13 Beitrittskandidaten abgeschlossen werden. Damit würde möglich, dass erste neue Mitgliedstaaten bereits im Jahre 2004 als Mitglieder an den Wahlen zum Europäischen Parlament teilnehmen könnten. Sicher ist, dass auf jeden Fall Bulgarien und Rumänien, die in ihren eigenen Beitrittsvorbereitungen von längeren Zeithorizonten ausgehen, eine dementsprechend längere Verhandlungszeit brauchen werden. Mit dem 13. Kandidatenland, der Türkei, wird noch nicht verhandelt.

Energiegewinnung der Zukunft – auch auf wissenschaftlich-technischem Gebiet wird die Zusammenarbeit in Europa enger.

A method of obtaining energy in the future – cooperation will be closer in the field of science in Europe as well.

Mit Ausnahme der eben genannten drei Staaten orientieren sich alle übrigen Kandidatenländer in ihren internen Vorbereitungen auf einen Verhandlungsabschluss im Jahr 2002. Unter der Voraussetzung, dass deren interne Planungen gelingen und die Verhandlungen fristgerecht abgeschlossen werden können, könnten deshalb bis zu 10 Mitgliedstaaten in einer ersten Erweiterungsrunde der Europäischen Union beitreten. Angesichts des derzeitigen Vorbereitungsstandes haben diese 10 Länder eine faire Chance. Gleichzeitig gilt aber auch, dass noch kein Land vollständig beitrittsreif ist und seine Fahrkarte in die Europäische Union bereits in der Tasche hätte. Schon deshalb ist jede Voraussage, ob und wieviele Staaten tatsächlich im Jahr 2004 zur Union gehören werden, verfrüht. Die Kommission jedenfalls wird für kein Land einen Beitrittsvertrag vorschlagen, das den vereinbarten Beitrittsbedingungen nicht genügt.

Für das Gelingen der Erweiterung ist das öffentliche Klima in den Mitgliedstaaten und den Beitrittsländern ganz entscheidend. In den meisten Beitrittsländern gibt es relativ stabile Mehrheiten, auch wenn der anfängliche Enthusiasmus der ersten Jahre offensichtlich verflogen ist. Es gibt auch keine wirklichen Warnzeichen, dass der klare politische Konsens in diesen Ländern zum EU-Beitritt, der in der Regel neben dem NATO-Beitritt die entscheidende außenpolitische Priorität ist, aufgebrochen werden könnte. Dennoch bestehen in diesen Ländern Ängste und Sorgen. Sie betreffen Fragen des Schutzes ihrer erst kürzlich errungenen Souveränität, die Bewahrung ihrer Identität und ihrer Kultur in der Europäischen Union, aber auch ganz reale wirtschaftliche und soziale Fragen. Mit Information, Kommunikation, aber auch mit Hilfe konkreter Verhandlungslösungen kann und muss hier eine solide öffentliche Unterstützung für die Erweiterung gesichert werden. Wesentlich komplizierter scheint die Angelegenheit dagegen in den derzeitigen EU-Mitgliedstaaten. Während dieses Projekt in einigen Staaten breite öffentliche Zustimmung genießt, da es zuallererst als humanitäres und soziales Projekt wahrgenommen wird, ist die öffentliche Meinung in anderen Mitgliedstaaten vorwiegend negativ oder zumindest skeptisch. Dies stimmt leider auch für die Bundesrepublik Deutschland. Den dort anzutreffenden diffusen Ängsten um Arbeitsplätze, etwaige unkalkulierbare Finanzverpflichtungen oder die Furcht vor einem ungehemmten Hereinbrechen einer Kriminalitätswelle aus Mittel- und Osteuropa kann mit soliden Argumenten begegnet werden. Das setzt jedoch eine offensive Befürwortung des Erweiterungsprozesses nicht allein durch die politischen Eliten sondern durch breite Teile der Gesellschaft, darunter auch der Wirtschaft, voraus. Gleichzeitig ist dieses öffentliche Klima jedoch Teil eines größeren Problems, das im Zuge der Erweiterung nicht lösbar ist, sondern die Grundsatzfrage nach der Attraktivität der Europäischen Union für die heute lebenden Generationen stellt. Der Enthusiasmus von einst scheint erloschen, auch wenn die Gründe, die zur europäischen Integration führten, bis zum heutigen Tage fortbestehen. Frieden, Sicherheit und Stabilität, die Aussöhnung der EU-Staaten, insbesondere mit Frankreich, scheint zur Selbstverständlichkeit geworden. Dagegen wird die ebenso nötige Aussöhnung mit Polen oder Tschechien etwa, mit denen die Bundesrepublik Deutschland auch eine vielschichtige und tragische Geschichte verbindet, nicht mit eben dieser Dringlichkeit empfunden. Die derzeitige Europäische Union, die viele schlicht und ergreifend mit „Brüssel“ bezeichnen, wird mit solchen Begriffen wie bürokratisch, intransparent, bürgerfern und undemokratisch assoziiert.

states of the European Union. Also, in each of these countries there are populists who play with peoples' very real fears of not being welcome in "rich Europe". For this reason these countries need the famous light at the end of the tunnel. It is not primarily a question of a necessary breather during the reform process but the public proof that the effort is worth it. In addition, these countries can only count on really substantial financial assistance from the European Union in overcoming their various problems after they have become members. For this reason the decisions of the EU Heads of Government Summits in the last three years, which were aimed at an acceleration of the expansion without giving up the hard entry criteria, were consistent. The consistent support for an expansion as quickly as possible paid off and mobilised further reserves of strength in the candidate countries.

Since the European Councils of Nice in December 2000 and Göteborg in July 2001 it has become clear that the expansion is irrevocably imminent. Negotiations on the really substantial matters have been going on for a year. In fact it will be a question of negotiating transitional rules from now on. These sorts of rules are a customary instrument for entry negotiations. With them the use of public assets can be chronologically prolonged at certain points in order to complete the integration process as harmoniously as possible, reduce risks and to avoid any accusations. Decisions on important matters as the free movement of employees, the free acquisition of property and real estate in the candidate countries or the adjustment to EU environmental norms were to be made this spring.

With its suggestions for the negotiations the European Commission made very sure that neither side was overburdened and that the fears of the populations here and in the candidate countries were taken into account. This strategy has paid off so far and has even made a compromise for the candidate countries possible. Even for the additional negotiations it remains crucial that all dogmatism is avoided and reasonable transitions are organised. An economic or social shock, especially in the candidate countries, would put a considerable strain on, or even mean the end of, the expanded Union. For this reason a political sense of proportion, flexibility and aggressive public debate for the success of the negotiations are the deciding factor. This success will not be decided by the number of the provisionally closed chapter of the negotiations or by the successful result of the negotiations. It will be decided by successful ratification everywhere – in the EU states and in each candidate country.

After the political planning the negotiation could be concluded by the end of 2002 with 10 of the 13 candidate countries. This would enable the first new member states to participate in the European parliamentary elections in 2004. It is a fact that Bulgaria and Rumania, which are presuming a longer period of preparations for entry, will certainly need a longer negotiation period. Negotiations are not yet being held with the 13th candidate, Turkey. With the exception of the three states named, all other candidate countries are aiming to conclude negotiations in 2002.

Provided their internal planning is successful and that the negotiations are concluded successfully, ten countries could become members of the European Union in the first round of the expansion. In view of the current state of preparations these 10 countries have a fair chance. At the same time, no country is ready to become a member at present, or already has a ticket to the European Union in its pocket. For this reason alone any statement as to whether or how many countries will belong to the European Union in 2004 is premature. What is certain is that the Commission will not propose membership of any country that does not fulfil the conditions of entry.

The climate of public opinion in the member states and the candidate countries is an important deciding factor for the expansion. In most of the candidate countries there are relatively stable majorities for membership, even if the initial enthusiasm of the early years has obviously passed. There are also no real warning signs in these countries that the clear political consensus on EU membership, which, besides the entry to NATO – as a rule the decisive priority in foreign policy – could be broken. But there are still fears in these countries. They have to do with questions of the protection of their only recently-gained sovereignty, retaining their identity and culture in the European Union, but also very real economic and social questions. With information, communication and also help in the form of concrete solutions in the negotiations, solid support for the expansion can and must be ensured. On the other hand the matter appears considerably more complicated in the existing EU member countries.

While this project is enjoying wide public consensus in some countries, since it is perceived primarily as a humanitarian and social project, public opinion in other EU member countries is predominantly negative or at least sceptical. This is unfortunately true for the Federal Republic of Germany as well. The vague fears about jobs, any incalculable financial obligations or the fear of an unrestrained crime-wave from Central and Eastern Europe that one encounters there must be met with solid arguments. However, that presupposes an offensive support of the expansion process, not by the political elites alone but by broad sections of the population, including the commercial sector.

At the same time this public climate is still part of a larger problem which is insoluble in the course of the expansion but which poses the fundamental question about the attractiveness of the European Union for today's generation.

Gesunde Umwelt – die Kandidatenländer meinen es ernst mit dem Aufräumen von Umweltsünden der Vergangenheit.

A healthy environment – the candidate countries are serious about clearing up the environmental sins of the past.

Das ist sicherlich vereinfacht und einseitig, beschreibt jedoch gleichzeitig die Aufgaben, die die Union und ihre Mitgliedstaaten im so genannten Post-Nizza-Prozess zu lösen haben: Erstens geht es darum, ein transparentes System zu schaffen, das sichtbar macht, wer für welche Entscheidung verantwortlich ist. Zweitens muss die parlamentarische Kontrolle und deren Sichtbarkeit erhöht werden. Drittens müssen die politischen Ziele der Europäischen Union genauestens daraufhin überprüft werden, ob sie dort tatsächlich handelt bzw. handeln darf, wo Menschen Lösungen der ihnen unter den Nägeln brennenden Probleme erwarten und auf verbesserte Chancen setzen.

Über alle diese Dinge muss offen gesprochen werden, nicht nur in so genannten Expertenzirkeln, sondern in breitester öffentlicher Diskussion, in jedem einzelnen Mitgliedstaat und auf europäischer Ebene. Diese Diskussion muss nicht vor der Erweiterung beendet sein. Wichtig ist, dass die Kandidatenländer an dieser Diskussion teilhaben und ihre Sichtweisen einbringen können. Die bisherigen Erfahrungen zeigen jedenfalls, dass sie sehr interessante Reformanstöße geben können. Sie favorisieren dabei einerseits gemeinschaftsfreundliche Lösungen. Andererseits sind sie hochsensibel, was etwaige Überreglementierungen betrifft.

Mit einer derart breiten öffentlichen Diskussion kann die sich erweiternde Union nur gewinnen. Sie erlaubt den nüchternen Blick auf Erreichtes ebenso wie die Diskussion des zu Erreichenden. Die Integrationsleistungen des vergangenen Jahrzehntes werden dadurch ebenfalls sichtbarer. Sie sind viel besser als ihr Ruf. Mit der Erweiterung, mit der Realisierung einer Wirtschafts- und Währungsunion, mit der beginnenden Schaffung der Politischen Union und der Beschäftigungsstrategie wurden wichtige Weichenstellungen in den 90er-Jahren vorgenommen. Hinzu kommen drei strategischen Projekte im Übergang zum neuen Jahrtausend, die den Charakter der Union maßgeblich verändern werden. Gemeint sind der so genannte Lissabon-Prozess, der so genannte Tampere-Prozess und die Bemühungen um die Entwicklung einer echten gemeinsamen Außen- und Sicherheitspolitik. Hinter diesen Schlüsselwörtern verbergen sich ambitionierte Ziele. Mit dem so genannten Lissabon-Prozess will die dann erweiterte Europäische Union Wachstum, Wettbewerbsfähigkeit und Beschäftigung in Europa forcieren. Der Nachweis soll angetreten werden, dass Nachhaltigkeit und Sozialpolitik keine Schwächen sondern Stärken sind und es der EU gelingt, zum stärksten globalen Akteur zu werden. In diesem Zusammenhang wurde eine völlig neue Herangehensweise gewählt. Nicht Kompetenzen stehen im Mittelpunkt europäischer Entscheidungen, sondern Politikziele und der Wettbewerb um die beste Lösung. Die Kandidatenländer werden in diesen Prozess bereits vor ihrem Beitritt sukzessive integriert. Der Tampere-Prozess betrifft die Innen- und Justizpolitik. Ziel ist es, einen wirklichen Raum der Sicherheit und des Rechtes zu schaffen. Das entspricht ausdrücklichen Erwartungen einer Mehrheit der Bürgerinnen und Bürger, die in Deutschland, bzw. anderswo in der Europäischen Union, leben. Schließlich geht es um die Entwicklung einer echten gemeinsamen Außen- und Sicherheitspolitik, die die EU tatsächlich befähigt, effizient international zu agieren und ihre Verantwortung voll wahrzunehmen. Auch dieser Prozess fußt einerseits auf klaren Erwartungen der Bürgerinnen und Bürger nach aktivem Engagement zur Prävention und Meisterung von Krisen. Andererseits zeigt sich, dass sich in der globalen Welt klassische Politikaufgaben mit wirtschaftlichen, umweltpolitischen und sozialen Fragestellungen immer weiter vernetzen. Insofern ist diese Entwicklung auch eine logische Konsequenz der nötigen verantwortlichen Steuerung der Globalisierung. Absehbar ist viertens, dass die Erweiterung die Frage nach dem künftigen Verhältnis der Europäischen Union zu den osteuropäischen Nachbarn, insbesondere zur Ukraine und Russland noch schärfer aufwerfen wird. Gleiches gilt im übrigen für den Mittelmeeraum. Zunächst löst die anstehende Erweiterung nicht vollständig die Frage nach der künftigen europäischen Sicherheitsarchitektur. Einige europäische Länder sind aus unterschiedlichen Gründen noch nicht in diesen Prozess integriert oder werden auf absehbare Zeit auch nicht in diesen Prozess integriert werden können. Letztes gilt insbesondere für die Ukraine und Russland. Dabei kann kein Zweifel daran bestehen, dass deren europäische Verankerung und eine möglichst enge Zusammenarbeit mit beiden Staaten im Eigeninteresse der Europäischen Union liegen und für beide Seiten profitabel wären. Zudem ist deutlich, dass Polen und andere Länder mit der EU das Interesse teilen, dass die Erweiterung weder zu einer Art Chinesischer Mauer führt, noch das vorhandene dramatische Wohlstandsgefälle an den künftigen östlichen Außengrenzen der erweiterten Union zementiert. EU und Beitrittskandidaten eint die Sichtweise, dass sich die Erweiterung ebenfalls in neue Entwicklungschancen für die östlichen Nachbarn ummünzen muss und grenzüberschreitende Kooperationen nicht behindert sondern gefördert werden. Das russische Kaliningrad, das künftig von EU-Territorium umgeben sein wird, kann dabei als ein Katalysator eines sachlichen Dialogs wirken, in dem Probleme benannt und gelöst werden, um Chancen zu verbreitern. Wie weit diese Beziehungen jedoch im einzelnen reichen werden, hängt allein vom Willen beider Seiten ab. Ermutigend in diesem Zusammenhang ist ebenfalls, dass erste Kandidatenländer längst begonnen haben, über ihren Platz und ihren originären Beitrag in der erweiterten Europäischen Union nachzudenken und ihre Stärken aus nachvollziehbaren Gründen insbesondere in den Beziehungen zu anderen osteuropäischen Staaten sehen.

Die mittel- und osteuropäische Staaten sind heute der wichtigste Importpartner der Bundesrepublik Deutschland außerhalb der EU.

The countries of Central and Eastern Europe are today Germany's most important import partner outside the EU.

Parallel zur Entwicklung der Beziehungen zu den künftigen östlichen Nachbarn, wird sich die EU aus ähnlichen Gründen ebenfalls stärker als bisher im Mittelmeerraum engagieren müssen. Auch hier gilt, dass engstmögliche Kooperation eine Investition in eigene Sicherheit und eigene Wohlfahrt darstellen.
Alle genannten Vorhaben sind anspruchsvoll. Ihr Gelingen wird die Union stärken, nach innen und außen, und die notwendige Handlungsfreiheit schaffen, die Bürgerinnen und Bürger, die Wirtschaft und Gesellschaft zu Recht erwarten. ■

The enthusiasm of earlier days now seems extinguished, even if the reasons that lead to the integration of Europe still exist today. Peace, security and stability, the reconciliation of the European states, especially with France, seem to have become a matter of course.

On the other hand the equally necessary reconciliation with Poland or the Czech Republic, which are linked to Germany by a complex and tragic history, is not felt to be as urgent. The current European Union, which many people simply refer to as "Brussels", is associated with such terms as bureaucratic, too removed from the concerns of the people and undemocratic. This is oversimplified and unilateral, of course, but at the same time it describes the tasks that the Union and its member states in the so-called "post-Nice process" have to solve. Firstly, a clear and transparent system must be created which makes visible who is responsible for which decision. Secondly, parliamentary control and its visibility must be increased. Thirdly, the political aims of the European Union must be examined minutely to determine whether it acts or may act in areas where people expect solutions to urgent problems and hope for improved opportunities.

These issues must be discussed openly, not just with so-called panels of experts; there must be the broadest possible public debate in each member state and at European level. This debate must not be ended before the expansion takes place. It is important that the candidate countries also participate in this debate and express their views. So far experience shows that they can give very important stimuli for reform. They favour Union-friendly solutions on the one hand and on the other hand they are highly sensitive as far as over-regulation is concerned.

Auch für den Agrarmarkt der osteuropäischen Länder wurde die Union der wichtigste Partner.

The EU also became the most important trading partner for the agricultural market of the countries of Eastern Europe.

With a broad public discussion of this nature the expanding Union can only win. It allows a sober look at what has been achieved as much as the debate on what still has to be achieved. The achievements of integration in the last decade are also more visible, and they are much better than their reputation. The expansion, with the implementation of an economic and currency union, the beginning of the creation of the Political Union and employment strategy set the course for developments in the 1990s. Three strategic projects in the transition to the new millennium will follow, which will change the character of the Union fundamentally. These are the so-called Lisbon Process, the so-called Tampere-Process and the efforts to develop a genuine common Foreign and Defence Policy. These key words conceal ambitious goals.

With the so-called Lisbon Process the newly-expanded European Union wants to force the pace of economic growth, competitiveness and employment in Europe. The aim is to prove that permanence and social policies are not weaknesses but strengths, and that the EU will succeed in becoming the strongest force in the world. In this context a completely new approach will be adopted. European decisions will focus not on competences but on political goals and the competition for the best solution. The candidate countries are already being gradually integrated into this process before their entry. The Tampere-Process concerns policies on domestic affairs and justice. The aim is to create a genuine zone of security and law. This corresponds to the express expectations of a majority of citizens living in Germany and elsewhere in the European Union.
It is, after all, a question of the development of a genuine foreign and security policy, which will really enable the EU to act internationally and assume its full responsibility. On the one hand even this process is based on the clear expectations of the citizens for active involvement for the prevention and control of crises. On the other hand we are seeing the linking of classical political tasks with economic, environmental and social issues in the global world. To that extent this development is also a logical consequence of the necessary, responsible control of globalisation.

Fourthly, it is foreseeable that the expansion will raise the question of the future relationship of the European Union with its Eastern European neighbours. The same applies to the Mediterranean region, by the way. Initially the imminent expansion will not completely solve the question of the future structure of European security. For various reasons some European countries have not yet been integrated into this process or will not be integrated into it in the foreseeable future.

The latter applies particularly to the Ukraine and Russia. There can be no doubt that their embodiment in Europe and the closest possible cooperation with both states is in the EU's own interests and would be profitable for both sides. It is also clear that Poland and other countries, along with the EU, have an interest in having the expansion neither as a type of Great Wall of China nor the present dramatic prosperity gap fixed in place at the future eastern borders of the expanded Union. The EU and the candidate countries are united in the view that the expansion must also translate into new opportunities for development for its eastern neighbours and should promote rather than hinder cross-border cooperation. Russian Kaliningrad, which in future will be surrounded by EU territory, can act as a catalyst for a neutral dialogue in which problems are spelled out and solved in order to broaden opportunities. But how far these relations will reach in individual cases depends alone on the good will of both sides.

It is also encouraging in this context that the first candidate countries began long ago to think about their place in and original contribution to the expanded Union and, for understandable reasons, to see their strengths especially in their relations to other Eastern European countries. Parallel to the development of relations with our future Eastern neighbours, the EU will also have to get more involved in the Mediterranean region than in the past. Here, too, the closest possible cooperation will constitute an investment in its own security and welfare.

All the aims mentioned here are demanding. Their success will strengthen the Union inwardly and outwardly and create the necessary freedom of action that its citizens, economy and society expect. ■

Es gibt immer eine Lösung – 100 Jahre Erfahrung mit Stahl

There is always a Solution – 100 Years of Experience with Steel

Die Unternehmen der Industry Group bauen auf über 100 Jahre Erfahrungen und vereinen die gesamte Wertschöpfungskette von der Gießerei über die Schmiede und die Zerspanung bis hin zur Fertigung von Komponenten und Systemen. Damit liegt die Stärke in der Durchgängigkeit der technischen Lösung.

Schmiede

Warm und kalt geschmiedete Rohteile im Gewichtsbereich von 0,5 kg bis 12 kg in allen schmiedbaren Stahlgüten inclusive Wärmebehandlung für die Automobil-, Bahn-, Wälzlager- und Armaturenindustrie.

Gießerei

Hand- und Maschinenformguss roh und einbaufertig von 0,2 kg bis 12.000 kg in GG, GGG, GS für Windkraft und Maschinenbau.

Fertigung

Einzelteil- und Kleinserien-Bearbeitung von Bauteilen und Komponenten des Anlagen- und Getriebebaus, Mittel- und Großserienfertigung von Komponenten für die Automobilindustrie.

Härterei

Sämtliche Glühverfahren sowie Aufkohlen, Einsatzhärten und Vergüten für Teilegewichte bis 6.000 kg.

Stahlbau

Mast- und Kranelemente sowie Komponenten des Schwermaschinen- und Getriebebaus.

Service

Diagnose, Reparaturen und Ersatzteilfertigung für Mittel- und Großbetriebe im Schwermaschinen- und Anlagenbau.

Erfahrene Mitarbeiter sichern eine hohe Qualität der Erzeugnisse.

Experienced employees ensure the high quality of the products.

In der Gießerei können Teile bis zu einem Gewicht von 12 Tonnen gefertigt werden.

Parts up to 12 tonnes in weight can be cast in the foundry.

Durch die Gründung von

STEEL FORGE

wird sich die Gruppe konsequent auf die Fertigung von Elementen im Antriebsstrang insbesondere in der Automobiltechnik konzentrieren.

So wird in den Jahren 2001 und 2002 mit einer Investition von 30 Mio. DM die

- Warmformung um 50 Prozent erweitert, die
- Kaltformung entwickelt und die
- Komponentenfertigung wesentlich ausgebaut.

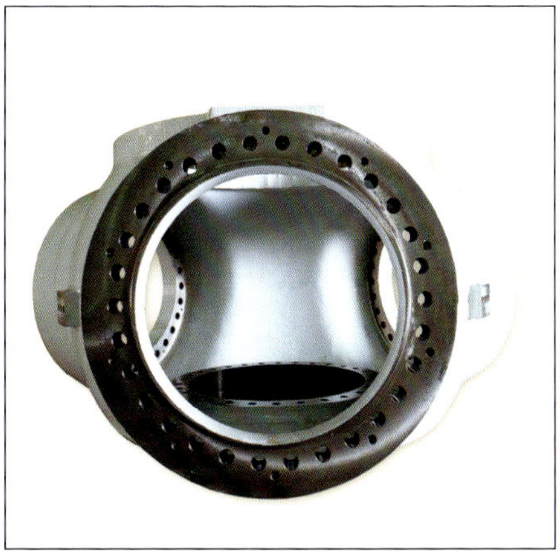

The companies in the industry group are relying on 100 years of experience and are combining the whole value-creation chain from casting, forging and cutting right up to the production of components and systems.

The companies' strength lies in the general applicability of its technical solutions.

Forging

Hot and cold forged raw parts weighing from 0,5 kg up to 12 kg in all forgable classes of steel including heat treatment for the automotive industry, the railways, bearing and the armature industries.

Casting

Hand and machine-cast, raw and machined, from 0.2 kg to 12,000 kg in GG, GGG, GS for wind-parks and mechanical engineering.

Manufacturing

Production of single items, heavy engineering of individual parts and components for gear manufacturing, up to series production of components for the automotive industry.

Hardening

All types of tempering, carbonising, case hardening for part-weights up to 6,000 kg.

Steel Construction

Mast- and crane parts as well as components for heavy machinery and gear manufacturing.

Service

Diagnosis, repairs and manufacturing of spare parts for middle- and large-sized gears.

Through the establishment of

AD STEEL FORGE

the group will concentrate on the production of power-train parts, especially for the automotive industry.

This means

- an increase of hot forming by 50 percent;
- a development of cold forming and;
- that the manufacture of components expand in 2002 with an investment of just over 15 million Euros (30 million DM).

AD -INDUSTRY GROUP

AD Industry Group

Hauptgesellschafter und Vorsitzender des Vorstandes/CIO:
Olaf Koenig

Geschäftsführender Gesellschafter/President:
Dr.-Ing. Rolf Holinski

Anschrift/Address:
Kabelweg 69
D-06842 Dessau
Telefon +49 (340) 8 32-210
Telefax +49 (340) 8 32-585
E-Mail mail@ad-industrygroup.de
Internet www.ad-industrygroup.de

Im Verbund der KOENIG GROUP EUROPA mit einem Umsatz von über 150 Mio € und über 1.000 Mitarbeitern in Handel und Industrie

In the KOENIG GROUP EUROPA with an turnover of just over 150 million € and more than 1,000 employees in commerce and industry

Hält der Osten Schritt? Wirtschaftliche Perspektiven der neuen Bundesländer

Is the East keeping Pace?
Economic Perspectives for Eastern Germany

Wenn ich mit Menschen in Ostdeutschland darüber spreche, wie sie die bisherige wirtschaftliche Erneuerung in den neuen Ländern einschätzen, wenn ich sie nach ihrer persönlichen Situation und ihren Zukunftshoffnungen frage, bekomme ich sehr unterschiedliche Antworten: Da ist von ihrem berechtigten Stolz auf das in den letzten elf Jahren persönlich Erreichte die Rede wie von der Sorge, der Prozess des strukturellen Wandels könne sich durch die weltwirtschaftlich bedingte gesamtdeutsche konjunkturelle Abschwächung deutlich verlangsamen. Da spüre ich die Freude und Genugtuung der Jüngeren über die größeren Chancen und Möglichkeiten, die ihnen unsere offene, freie Gesellschaft bietet. Ich höre aber auch die Sorge der Älteren, dass viele junge Menschen ihre Zukunft dauerhaft außerhalb der neuen Länder suchen. Und wenn ich mit Mittelständlern zusammenkomme, dann treffe ich auf viele junge, ideenreiche Unternehmer, die auf die Märkte von morgen hoffen, die mit der Osterweiterung der EU entstehen. Doch ich vernehme auch Furcht der Handwerker und Dienstleister, die meinen, der neuen Konkurrenz nicht gewachsen zu sein.

Diese Meinungsbilder spiegeln durchaus realistisch die ostdeutsche Situation. Die neuen Länder haben sich in den vergangenen elf Jahren eindrucksvoll entwickelt. Sie sind im zwölften Jahr der Deutschen Einheit auf dem besten Wege zu einer innovativen europäischen Wirtschaftsregion. Wachstumszentren haben sich herausgebildet. Man denke an Dresden, Erfurt, Halle/Leipzig, Jena, Rostock, Potsdam oder Frankfurt an der Oder. Hier gibt es ein großes Potenzial für eine expansive wirtschaftliche Entwicklung. Davon profitieren auch die umliegenden Regionen. Die Leistungskraft der ostdeutschen Wirtschaft hat sich seit 1990 mehr als verdoppelt. Eine entscheidende Ursache dafür ist, dass es heute über eine halbe Million neuer, meist kleiner und mittelständischer Unternehmen mit über drei Millionen wettbewerbsfähigen Arbeitsplätzen gibt. Beim Ausbau der Straßen, Schienen- und Wasserwege gibt es erhebliche Fortschritte. Das Telekommunikationsnetz ist auf dem modernsten Stand.
Anders als in der ersten Hälfte der 90er-Jahre wird die wirtschaftliche Entwicklung heute nicht mehr von einer durch eine überzogene Subventionen angeheizten Baukonjunktur getragen. Es bildet sich allmählich eine moderne Wirtschaftsstruktur heraus, in der Verarbeitendes Gewerbe, Bauwirtschaft und Dienstleistungen in einem ausgewogeneren Verhältnis zueinander stehen. Motor dieses Strukturwandels ist das Verarbeitende Gewerbe, dessen Wachstum im letzten Jahr deutlich höher als im Westen war. Der Anteil des Verarbeitenden Gewerbes am BIP ist seit 1998 höher als der des Baugewerbes. Seine Wettbewerbsfähigkeit ist gestiegen: die Lohnstückkosten liegen jetzt fast auf Westniveau. Der Auslandsumsatz hat in 2000 um 28,3 % zugenommen; die Exportquote hat sich seit 1995 fast verdoppelt und liegt jetzt bei 23,3 %.

Dieses Wachstum gründet sich auf die hohe Innovations- und Investitionsdynamik vor allem im Verarbeitenden Gewerbe. Die F&E-Ausgaben der kleinen und mittleren Unternehmen nähern sich denen im Westen an. Die Investitionen je Beschäftigten lagen im Durchschnitt der letzten fünf Jahre fast doppelt so hoch wie in den alten Ländern.

Am schnellsten wachsen die technologie-orientierten Zweige des Verarbeitenden Gewerbes (Mikroelektronik, Datenverarbeitung, Chemie- und Biotechnologie). Gerade die Automobilindustrie hat sich zum Konjunkturmotor und zum wichtigsten Arbeitgeber entwickelt.

Zugleich haben wir mit den negativen Folgen des Strukturwandels zu kämpfen. In den gesamtwirtschaftlichen Wachstums- und Arbeitsmarktzahlen schlägt sich die gestiegene Wettbewerbsfähigkeit bislang nur verhalten nieder. Das Sorgenkind ist der Bausektor. Die um die Bauwirtschaft bereinigten Wachstumsraten der neuen Länder liegen in den letzten Jahren jedoch auf demselben Niveau oder über den gesamtwirtschaftlichen Wachstumsraten der alten Länder. Der Eindruck, dass die ostdeutsche Wirtschaft nicht Schritt hält, ist deshalb nicht richtig.

Die Lage auf dem Arbeitsmarkt spiegelt genau das wider: Die industrielle Basis der neuen Länder ist noch zu schmal, deshalb wird die Zunahme der Beschäftigung im gewerblichen Bereich (2000: +31.000) noch von den Arbeitsplatzverlusten im

Rolf Schwanitz

Der Autor, 1959 in Gera/Thüringen geboren, absolvierte von 1979 bis 1983 ein Hochschulstudium der Wirtschaftswissenschaften an der Friedrich-Schiller-Universität, Jena, und von 1984 bis 1990 ein Jura-Fernstudium an der Humboldt Universität Berlin. Daneben war er als Fachschullehrer an der FSÖ Plauen und als Wissenschaftlicher Assistent an der TH Zwickau, Hochschulteil Plauen, tätig. 1989/1990 war Rolf Schwanitz Mitglied des Neuen Forums, im November 1989 trat er in die SPD ein. In der frei gewählten Volkskammer (März 1990 bis Oktober 1990) war er Rechtspolitischer Sprecher der SPD-Fraktion. Seit 3. Oktober 1990 ist Rolf Schwanitz Mitglied des Deutschen Bundestages und seit 1998 Staatsminister beim Bundeskanzler für Angelegenheiten der neuen Länder.
The author was born in Gera/Thüringia in1959. He studied Commerce from 1979 to 1983 at the Friedrich Schiller University in Jena and from 1984 to 1990 studied law by correspondence at the Humboldt University in Berlin. During this period he was also a Vocational School teacher at the Commercial College in Plauen and a research assistant at the Plauen campus of the Zwickau Technical University. From 1989-1990 Rolf Schwanitz was a member of the New Forum political party and in November 1989 he joined the SPD. He was SPD Justice spokesman in the freely-elected Volkskammer (the new parliament established after the fall of the eastern German Communist Party) from March 1990 to October 1990. Rolf Schwanitz has been a Member of the German Bundestag since 3 October 1990 and Minister of State for eastern German Affairs in the Office of the German Federal Chancellor.

Bundeskanzler Gerhard Schröder im Gespräch mit Finanzminster Hans Eichel und Staatsminister Rolf Schwanitz.

Chancellor Gerhard Schröder talking to Federal Finance Minister Hans Eichel and Minister of State Rolf Schwanitz.

Whenever I talk with people in Eastern Germany about how they rate the economic renewal there to date, and when I ask them about their personal situation and their hopes for the future, I get very different answers. They talk about their justified pride in their personal achievements in the last eleven years and the worry that the process of structural change might be slowed down by Germany's economic downturn due in turn to the international economic situation. I sense the joy and satisfaction of the young people at the increased chances offered them by our free, open society. But I also hear the worries of the elderly that many young people are looking for a permanent future outside Germany's "New States", as east Germany is now referred to. And when I meet people from the medium-sized business sector, I meet many young, imaginative entrepreneurs who are placing their hopes in the markets of tomorrow that develop with the eastwards expansion of the European Union. But I also sense the fear of tradesmen and people in the service sector who believe they are not equal to the new competition.

These opinions reflect very realistically the situation in east Germany. East Germany has developed impressively over the past eleven years. In 2002, the twelfth year of German unity they are well on the way to becoming an innovative European economic region. Centres of economic growth have developed – we have only to think of Dresden, Erfurt, Halle/Leipzig, Jena, Rostock, Potsdam or Frankfurt an der Oder. Here there is much potential for more economic development, from which the surrounding regions will also profit. The performance of the east German economy has more than doubled since 1990. One deciding cause is that there are over half a million new, mostly small and medium-sized businesses with over three million competitive jobs. Considerable progress has been made in expanding the roads, the railways and inland waterways. The telecommunications network is state-of-the-art.

Unlike the first half of the 1990s, economic development today is not being carried by a building economy which is overheated by ridiculously high subsidies. A modern economic structure is gradually developing, with a balanced mix of manufacturing, trades, construction and services. The motor of this structural change is manufacturing, whose growth in the last year (2001) was distinctly higher than that in the West. This sector has contributed more to the Gross Domestic Product since 1998 than construction and it is more competitive – individual wages are almost that of those in the West. Export sales increased by 28.3% in 2000 and the export quota is now 23.3 %. This growth is based on a high degree of innovation and investment, especially in manufacturing. The F&E outgoings of the small and medium sector are approaching those in the West. Investments per employee over the last few years was on average almost twice as high as in west Germany.

The technology-oriented sectors of manufacturing (microelectronics, data-processing, chemical- and bio-technology) are the quickest-growing. And the automobile industry has developed into both the motor of the economy and the most important employer. At the same time we also have to contend with the negative consequences of structural change. So far, increased competitiveness has only been reflected in the macro-economic growth and labour market statistics to a modest degree. The problem is the construction industry. Economic growth rates in east Germany in the last few years, adjusted for developments in the construction industry, have remained at the same level or have been higher than west German macro-economic growth-levels. The impression that the east German economy is not keeping pace is therefore not correct.

The situation on the labour market is exactly the same. East Germany's industrial base is still too narrow, and so the increase in employment in industry (2000: +31.000 jobs) is still concealed by redundancies in the construction industry (2000: -54.000 jobs). The bottom line is that still too-high unemployment is stagnating. It is twice as high as in west Germany.

German reunification, the adjustment of the (still) different living conditions is going to be a long process. For this great combined project we need solidarity and the active cooperation of all Germans. We will not tell people that it is all is going to be quick and inexpensive. We need stamina, because these structural deficiencies are of long standing and cannot be corrected so easily. We will continue consistently the change in economic strategy that we adopted in 1998.

Since 1998 we have re-adjusted our subsidy policies. We must breathe new life into regional business processes and strengthen people's own initiative. For this reason the emphasis of our subsidies is on networks between companies and scientific institutions and the authorities. It is precisely the countless small and medium-sized firms in east Germany that often have a hard time getting their products accepted by the market. With combined efforts these firms can neutralise the disadvantages they have in comparison to larger firms: the development of typical regional networks such as ship-building, micro-electronics or textiles in particular improve their chances on the market.

At the same time subsidy policies concentrate on the central key areas of investment, innovation and infrastructure. Investment in new products or production methods are being subsidised over the long term, as competitive products can only be manufactured with a modern capital stock at competitive prices.

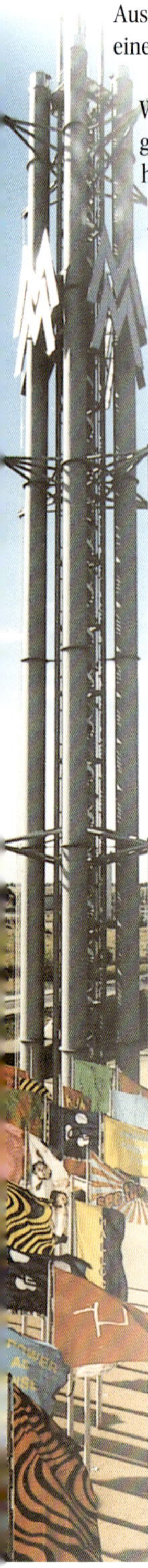

Bausektor überlagert (2000: -54.000). Unterm Strich stagniert die noch viel zu hohe Arbeitslosigkeit. Sie ist durchschnittlich doppelt so hoch wie in Westdeutschland.

Die deutsche Einheit, das Angleichen der Lebensverhältnisse, ist ein langer Prozess. Für dieses große Gemeinschaftsprojekt brauchen wir die Solidarität und die aktive Mitarbeit aller Deutschen. Wir werden den Menschen nicht erzählen, alles sei schnell und billig zu haben. Wir brauchen auch die Ausdauer. Denn die strukturellen Defizite haben eine Historie und sind nicht so einfach zu beheben.

Wir werden den wirtschaftspolitischen Strategiewechsel, den wir im Jahr 1998 eingeleitet haben, konsequent fortsetzen.

Wir haben seit 1998 die Förderpolitik neu ausgerichtet: Es geht darum, die regionalen Wirtschaftsprozesse zu beleben und die Eigeninitiative der Menschen zu stärken. Deshalb fördern wir schwerpunktmäßig Netzwerke zwischen Unternehmen sowie zu wissenschaftlichen Einrichtungen und Verwaltungen. Gerade die zahlreichen kleinen und mittleren Unternehmen in den neuen Ländern haben es oft schwer, wenn es darum geht, neue Produkte am Markt zu etablieren. Durch Kooperation können kleine und mittlere Unternehmen Nachteile gegenüber großen Unternehmen ausgleichen. Insbesondere die Entwicklung der für einige Regionen typischen Netzwerke, z. B. im Schiffsbau, in der Mikroelektronik oder in der Textilindustrie, verbessern die Chancen am Markt.

Gleichzeitig konzentriert sich die Förderpolitik auf die zentralen Schlüsselbereiche Investitionen, Innovationen und Infrastruktur. Investitionen in neue Produkte oder Produktionsprozesse werden nachhaltig gefördert, da nur mit einem modernen Kapitalstock wettbewerbfähige Produkte zu wettbewerbsfähigen Preisen produziert werden können.

Gerade innovative und schnell wachsende Unternehmen, die zusätzliche und zukunftsfähige Arbeitsplätze bereitstellen, brauchen auch zusätzliches Kapital. Förderung mit Investitionshilfen und günstigen Krediten sind deshalb keine Erhaltungssubventionen, sondern dienen dem Aufbau einer modernen Unternehmensstruktur.

Der Hebel für Strukturwandel und Wachstum werden auch in Zukunft Existenzgründungen sein. Deshalb werden wir selbständige Unternehmen fördern. Besonders wichtig ist es uns, innovative Unternehmensgründungen und Ausgründungen aus Hochschulen zu unterstützen. Der schnelle Wissenstransfer von der Forschung in die Industrie ist ein Schlüssel im Wettbewerb.

Wir haben den Standort Neue Länder attraktiver gemacht durch den weiteren schnellen und gezielten Ausbau einer leistungsfähigen Infrastruktur: Im Investitionsprogramm Verkehr 1999–2002 fließen rund 60 % der Straßenbau- und rund 50 % der Schienenmittel in die neuen Länder. Die Verkehrsinfrastruktur stellt deshalb heute keinen wirklichen Engpass beim Aufbau des produzierenden Gewerbes mehr dar. Sie eilt der gewerblichen Entwicklung voraus. Mit dem im Sommer beschlossenen Programm „Stadtumbau Ost", für das von 2002 bis 2009 Bund und Länder insgesamt 2,2 Mrd. € bereit stellen, werden wir entscheidend zur Lösung des strukturellen Wohnungsleerstands und zur Belebung der Innenstädte beitragen. Die „weichen Standortfaktoren" werden sich also vielerorts verbessern.

Flankierend dazu haben wir die Arbeitsmarktpolitik wieder verlässlich gemacht. Unser Konzept heißt: individuelle Qualifikation stärken und die Chancen am ersten Arbeitsmarkt erhöhen. Das neue Job-AQTIV-Gesetz ist ein überzeugendes Beispiel, Arbeitslosigkeit im strukturellen Wandel vorausschauend zu verhindern. Das Gesetz ist darauf ausgerichtet, die Vermittlungsprozesse effektiver zu machen, berufliche Qualifizierung zu verstärken sowie die Vereinbarkeit von Familie und Beruf zu verbessern. Der Ansatz heißt „Fördern und Fordern".

Politik sollte aber so ehrlich sein, den Menschen klarzumachen, dass die wirtschaftlichen Entwicklungsprozesse in Ostdeutschland Zeit brauchen. Das verlangt von allen Deutschen Geduld, Ausdauer und Solidarität. Vergleicht man die Entwicklung der Wirtschaftsstrukturen z. B. Bayerns, Niedersachsens und Nordrhein-Westfalens in den letzten Jahrzehnten, so wird deutlich, wie erfolgreich ein auf Dauer angelegtes Konzept der wirtschaftlichen Modernisierung für unser ganzes Land sein kann.

Die Chancen stehen gut für die neuen Länder. Sie verfügen über erhebliche Standortvorteile: die Menschen sind gut ausgebildet, Genehmigungsverfahren gehen schnell, Gewerbeflächen sind preiswert und verfügbar, Investitionen werden umfassend gefördert, die Infrastruktur ist ausgebaut. Die Ansiedlung von BMW in Leipzig zeigt, dass Ostdeutschland im internationalen Standortwettbewerb, auch im Vergleich mit osteuropäischen Standorten, bestehen und gewinnen kann.

Mit der EU-Osterweiterung werden sich diese Standortvorteile noch erhöhen: Der Binnenmarkt vergrößert sich um 100 Millionen Menschen. Dabei muss gesehen werden, dass die Industrie in den neuen Ländern seit 1990 sehr geschickt internationale Exportmärkte erobert hat. Die Neuen Länder haben traditionell gute Lieferbeziehungen und Kontakte zu den Beitrittskandidaten und können ihre Transformationserfahrungen nutzen, etwa bei der Sanierung von Plattenbauten oder der Braunkohlesanierung. Die Bundesregierung setzt sich innerhalb der Europäischen Union dafür ein, dass Grenzregionen gezielt gefördert und angesichts der Herausforderungen der EU-Osterweiterung – etwa im Bereich der Arbeitnehmerfreizügigkeit – für beide Seiten akzeptable Bedingungen geschaffen werden.

Von zentraler Bedeutung für das gemeinsame Ziel, gleichwertige Lebensverhältnisse in Ost und West zu schaffen, ist die Fortsetzung des Solidarpaktes bis 2020. Der Aufbau Ost wird damit auf eine langfristige, verlässliche Planungsgrundlage gestellt. Der Bund hat seine Solidarität mit den neuen Ländern nachdrücklich bewiesen. Mit der im Solidarpakt II als Zielgröße vereinbarten Summe von 156,5 Mrd. € für den Zeitraum von 2005 bis 2019 kann der teilungsbedingte Nachholbedarf in den ostdeutschen Ländern ausgeglichen werden. Die Vereinbarung unterstreicht, dass der kooperative Föderalismus auch unter Bedingungen extremer finanzwirtschaftlicher Ungleichgewichte zwischen Ost und West funktioniert und zu einer großen solidarischen Leistung fähig ist.

Mit dem Solidarpakt II wird aber auch die Eigenverantwortung der Länder für den investiven Einsatz der vom Bund zur Verfügung gestellten Mittel erhöht. Die Länder werden noch mehr als bisher in den Stand versetzt, die Finanzmittel dort einzusetzen, wo sie sie am dringendsten brauchen.

Mit diesen Entscheidungen wird ein klares Signal für die Wirtschaft gegeben: Der Solidarpakt II ist ein Wirtschafts- und Anschubprogramm für die neuen Länder. Der Zeitrahmen des Solidarpaktes II (2005 bis einschließlich 2019) macht den Menschen in Ost und West deutlich, dass der Aufbau Ost die gemeinsame Aufgabe einer ganzen Generation ist. Diese Aufgabe haben wir angenommen und werden sie zusammen meistern.

Jetzt kommt es darauf an, dass alle, ob sie in Ost oder West leben, ihre Chance nutzen. Die zweite Hälfte des Weges liegt vor uns. Packen wir es an! ■

Staatsminister Rolf Schwanitz gibt gemeinsam mit Dr. Harald Ringstorff, Ministerpräsident von Mecklenburg-Vorpommern ein Teilstück der Ostseeautobahn A 20 frei.

Minister of State Rolf Schwanitz, together with Dr Harald Ringstorff, State Premier of Mecklenburg-East Pommerania, opening part of the Baltic Coast autobahn A 20.

It is the innovative and quickly-developing companies that provide additional, "future-proof" jobs, that need additional capital. Subsidised investment assistance and low-cost loans are there fore not maintenance subsidies but are used to build up modern companies. New start-ups will also be the lever for structural change and growth in future. For this reason we will also subsidise start-ups. It is particularly important for us to support start-ups from universities. The rapid transfer of knowledge from research to industry is a key competitive advantage.

By further expanding its efficient infrastructure quickly and in a carefully-directed fashion we have made east Germany more attractive as a place to do business. In the 1999–2000 transport investment programme some 60 % of road funding and some 50 % of the railway funding is going to east Germany. So the transport infrastructure presents the greatest problem in getting manufacturing established. It is hurrying ahead of other commercial development. In the "Stadtumbau Ost", or Eastern German Urban Renewal Programme, which was approved in summer 2000, the Federal Government and other State Governments will make a total of 2.2 thousand million Euro available from 2002 to 2009, we will make a major contribution to solving the problem of mass vacant housing and to bringing life back to inner cities. The so-called "soft location factors" will be improved in many places.

As a supporting measure we have made the labour market reliable again. Our plan is to improve individual qualifications and increase opportunities for newcomers to the employment market. The new Job-AQTIV legislation is an excellent example of how to prevent unemployment during a period of structural change. The law is designed to make it easier to find jobs for jobseekers, improve qualifications and make it easier to combine job responsibilities with family responsibilities. we call the approach "providing support and providing a challenge".

But the Government should honest enough to make it clear to people that economic development processes in eastern Germany will take time. This demands patience, stamina and solidarity from all Germans. If we compare the development of the economies in Bavaria, Lower Saxony and North Rhine-Westphalia, it becomes clear how successful economic modernisation for all of our State can be in the long term.

Eastern Germany's chances are good. It has considerable advantages – the people are well-educated, approvals come quickly, commercial/industrial space is cheap and available, investments are subsidised across the board and the infrastructure is complete. The establishing of BMW in Leipzig shows that eastern Germany can hold its own and win the international competition for business locations, even in comparison with Eastern Europe.

With the eastwards expansion of the European Union, these advantages must be increased. The domestic market in Germany is increasing by 100 million people. It must be realised that industry in eastern Germany has very skilfully conquered international export markets since 1990. Eastern Germany has traditionally had good supply connections and contacts with the new candidates for the European Union and can use transformation experience – for example, in renovating the jerry-built blocks of apartment buildings or cleaning up the lignite coal mining industry. In the European Union, the German Government has come out in favour of specially subsidising border regions in view of the challenges of the eastwards expansion of the European Union – in the area of the freedom of employees to seek work wherever they choose, for example – and of securing acceptable conditions for both sides.

The continuation of the Solidarity Pact until 2020 is of central importance for this common goal of creating equal living conditions in Eastern and Western Germany. The redevelopment of Eastern Germany is thus being put on a reliable, long-term basis. The Federal Government has clearly demonstrated its solidarity with Eastern Germany. With the sum of 156.5 thousand million Euro agreed to in the Solidarity Pact II for the period 2005 to 2019 the backlog caused by the division of the two Germanys can be balanced out. The Agreement emphasises the fact that cooperative federalism can still function under conditions of extreme financial imbalance between East and West and is also capable of making a major, common contribution.

But with Solidarity Pact II Eastern Germany's own responsibility for investment of the funds made available by the Federal Government is being increased. It is being made more and more capable of using the funds where they are most urgently needed.

These decisions are giving a clear signal to the commercial sector. The Solidarity Pact II is an economic and deferment programme for Eastern Germany. The time limit of Solidarity Pact II (2005 until 2019 inclusive) makes it clear to the people in East and West Germany that the redevelopment of eastern Germany is a task for a whole generation. We have accepted this task and we will master it together. It now depends on everybody, whether they live in East or West Germany, using the opportunity. The second half of the road is behind us. Let's get to work! ■

Rolls-Royce Deutschland

Rolls-Royce Deutschland Ltd & Co. KG

Gesellschafter/Shareholder:
Rolls-Royce plc, London (100 %)

Geschäftsführung/Managing:
Neil Ansell, Programmes
Duncan Forbes, Engineering
Dr. Martin Menrath, Operations (Sprecher der GF)

Gründungsjahr/Year of Foundation:
1990

Mitarbeiter/Employees:
1990 ca. 1.000 Mitarbeiter
2001 ca. 2.200 Mitarbeiter
1990 approx. 1,000 employees
2001 approx. 2,200 employees

Umsatz/Turnover:
1990 rund 100 Mio. €
1997 rund 267 Mio. €
2000 1 Mrd. €

Investitionen/Investments:
über 1 Mrd. € in Deutschland

Auftragsbestand/Value of orders on hand:
über 1,5 Mrd. €

Kunden/Clients:
Gulfstream Aerospace Corp., Savannah, Georgia, USA (BR710)
Bombardier Inc., Montréal, Quebec, Kanada (BR710)
The Boeing Company, Seattle, USA (BR715)
BAe Systems, Farnborough, U.K. (BR710)

Geschäftstätigkeit/Business Activity:
- Entwicklung, Vertrieb und Produktion der neuen, umweltverträglichen Triebwerkfamilie BR700 für große Geschäftsreiseflugzeuge, Transportflugzeuge und Passagierflugzeuge für kurze und mittlere Reichweiten
- Fertigung von Teilen und Komponenten für zivile Großtriebwerkprogramme anderer Hersteller
- Entwicklung und Produktion von Kleingasturbinen und Komponenten für zivile und militärische Programme
- Repair & Overhaul Services für zivile und militärische Programme
- Development, production and sale of the new, environmentally friendly BR700 engine family for large corporate aircraft and airliners
- Production of parts and components for large civilian aero-engines of other aircraft manufacturers
- Development and production of small gas-turbine engines for civilian and military aircraft
- Repair & overhaul services for civilian and military aircraft

Standorte/Site locations:
Dahlewitz
(Entwicklungs- und Montagezentrum, Hauptsitz)
Oberursel
(Zentrum für Kleingasturbinen und Fertigung)

Anschrift/Address:
Eschenweg 11
D-15827 Dahlewitz
Telefon +49 (33708) 6-0
Telefax +49 (33708) 6-30 00
Internet www.rolls-royce.com
www.rolls-royce.de

Rolls-Royce ist ein globaler Hersteller von Antrieben für den Einsatz zu Land, zu Wasser und in der Luft. Das Unternehmen ist führend in vielen Märkten der Luftfahrt sowie der Wehr- und Energietechnik. Im Kerngeschäft der Gasturbinentechnologie bietet das Unternehmen eine der weltweit umfangreichsten Produktpaletten für Flugtriebwerke an. In mehr als 150 Ländern sind etwa 53.000 Triebwerke bei 500 Luftfahrtgesellschaften, 4.000 Betreibern der Bedarfsluftfahrt und bei über 160 Streitkräften als Antriebe für Flugzeuge und Hubschrauber im Einsatz. In Deutschland sind derzeit mehr als 2.200 Rolls-Royce Triebwerke im Einsatz.

An den deutschen Rolls-Royce Standorten in Dahlewitz bei Berlin und Oberursel bei Frankfurt/Main beschäftigt Rolls-Royce Deutschland rund 2.200 Mitarbeiter. Rolls-Royce Deutschland ist das einzige deutsche Unternehmen, das die komplette Leistung von der Entwicklung über die Produktion bis zur Unterstützung im Betrieb von Flugzeugtriebwerken anbietet.

Die Triebwerke der BR700 Familie, entwickelt in Dahlewitz, sind die ersten deutschen, zivilen Strahltriebwerke mit internationaler Zulassung. Sie zeichnen sich durch niedrige Betriebskosten, hohe Wartungsfreundlichkeit und ihre einzigartige Umweltverträglichkeit aus. Das Rolls-Royce BR710 ist das einzige Triebwerk der Langstrecken-Geschäftsreiseflugzeuge Gulfstream V, GV-SP, Bombardier Global Express und Global 5000 sowie des neuen britischen Aufklärungsflugzeugs Nimrod MRA4. Die hundertsitzige Boeing 717-200 wird von zwei schubstärkeren Rolls-Royce BR715 Turbofans angetrieben.

Am Standort Oberursel werden Rolls-Royce Deutschland Komponenten für die Rolls-Royce BR700 Triebwerke gefertigt und Kleingasturbinen für zivile und militärische Anwendungen gewartet und überholt. In Zusammenarbeit mit Rolls-Royce Turbomeca werden dort zukünftig die RTM322 Triebwerke für die NH90 Hubschrauber der Bundeswehr montiert und betreut. ■

Zivile Rolls-Royce-Triebwerke.
Rolls-Royce engines for civilian aircraft.

Rolls-Royce is a global company providing power for land, sea and air. The company has a balanced business portfolio with leading positions in civil aerospace, defence aerospace, marine and energy markets. In its core business of gas turbine technology the company offers one of the most comprehensive ranges of aircraft engines in the world. The company has some 53,000 gas turbines in service worldwide powering more than 500 airlines, 4,000 corporate and utility operators and over 160 armed forces in more than 150 countries. In Germany alone there are more than 2,200 aero engines currently in use.

Rolls-Royce Deutschland has a workforce of around 2,200 divided between its two sites in Dahlewitz near Berlin and Oberursel near Frankfurt am Main. Rolls-Royce Deutschland is the only Germany company which offers a complete service from development through production to in-service support for aircraft engines.

The BR700 family of engines, developed in Dahlewitz, are the first German civilian jet engines to have international certification. Their distinguishing features are their low operating costs, high ease of maintenance and their unique environmental acceptability. The Rolls-Royce BR710 is the sole engine offered on the Gulfstream V and the GV-SP and on the Bombardier Global Express long range business jets, as well as on the new Bombardier super-large business jet Global 5000. It has also been selected as the powerplant for the new British Nimrod MRA4 reconnaissance aircraft. The 100-seat Boeing 717-200 is powered by two more powerful Rolls-Royce BR715 turbofans.

The Oberursel plant manufactures components for the Rolls-Royce BR700 engines, and maintains and overhauls small gas turbines for civilian and military applications. In collaboration with Rolls-Royce Turbomeca the RTM322 engines for the German Bundeswehr's NH90 helicopter will in future be assembled and supported there. ■

Zuverlässige Kommunikation weltweit

Reliable Communications all around the World

Plenexis hat mit dem Geschäftsjahr 2002 die Geschäfte der ehemaligen DeTeSat übernommen. Ihr Produkt- und Service-Portfolio erstreckt sich von der einfachen satellitengestützten Verbindung zwischen zwei Standorten über weit verzweigte globale Firmennetze für Telefon und Faxversand sowie Anwendungen in den Bereichen der Daten-, Bild- und Sprachkommunikation bis hin zu vielfältigsten Verteildiensten und aufwendigen Multimedia-Breitband-Applikationen.

Mit einem Jahresumsatz von 48 Millionen Euro ist Plenexis Marktführer in Europa. „Mit Plenexis unterstützen wir internationale Unternehmen und Institutionen, die an geografisch sehr unterschiedlichen Orten untereinander kommunizieren müssen und dabei die zuverlässige und sichere Verbindung über Satelliten nutzen möchten", erklärt Plenexis Geschäftsführer Kai Lauterjung.

Plenexis bietet modernste Kommunikationslösungen an, ob Kunden breitbandige Zugänge zum Internet benötigen, interaktive Schulungen organisieren oder internationale Standorte in ihr Firmendatennetz integrieren möchten. Durch flexible Bandbreiten, die Multi-Casting-Fähigkeit und eine hohe Zuverlässigkeit wird die Satellitenkommunikation zu einer kostengünstigen Alternative. Zudem können über Satellit auch jene Regionen ans Kommunikationsnetz angeschlossen werden, die über Landleitungen nur schwer oder gar nicht erreichbar sind. Die 135 Mitarbeiter von Plenexis unterstützen von der Planung über die Inbetriebnahme bis hin zur Betreuung der Kommunikationsinfrastrukturen. Das technische Zentrum von Plenexis bildet das Network Operation Center (NOC) in Hameln. Weitere Stützpunkte unterhält das Unternehmen in Bonn, Berlin und Moskau. Rund 4.500 fest installierte Satelliten Terminals und die Zusammenarbeit mit über 200 internationalen Servicepartnern bilden die Basis für die schnelle und wirtschaftliche Übermittlung beliebig großer Datenmengen. ■

Über Satelliten werden weltweit zuverlässige Verbindungen angeboten.
Plenexis offers reliable satellite links all over the world.

In the 2002 business year Plenexis took over the operations of the former DeTeSat. Its products and services range from simple satellite-aided links between two locations, long-distance global company networks for telephone and fax, applications in the fields of data, image and speech communication to all kinds of distributor services and large-scale multimedia broadband applications. With an annual turnover of 48 million Euro, Plenexis is European market leader. "With Plenexis we support international companies and institutions that have to communicate with each other in geographically different locations and need secure satellite linkages", explains Plenexis General Manager Kai Lauterjung.
Plenexis offers the latest communications solutions, whether the client needs broadband internet access, organises interactive training sessions or has to integrate international locations into company networks. Through flexible bandwidths with a multi-casting capability and a high degree of reliability, satellite communications becomes a low-cost alternative. Those regions that are difficult or impossible to reach with a landline can also be connected to the communications network. Plenexis' 135 employees assist from the planning stage and commissioning to the servicing of the communications equipment. The network operations centre (NOC) in Hamelin forms Plenexis' technical centre. The company has other support bases in Bonn, Berlin and Moscow. Some 4,500 permanently installed satellite terminals and the cooperation with over 200 international service partners form the basis for rapid and economical transmission of all quantities of data. ■

plenexis

Plenexis Gesellschaft für Satellitenkommunikation mbH

Geschäftsführer/Manager:
Kai Lauterjung

Gründungsjahr/Year of Foundation:
2002, Übernahme der Geschäfte der Deutschen Telekom-Tochter DeTeSat/takeover of the operations of the Deutsche Telekom subsidiary DeTeSat

Mitarbeiter/Employees:
Ca. 135 an den Standorten Bonn, Berlin und Hameln/ Approx. 135 in Bonn, Berlin and Hamelin

Kunden /Clients: Weltweit/worldwide

Umsatz/Turnover: 2001: 48 Mio. €

Geschäftstätigkeit/Business Activity:
Plenexis ist ein Full-Service Provider für Kommunikationsdienste über Satellit
Plenexis is a full service satellite communications provider

Anschrift/Address:
In den Dauen 6 a
D-53117 Bonn
Telefon +49 (228) 519-0
Telefax +49 (228) 519-2222
E-Mail info@plenexis.com
Internet www.plenexis.com

Geschäftsführer Kai Lauterjung (stehend) und die Bereichsleiter (v.l.n.r. Alfred Hillebrand (Finance & Administration), Karsten Vortanz (Product Management und Marketing) Jens Krawielicki (Customer Services).

Helpdesk/Network Operation Center.

Modell für deutsche Länder? Bayerns Weg zum Hightech-Standort

A Model for the German States?
Bavaria's Road to a High-Tech Location

Dr. Edmund Stoiber

Der Autor, geboren 1941 in Oberaudorf, studierte Rechtswissenschaften und politische Wissenschaften an der Universität München und an der Hochschule für politische Wissenschaften. Nach dem 2. juristischen Staatsexamen 1971 Übernahme in das Bayerische Staatsministerium für Landesentwicklung und Umweltfragen. Von November 1978 bis April 1983 Generalsekretär der Christlich-Sozialen Union in Bayern. Mitglied des Bayerischen Landtags seit 1974. Seit 16. Januar 1999 Parteivorsitzender der Christlich Sozialen Union. Von Oktober 1982 bis Oktober 1986 Leiter der Bayerischen Staatskanzlei als Staatssekretär, ab 1986 als Staatsminister. Von 1988 bis 1993 Bayerischer Staatsminister des Innern. Seit 28. Mai 1993 ist Dr. Edmund Stoiber Bayerischer Ministerpräsident.

The author was born in Oberaudorf in 1941. He studied Law and Political Science at the University of Munich and at the College of Political Science. After passing his second State Law Examination in 1971 he took over the Bavarian State Ministry of Development and Environmental Affairs. From November 1978 till April 1983 he was General Secretary of the Christian Social Union (CSU) in Bavaria. He has been a Member of the Bavarian State Legislature since 1974 and Chairman of the CSU since 16 January 1999. He was Secretary of State in the Bavarian State Chancellery from October 1982 till October 1986, when he became Minister of State. From 1983 to 1993 he was Bavarian Minister of State for the Interior from 1988 to 1993 Dr Edmund Stoiber has been Bavarian State Premier since 28 May 1993.

Der Aufstieg Bayerns zu einem attraktiven Wirtschaftsraum war angesichts der noch in den 50er-Jahren geringen Industrialisierung keineswegs vorgezeichnet. Mit einer sehr hohen Dynamik konnten gesamtwirtschaftliche Rückstände gegenüber anderen Regionen in Europa rasch abgebaut und Schritt für Schritt in Vorsprünge verwandelt werden. Bayerns Aufschwung vom schwach strukturierten Agrarland zum „europäischen Hightech-Mekka", so Bill Gates über Bayern, lässt sich an einigen signifikanten Zahlen festmachen:

- Seit 1950 ist Bayerns Wirtschaft jahresdurchschnittlich um real 4,4 % gewachsen und übertraf damit den Bundesdurchschnitt (4,0 %) beträchtlich.
- Seit 1950 hat es einen dramatischen Strukturwandel von der Land- und Forstwirtschaft (Rückgang des Anteils der Erwerbstätigen von 33,1 auf 4,2 %) hin zum Dienstleistungssektor gegeben (Zunahme von 29,5 auf 58,6 %).
- Allein zwischen 1991 und 1998 lag der Produktivitätszuwachs in Bayern mit jahresdurchschnittlich 2,6 % deutlich höher als in den alten Ländern (1,9 %) und erreichte US-amerikanische Dimensionen.

Bayern gehört heute zu den modernsten, dynamischsten und wirtschaftsstärksten Regionen der Welt. Old und New Economy sind im Freistaat kein Gegensatz, sondern arbeiten Hand in Hand. Acht der dreißig Schwergewichte des Deutschen Aktienindex (DAX) haben hier ihren Sitz. Neben Global Playern wie Siemens, BMW, Audi, Allianz, Adidas trägt aber auch eine Vielzahl leistungsfähiger kleiner und mittlerer Betriebe in Industrie, Handwerk und Dienstleistungen zur Wirtschaftskraft Bayerns bei. Die Schwerpunkte der industriellen Aktivitäten liegen dabei in den technologisch anspruchsvollen Bereichen der Elektrotechnik, der Informations- und Kommunikationstechnologie, des Maschinenbaus, der Fahrzeugindustrie, der Luft- und Raumfahrt. Für eine besondere Qualität der Wirtschaftsstruktur in Bayern sorgt die Vielzahl von Pionierunternehmen in den Bereichen Bio- und Gentechnologie, Umwelttechnik, Verkehrs- und Antriebstechnik, Medizintechnik, etc. Insgesamt kommt fast jedes dritte am Neuen Markt in Frankfurt gelistete Unternehmen aus Bayern. Der Freistaat hat sich gleichzeitig zu einem bedeutenden Dienstleistungsstandort entwickelt. Er rangiert bei den Versicherungen auf Platz eins und bei den Banken auf Platz zwei in Deutschland. Die Messeplätze München und Nürnberg besitzen internationale Geltung. Bei den Verlagen ist München weltweit zweitstärkster Standort hinter New York, bei den neuen Medien Top-Adresse in Deutschland. Als Tourismusland genießt Bayern höchste Wertschätzung.

Alles in allem erweist sich die bayerische Wirtschaftsstruktur als dichtes, modernes und flexibles Netzwerk an unternehmerischer und technologischer Kompetenz. Einer Studie der Boston Consulting Gruppe zufolge liegt der Großraum München nach Silicon-Valley, Greater Boston und Tel Aviv zusammen mit London auf Platz vier der internationalen Technologiezentren. Das macht es den hier ansässigen Betrieben der Old und New Economy möglich, neueste technologische Entwicklungen rasch aufzugreifen und zügig in innovative Prozesse und Produkte umzusetzen. Angesichts der globalen wirtschaftlichen Herausforderungen

Munich area is fourth equal with London (after Silicon-Valley, Greater Boston and Tel Aviv) as one of the world's technology centres. That allows the companies of the Old and New Economies that are based here to take up the latest technological developments rapidly and to turn them into innovative processes and products quickly. In view

Privatisierungserlöse von insgesamt 4,68 Mrd. Euro wurden im Rahmen der Offensive Zukunft Bayern und der Hightech-Offensive gezielt in die Modernisierung von Wirtschaft, Staat und Gesellschaft reinvestiert.

Privatisation decrees totalling 4.68 billion Euro as part of the "Bavarian Campaign for the Future" and its high tech campaign are being reinvested directly in the modernisation of the economy, the State and society.

In view of the still-negligible industrialisation in the 1950s Bavaria's rise to become an attractive place to do business had not traced out at all. Short-comings in the state's economy were corrected rapidly compared to other regions in Europe and transformed step-by-step into an advantage. Bavaria's upturn from a weak agricultural State to a European high-tech Mecca is evident with a few significant figures:

- Bavaria's economy has grown by an average of 4.4 % in real terms since 1950, thus considerably exceeding the average for Germany (4 %).
- Since 1950 Bavaria has undergone dramatic structural change from agriculture and forestry (with a drop in the percentage of those employed from 33.1 % to 4.2 %) to a service sector (with an increase in the percentage of those employed from 29.5 % to 58.6 %).
- Between 1991 and 1998 alone productivity in Bavaria increased by an average of 2.6 %, considerably higher than in the other States (1.9 %), and reached US proportions.

Today Bavaria is one of the most modern and economically strong regions of the world. The Old and New Economies are no contradictions; rather, they work hand-in-hand. Eight of the DAX's (the German Stock Exchange) top thirty members are based here. Besides Global Players such as Siemens, BMW, Audi, Allianz and Adidas, a large number of competent small and medium-sized companies in industry, qualified trades and the service sector contribute to Bavaria's economic strength.

The emphases of industrial activities are in the technologically demanding areas of electronics, information and communications technology, mechanical engineering, the motor vehicle industry and air and space travel. The many pioneer companies in the fields of bio-technology and genetics, environmental technology, transport and drive technology, medical technology etc. ensure a special quality in Bavaria's economy. At the same time, the Free State has developed into a significant location for the service sector. Altogether almost every third company listed on the New Market in Frankfurt comes from Bavaria. It has also developed into a significant location for the service sector. It has the most insurance companies and is in second place as regards the number of banks in Germany. Munich's trade fair grounds are known the world over. Munich has the second highest number of publishing companies in the world after New York, and is Germany's top address for companies in the New Media sector. And Bavaria is very popular as a tourist destination.

All in all the Bavarian economy is proving to be a tight, modern and flexible network of commercial and technological competence. According to a study by the Boston Consulting Group the greater of the global economic challenges of the new millennium the State Government has directed its policies to these new demands. After the principle "Shaping Instead of Owning" we have reinvested the proceeds from privatisation totalling 4.68 billion Euro from the "Bavaria's Future" and high-tech campaigns into the modernisation of our economy, State and society in order to ensure our future.

We are concerned to expand Bavaria's position in key and sectional areas and to accelerate thrusts for modernisation along the line of new products, new companies and new markets. The Old and New Economies were never opposites for Bavaria. We are placing our hopes in progress with the use of high-tech solutions even in traditional sectors. Our efforts at modernising our economy are therefore aimed not only at those wishing to start up their own companies or at innovative, high-tech companies, but also at established companies in manufacturing, commerce, the trades and the services sector. We also expect the reinforcing des neuen Jahrtausends hat die Staatsregierung ihre Politik frühzeitig auf neue Anforderungen ausgerichtet.

Nach dem Grundsatz „Gestalten statt Besitzen" haben wir die Privatisierungserlöse von insgesamt 4,68 Mrd. € im Rahmen der Offensive Zukunft Bayern und der Hightech-Offensive gezielt in die Modernisierung von Wirtschaft, Staat und Gesellschaft reinvestiert, um die Zukunft zu sichern.

Dabei geht es uns darum, die bayerische Position in Schlüssel- und Querschnittsfeldern auszubauen und Modernisierungsschübe entlang der Linie „neue Produkte, neue Betriebe, neue Märkte" voranzutreiben. Für Bayern waren „New" und „Old Economy" nie Gegensätze. Wir setzen auf Fortschritt durch Anwendung von Hightechlösungen auch in Traditionsbranchen. Unsere Anstrengungen zur Modernisierung der Wirtschaft zielen deshalb nicht nur auf Existenzgründer oder innovative Unternehmen in Hightech-Branchen, sondern haben etablierte Unternehmen in Industrie, Handel, Handwerk und Dienstleistungsgewerbe in gleicher Weise zum Ziel. Wir erwarten zudem, dass die Stärkung der Wachstumsdynamik positive Effekte bis hinein in kleine und mittelständische Betriebe hat und die bayerische Wirtschaft insgesamt auf einen höheren Wachstumspfad führt.

Wir streben eine internationale Spitzenposition bei den zukunftsweisenden Spitzen- und Querschnittstechnologien Life Sciences/Bio- und Gentechnologie, Informations- und Kommunikationstechnologie, Neue Materialien, Umwelt- und Medizintechnik und Mechatronik an. Dazu investieren wir in den Ausbau der Grundlagenforschung, fördern die angewandte Forschung und Forschungsverbundprojekte. Wir wollen dabei vor allem auch die Innovationskraft mittelständischer Unternehmen stärken und bauen deshalb die Infrastruktur für einen leistungsfähigen Technologietransfer weiter aus. Inzwischen steht in Bayern, begleitet durch „Bayern Innovativ" in Nürnberg, ein international aktives Netzwerk mit über 30.000 Unternehmen und 120 wissenschaftlichen Instituten. Um zudem speziell die regionalen Technologiekompetenzen zu fördern und in das landesweite Netz einzubauen, sind für jeden Regierungsbezirk Regionalkonzepte als weitere Bausteine in der Umsetzung.

Sehr früh wurde die Bedeutung eines zukunftsorientierten, leistungs- und wettbewerbsfähigen Mittelstands für die Beschäftigung und die wirtschaftliche Dynamik erkannt und gefördert. Deshalb schuf Bayern bereits im Jahr 1974 als erstes Land ein Mittelstandsförderungsgesetz, das zahlreiche Nachahmer fand. Im Rahmen einer konsequenten Mittelstandsförderung werden neben Investitionen zur Modernisierung, Rationalisierung und Erweiterung bestehender Betriebe vor allem auch Existenzgründer gefördert, denn neue, wettbewerbsfähige Arbeitsplätze entstehen vor allem in jungen und dynamisch agierenden Unternehmen. Existenzgründungen sind notwendig, um die Erneuerung der Wirtschaft und den Ersatz von Arbeitsplätzen, die im Strukturwandel wegbrechen, kontinuierlich voranzutreiben. Wir fördern technologieorientierte Unternehmensgründungen durch die Bereitstellung von Wagniskapital über die Gesellschaft „Bayern Kapital", durch Investitionen in spezielle technologieorientierte Gründerzentren und durch die Schaffung einer landesweiten Gründerinfrastruktur mit 22 kommunalen Gründerzentren sowie durch Förderung der Gründungsberatung und Businessplan-Wettbewerbe.

Die mit der Tätigkeit von Bayern Kapital geschaffene Basis trägt wesentlich dazu bei, dass Bayern auch bei der Bereitstellung von privatem Wagniskapital in Deutschland Spitze ist. Laut einer Untersuchung der bayerischen Landeszentralbank von September 2000 waren die in Bayern ansässigen Venture-Capital-Gesellschaften 1999 an fast 950 jungen Unternehmen beteiligt.

Die Staatsregierung unterstützt nicht zuletzt mittelständische Unternehmen bei der Erschließung neuer Märkte im Ausland, um sie noch besser auf den Weltmärkten zu positionieren. Dazu gehört ein ausländisches Beziehungsnetzwerk mit elf bayerischen Auslandsrepräsentanzen und einer Reihe von Auslandspartnerschaften (u. a. Kalifornien und Quebec), die Förderung mittelständischer Unternehmen bei der Beteiligung an Auslandsmessen sowie zinsgünstige Kredite, Bürgschaften und die Unterstützung von Außenwirtschaftsberatungen. Unsere außenwirtschaftlichen Aktivitäten werden in der Gesellschaft „Bayern International" gebündelt. Darüber hinaus haben wir in Nürnberg in Zusammenarbeit mit den bayerischen Kammern ein Außenwirtschaftszentrum errichtet.

Um die internationale Ausrichtung der bayerischen Wirtschaft auszubauen, setzen wir auch auf die Ansiedlung internationaler Unternehmen in Bayern. Wie attraktiv der Standort Bayern für ausländische Unternehmen ist, zeigt sich an den Ansiedlungszahlen. Allein im Jahr 2000 haben sich 51 Hightechunternehmen aus den USA für den Freistaat entschieden. Zudem haben japanische Hightech-Unternehmen und weitere 58 aus der übrigen Welt in Bayern niedergelassen. Insgesamt sind mittlerweile 924 ausländische Unternehmen in Bayern präsent. Davon kommen 588 aus den USA und 82 aus Japan.

Mehr Wettbewerbsfähigkeit ist auch ein Grund für die Internationalisierung der Hochschulen. Dabei kommt es nicht nur darauf an, dass die bayerischen Hochschulen fremdsprachliche Vorlesungen und Seminare anbieten und ihre Partnerschaften mit ausländischen Hochschulen ausbauen. Sie überprüfen auch ständig ihre Lehrinhalte und -methoden sowie ihre Forschungsthemen. Ein Lehrstuhlerneuerungsprogramm hat hier große Wirkung gezeigt. Unsere Universitäten haben bewiesen, dass sie Profilbildung und Neuorientierung bewältigen können. Aufgrund vielfältiger Ausbau- und Strukturmaßnahmen entwickeln sich die bayerischen Hochschulen als Wissenschafts- und Forschungsstandorte, die den Vergleich mit renommierten Hightech-Zentren im Ausland nicht zu scheuen brauchen.

Die Reform des Bayerischen Hochschulgesetzes von 1998 mit ihren Schwerpunkten mehr Autonomie, Internationalisierung, Effizienzsteigerung und Wettbewerb hat als erste dieser bundesweiten Bemühungen zur „Modernisierung" der deutschen Hochschullandschaft einen deutlichen „Ruck" in die Universitätsszene gebracht. Weitere Reformschritte werden folgen.

Gerade der Standort Garching als neue „Wissenschaftsstadt bei München", mit Neubauten der Fakultäten für Chemie, Pharmazie und Maschinenwesen und die Errichtung des Zentrums für Medizintechnik sowie der Neubau für Informatik, alles Projekte der Technischen Universität München, verspricht eine Konzentration höchster wissenschaftlicher Kompetenzen. Zusammen mit dem Forschungsreaktor München II (FRM II), der 2002 in Betrieb gehen wird, von Bayern maßgebend finanziert worden ist,

the dynamics of growth to a positive effect on small and medium-sized companies and bring the Bavarian economy as a whole onto a path of increased growth.

We are striving for an international position in the top and sectional technologies of the future: life sciences, biotechnology, genetics, information- and communication technology, new materials, environmental- and medical technology and mechatronics. We are also investing in the expansion of basic research, we are supporting applied research and combined research projects. We especially want to reinforce the innovative strength of medium-sized companies and are therefore continuing to expand the infrastructure for efficient technology transfer. With the assistance of the "Innovative Bavaria" Scheme in Nuremberg, Bavaria now has an internationally active network with over 30,000 companies and 120 research institutes. In order to specially assist regional technology and incorporate it into the State-wide network as well, regional concepts have been developed for each region in the State as further elements in the implementation of this policy.

The significance of a future-oriented, efficient and competitive medium-sized sector for employment and economic dynamism was recognised and assisted very early on. For this reason Bavaria was the first State in Germany to pass legislation assisting this sector in 1974. The law was later copied by many other states in Germany. Besides investment for modernisation, rationalisation and expansion of existing companies, those wishing to start their own companies also receive assistance as part of a consistent assistance programme, because young, dynamic companies also create new, competitive jobs. Start-ups are necessary to continue the acceleration of the renewal of the economy and to replace those jobs lost due to structural change. We assist technology-oriented company start-ups by making venture capital available from the "Bavaria Capital" company, from investments

The State Government provides assistance not least to medium-sized companies in obtaining new markets abroad in order to help them position themselves better on the international market. This includes a network of overseas connections with eleven Bavarian overseas representatives and a series of overseas partners (including California and Quebec), assistance to medium-sized companies in participating in overseas trade fairs low-interest loans, providing sureties and advice on doing business overseas. Our foreign trade activities are being bundled in the "Bavaria International" company. In addition, we have established a Foreign Trade Centre in Nuremberg in cooperation with the Bavarian Chambers of Industry and Commerce. In order to expand the international orientation of the Bavarian economy, we are also assisting the establishment of international companies in Bavaria. How attractive Bavaria is can be seen from the statistics on firms that have settled here. In 2000 alone 51 high-tech companies have decided to base their activities in Bavaria.

Um die internationale Ausrichtung der Wirtschaft auszubauen, setzt Bayern auch auf die Ansiedlung internationaler Unternehmen.

In order to expand the economy's international orientation Bavaria is assisting foreign companies wishing to establish a presence in the State.

in special technology-oriented start-up centres and by creating a State-wide start-up infrastructure with 22 local body start-up centres and assistance by means of start-up consulting and business-plan competitions. The basis created by the activities of Bavaria Capital makes a considerable contribution to the fact that Bavaria is also at the top of the stakes when it comes to making private venture capital available. According to a September 2000 investigation by the Bavarian State Bank, the venture capital companies based in Bavaria in 1999 had a share in almost 950 young companies.

In addition, eight high-tech Japanese companies and a further 58 from the rest of the world have settled in Bavaria. In all 924 foreign companies are based in Bavaria. Of these, 588 are from the USA and 82 from Japan.

More competitiveness is also a reason for the international outlook of our universities. Here, it is not a just question of holding lectures and tutorials in a foreign language and expanding partnerships with overseas universities. The universities are constantly examining their course content, teaching methods and their research topics.

entsteht damit ein naturwissenschaftlich-technischer Campus neuer Dimension, der ein weiteres Wissenschaftszentrum von Weltrang bilden wird. Die wachsende Rolle der praxisorientierten Ausrichtung bayerischer Hochschulen wird in dem von mir seit meinem Regierungsantritt forcierten Ausbau der Fachhochschulen deutlich. Die spielen im Technologie- und Wissenschaftstransferbereich eine immer größere Bedeutung. Das Studium an Fachhochschulen weist einen ausgeprägten Praxisbezug auf, da von Professoren gelehrt wird, die mehrjährige Erfahrungen aus der Praxis mitbringen.

Damit geben Fachhochschulen wichtige Impulse für Innovationen, für die Leistungs- und Wettbewerbsfähigkeit der Wirtschaft, besonders klein- und mittelständischer Unternehmen in der Region, und bringen sie entscheidend voran. Durch sie können Studenten heimatnah studieren und bleiben den einzelnen Regionen nach dem Studium eher als hochqualifizierte Experten erhalten. In diesem Sinne hat die Staatsregierung in den 90er-Jahren neue Fachhochschulen in Amberg-Weiden, Ansbach, Deggendorf, Hof, Ingolstadt und Neu-Ulm errichtet. Die Abteilung Aschaffenburg der Fachhochschule Würzburg-Schweinfurt wurde verselbstständigt.

Mit 300 Mio. DM aus den Privatisierungserlösen des Programms „Offensive Zukunft Bayerns“ ist es gelungen, mit diesen o. a. Neugründungen und den seit 1991 entstandenen Fachhochschulen in Augsburg, Coburg, München, Nürnberg, Regensburg, Rosenheim, Weihenstephan, Würzburg-Schweinfurt, Kempten und Landshut, ein flächendeckendes Netz von Fachhochschulen in Gesamtbayern zu schaffen. Studierende können nun zwischen 17 staatlichen Fachhochschulen an 23 Standorten wählen.

Der nahtlose und effektive Übergang von Hochschulangehörigen, seien dies Professoren, wissenschaftliche Mitarbeiter oder Studierende, in die Wirtschaft ist uns ein großes Anliegen. Die Bayerische Staatsregierung fördert den Wissenstransfer durch Unternehmensgründungen aus den Hochschulen seit Jahren mit großem Erfolg. Mit dem Programm FLÜGGE (Förderprogramm für den leichteren Übergang in eine Gründungsexistenz) wird Hochschulabsolventen der Schritt in die Selbstständigkeit direkt nach dem Studienabschluss erleichtert. Mit dem Programm HOCHSPRUNG (Hochschulprogramm für Unternehmensgründungen; im Rahmen der High-tech-Offensive Bayern) werden Unternehmensgründungen im Umfeld bayerischer Hochschulen und außeruniversitärer Forschungseinrichtungen durch Informations-, Qualifizierungs- und Coachingangebote gezielt gefördert.

Bayern verfügt heute über eine gut ausgebaute Forschungs- und Wissenschaftsstruktur, die über das ganze Land verteilt ist. Die Universitäten, Fachhochschulen, zahlreiche Einrichtungen der Max-Planck-Gesellschaft und der Fraunhofer Gesellschaft, Großforschungseinrichtungen wie die GSF und die DLR und andere Einrichtungen der industriellen Gemeinschaftsforschung sowie die inzwischen 26 bayerischen Forschungsverbünde, bilden die Grundlage für die herausragende Wissenschaftsinfrastruktur, die ihresgleichen sucht. Das Modell der Bayerischen Forschungsverbünde, ein organisiertes Zusammenwirken von Unternehmen und Wissenschaftseinrichtungen zur Bearbeitung konkreter Forschungsaufgaben, zum größten Teil gefördert durch die Bayerische Forschungsstiftung, wurde inzwischen bundesweit übernommen. Die in der Vergangenheit betriebene und die aktuelle erfolgreiche Forschungs- und Wissenschaftspolitik ist damit auch die Basis für eine prosperierende Wirtschaft von morgen und für die Bewältigung der vor uns liegenden Herausforderungen in diesen Bereichen.

Wichtiger Eckpfeiler für den wirtschaftlichen Aufstieg Bayerns waren darüber hinaus der Ausbau und die Modernisierung der Infrastruktur in den Bereichen Verkehr, Energieversorgung und Telekommunikationsnetze. Als revierfernes und rohstoffarmes Land setzt Bayern konsequent auf die Kernenergie, die 60 bis 70 % des bayerischen Stroms liefert. Der neue Flughafen München Franz Josef Strauß entwickelt sich neben Frankfurt mehr und mehr zur zweiten internationalen Drehscheibe Deutschlands.

Nicht zu vernachlässigen und glücklicherweise nicht so leicht zu kopieren sind die so genannten weichen Standortfaktoren, von denen Bayern als Standort profitiert. Diese lassen sich trefflich mit dem Slogan „Arbeiten, wo andere Urlaub machen“ umschreiben. Bayern ist das beliebteste Ferienland in Deutschland. Hoher Freizeitwert, attraktive Landschaften und kultureller Reichtum werden auch den Ansprüchen internationaler Spitzenkräfte gerecht.

Die Frage, ob der Weg Bayerns für andere Länder als Modell dienen kann, wird aufgrund der langen Entwicklungsphase und besonderer Faktoren wohl eher nur mit Einschränkungen zu beantworten sein. Einzelne Zutaten zum Erfolgsrezept, wie die Schaffung vorteilhafter wirtschaftlicher Rahmenbedingungen, eine vertrauensvolle Zusammenarbeit zwischen Wirtschaft und Politik, eine solide Haushaltspolitik mit niedriger Pro-Kopf-Verschuldung und hoher Investitionsquote oder der langfristige Einsatz von Privatisierungserlösen für Zukunftsprojekte und die gleichmäßige Entwicklung aller Landesteile sind dagegen durchaus für andere Länder nutzbar. Bayern wird auch in Zukunft alles daran setzen, die Herausforderungen der Globalisierung der Wirtschaft und Gesellschaft aktiv zu meistern und für sich nutzen. ■

A professorship renewal programme has had a great effect. Our universities have proven that they can cope with shaping their own profiles and reorientation. Due to the many expansion and structural measures, Bavarian universities are developing into scientific and research locations, which are every bit as good as renowned high-tech centres abroad. The reform of the Bavarian Tertiary Education Law of 1988, which emphasised more autonomy, international outlook, increased efficiency and competition, was the first to really "shake up" the university scene in Germany's efforts to modernise its tertiary education system. The new science city of Garching near Munich, with its newly-built faculties of Chemistry, Pharmacy and Engineering and the construction of the Medical Technology Centre, as well as the new Computer Science building, promise a concentration of the highest scientific competence. Together with the research reactor Munich II (FRM II) which was commissioned in 2002, was financed to a large extent by the State Government, a scientific-technical campus of new dimensions is emerging which will form a new, internationally renowned scientific centre.

Oben: Tradition und Hightech bestimmen auch das Münchener Stadtbild.
Links: Der Münchener Flughafen Franz Josef Strauß ist die zweite internationale Drehscheibe Deutschlands.

Above: Tradition and high tech also distinguish Munich's image.
Left: Munich's Franz Josef Strauß airport is Germany's second-largest air-hub.

The increasing role of the practically-oriented tertiary education system in Bavaria will become clear in my accelerated expansion programme for Colleges of applied science since my government took office. These institutes play an increasingly important role in the transfer of technology and knowledge. Courses at Colleges of applied science a lot more practically oriented, they are taught by professors who have several years of practical experience. Colleges of applied science thus give important stimulus to the efficiency and competitiveness of the economy, especially small and medium-sized companies in the region, and contribute decisively to the development of the economy. They let students study close to home and remain in their own regions as highly-qualified experts after graduation. With this thought in mind the State Government established Colleges of applied science in Amberg-Weiden, Ansbach, Deggendorf, Hof, Ingolstadt and Neu-Ulm. The Aschaffenburg campus of the Würzburg-Schweinfurt College of applied science was granted independence in 2001. With 150 million Euro from the "Bavarian Campaign for the Future" privatisation fund it has been possible – along with the new Colleges mentioned above and the Colleges established since 1991 in Augsburg, Coburg, Munich, Nuremberg, Regensburg, Rosenheim, Weihenstephan, Würzburg-Schweinfurt, Kempten and Landshut – to establish a complete network of Colleges of applied science all over Bavaria. Students can now choose between 17 State Colleges of applied science in 23 locations.

It is important for us to enable the smooth and effective transition of tertiary academic staff, whether professors, research assistants or students, to the private sector. The Bavarian State Government has assisted the transfer of knowledge through company start-ups from tertiary institutions for years with much success. The "FLÜGGE" (fully-fledged) programme (an assistance programme with an easier transition to a company start-up) eases tertiary students into self-employment directly after graduation. The HOCHSPRUNG (High-Jump) programme (a programme for company start-ups as a part of Bavaria's high-tech campaign) company start-ups in or near the Bavarian tertiary and research environment receive direct assistance by means of information, training courses and coaching.

Today Bavaria has a well-developed research and scientific environment which is spread over the whole State. The universities, colleges of applied science, countless branches of the Max Planck Society and the Fraunhofer Institute, large research institutes such as the GSF and the DLR and other institutions of the industrial research community as well as the – now – 26 Bavarian research associations, form the basis for the excellent scientific infrastructure which is without equal. The model of the Bavarian Research Associations, an organised cooperation between companies and scientific institutions for carrying out actual research, subsidised mostly by the Bavarian Research Foundation, has now been copied all over Germany. Research and scientific policies carried out in the past and successful research today is thus also the basis for the prospering economy of tomorrow and for overcoming the challenges facing us in this area.

Other important pillars of Bavaria's economic rise were the expansion and modernisation of transport, energy-supply and telecommunications. As a State with no coal mines or raw materials, Bavaria put its hopes in nuclear power, which supplies between 60 % and 70 % of its energy. Munich's new Franz Josef Strauß airport, along with Frankfurt, is developing into Germany's second international air hub. Not to be neglected and fortunately not so easy to copy are the so-called soft location factors, from which Bavaria also profits. These can be paraphrased with the slogan "work where other people go for a holiday". Bavaria is Germany's favourite holiday resort. Lots of leisure activities, an attractive landscape, and cultural riches do justice to the demands of international specialists who come here to work.

The question of whether Bavaria's way can serve as a model for other countries will probably have to be answered with certain restrictions, given the long development phases and other special factors. Individual ingredients for a successful recipe, cooperation between the economy and politics based on trust, solid budget policies with a low per-capita level of debt and a high level of investment, or the long-term use of privatisation decrees for future-oriented projects and the equal development of all regions in the State are certainly useful for other countries, on the other hand. Bavaria will also do its utmost in the future to actively master the challenges of the globalisation of the economy and society and make use of them for its own benefit. ■

THE QUALITY CONNECTION

LEONI

Wire · Cable · Wiring Systems

LEONI AG

Vorstandsvorsitzender/Executive Board:
Ernst Thoma

Gründungsjahr/Year of Foundation:
1917

Umsatz/Turnover:
1.098 Mio. Euro (2001)

Geschäftstätigkeit/Business Activity:
Entwicklung und Herstellung von Drähten, Kabeln und Bordnetz-Systemen
Development and Production of Wire, Cable and Vehicle wiring Systems

Produkte/Products:
Drähte und Litzen für die Bauelemente- und Kabelindustrie; Leonische Waren; Fahrzeugleitungen; isolierte Starkstromleitungen; Schaltdrähte und -litzen; Datenleitungen auf Kupfer- und Glasfaserbasis; Steuerleitungen; Audio-/Video-Kabel; Spezialleitungen für Investitionsgüter; Kabelkonfektion; Bordnetz-Systeme für den Fahrzeugbau
Wires and stranded conductors for the components and cable industry; "Leonische Goods", i. e. gold and silver embroidery threads; automotive wires; insulated power cords; hook-up wires; copper and fibre optic data cables; control cables; audio/video cables; special cables for capital goods; cable assemblies; wiring systems for the automotive industry

Anschrift/Address:
Marienstraße 7
D-90402 Nürnberg
Telefon +49 (911) 20 23-201
Telefax +49 (911) 20 23-231
E-Mail info@leoni.com
Internet www.leoni.com

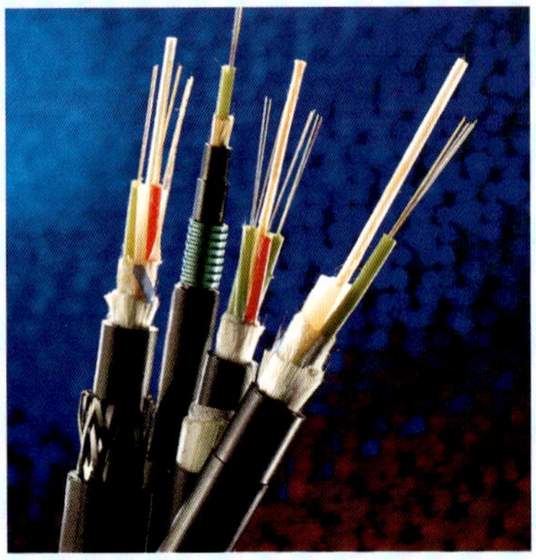

Glasfaserkabel – das Übertragungsmedium der Zukunft.
Fibre optic cables – the transmissionmedium of the future.

Bei der LEONI AG laufen die Fäden zusammen

At LEONI AG all the Threads come together

Aus einer 1569 in Nürnberg gegründeten Werkstatt zur Herstellung feinster Gold- und Silberdrähte für kostbare Stickereien – so genannter Leonischer Waren – entstand 1917 die Leonische Werke Roth-Nürnberg AG. Heute ist das 1999 in LEONI AG umfirmierte Unternehmen rund um den Globus vertreten, an fast 60 Standorten mit rd. 17.000 Mitarbeitern. Die Fäden laufen weiterhin in Nürnberg zusammen: Die LEONI AG als Holding steuert von hier aus den gesamten Konzern mit seinen drei Unternehmensbereichen Draht, Kabel und Bordnetz-Systeme. Für 2002 rechnet LEONI mit einem Umsatz von über 1,15 Mrd. Euro. Auf Leonische Waren entfällt dabei nur noch ein kleiner Teil. Der Schwerpunkt des Geschäfts liegt heute bei elektrischem Leitungsmaterial für die Automobil- und Hausgeräteindustrie, den Maschinen- und Anlagenbau sowie für die Informations- und Kommunikationstechnik.

Mit Metallfäden für Stickereien – aus feinstem Golddraht hergestellt – fing bei LEONI alles an.
Everything at LEONI started with metal threads for embroidery – made of the finest gold thread.

Wichtigster Markt von LEONI ist die Automobilindustrie. Durch den fortschreitenden Wandel von mechanischen zu elektrisch bzw. elektronisch gesteuerten Systemen und durch immer mehr Komfortfunktionen nimmt nämlich der Bedarf an Kabeln permanent zu. Wichtige Wachstumsmärkte der Zukunft sieht LEONI auch in der Telekommunikation und der zunehmenden Nutzung des Internets: Hierfür bietet das Unternehmen die gesamte Bandbreite der notwendigen Datenkabel an. Große Abnehmer von LEONI sind heute Unternehmen wie DaimlerChrysler, Audi, VW, General Motors, Porsche, Land Rover, Siemens, Philips oder Bosch. ■

The Leonische Werke Roth-Nürnberg AG was formed in 1917 after starting as a workshop founded in Nuremberg (Northern Bavaria) in 1659 that produced finest quality gold and silver embroidery threads – so-called "Leonische goods". Today the LEONI AG – renamed in 1999 – has almost 60 branches and some 17,000 employees all over the world. The threads are still drawn in Nuremberg – where the LEONI AG holding controls the three business units of the whole group: wire, cable and vehicle wiring systems.
For 2002 LEONI expects turnover of DM 1.15 billion. Only a very small percentage of these earnings will come from threads. The main area of business is in conductor material for the automotive and household consumer goods industries, mechanical engineering, systems engineering, information and communications technology. LEONI's most important market is the automotive industry. With the progressive transformation from mechanical to electrically or electronically controlled systems and more and more comfort-functions the need for cables is increasing.
LEONI also sees the most important growth markets of the future in tele-communication and in the increasing use of the internet. Here the company offers the whole range of the necessary data cable. LEONI's major customers today are companies like Daimler-Chrysler, Audi, VW, General Motors, Porsche, Land Rover, Siemens, Philips or Bosch. ■

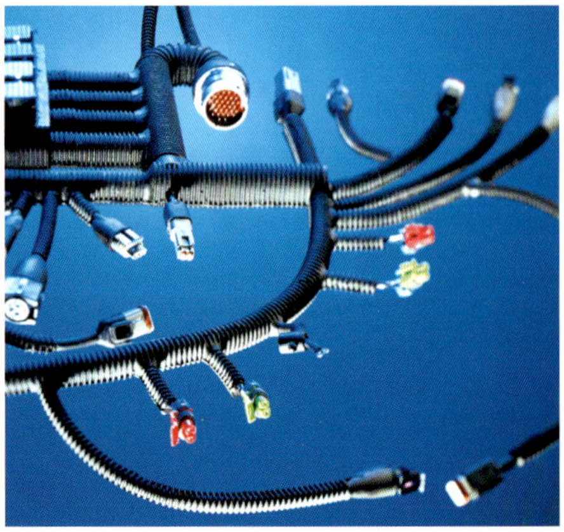

Der formstabile Kabelsatz – eine von vielen erfolgreichen LEONI-„Patentlösungen".
The preformed cable harness – one of many successful LEONI-"patent solutions".

LEONI Special Cables Friesoythe im Aufwind

LEONI Special Cables Friesoythe on the up and up

LEONI Special Cables Friesoythe (kurz LSC) steht für jahrzehntelange Erfahrung und Innovation im Bereich Kabel und Kabelsysteme. Den Anfang machten 1973 HF-Koaxial-Kabel für CATV-Netze. Aufgrund seiner hohen Kompetenz und Qualität eroberte sich das Unternehmen sehr schnell auch andere interessante Märkte. Als Fertigungsstandort der Siemens AG entwickelte sich Friesoythe zum Kompetenzzentrum für Hochfrequenzkabel und Kabelsysteme. Seit dem 1. Oktober 1999 gehört LSC zum Unternehmensbereich Kabel der LEONI-Gruppe.

Die besondere Stärke von LSC liegt vor allen Dingen in seiner hohen Flexibilität. Im Dialog mit dem Kunden werden maßgeschneiderte Kabellösungen für verschiedenste Anforderungen entwickelt - schnell und qualitativ hochwertig.
Bei LSC wird von der Kundenanfrage über Konstruktion/Design bis zur technischen Produktbeschreibung ein leistungsfähiges CAE-System eingesetzt. Darüber hinaus besteht DV-technischer Zugriff auf eine durchgängige technische Datenbank, wodurch innerhalb kürzester Zeit alle produktrelevanten Daten zur Verfügung stehen.

Besondere Chancen sieht LSC auf dem Wachstumsmarkt China, wo in den nächsten Jahren die für einen flächendeckenden Mobilfunk notwendige Infrastruktur aufgebaut wird. Um die dafür notwendigen Spezialkabel künftig auch in China fertigen zu können, wird in der Region Changzhou ein neues Werk gebaut, das 2002 die Produktion aufnehmen soll. ■

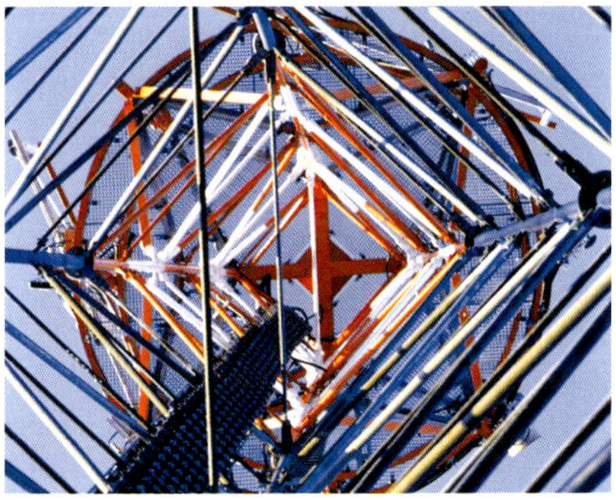

LEONI Flexline®-Kabel führen in die Spitze der Mobilfunk-Antennenmasten.

LEONI Flexline®-Cabel lead to the top of the cellular telephone antenna masts.

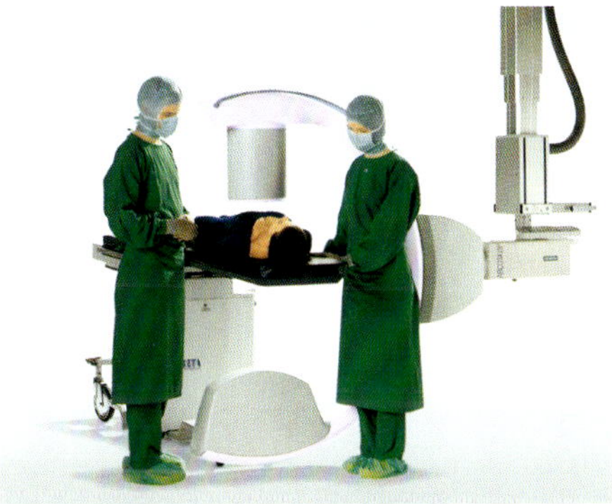

Röntgengerät – Spezialkabel und Kabelsysteme für die Medizintechnik sind ein wichtiges Standbein.

Special cable and cable systems for medical technology are an important part of the company's product range.

LEONI Special Cables Friesoythe (LSC for short) stands for decades of experience and innovation in the area of cables and cable systems. Everything started off in 1973 with HF-coaxial-cables for CATV networks. Due to its high degree of competence und quality the company very quickly conquered other important markets as well. As a production facility belonging to the Siemens AG, Friesoythe developed into a centre of competence for high-frequency cable and cable systems. LSC has been part of the cable division of the LEONI-Group since 1st October 1999.

LSC's particular strength lies especially in its high degree of flexibility. By talking with its customers it develops made-to-measure cable solutions for all sorts of requirements - quickly and of high quality. At LSC customer enquiries from construction or design to a technical product description result in a model designed by an capable CAE system. In addition the company has access to a general technical data base with which the user can call up all data relating to the product in seconds.
LSC especially sees chances in the growing Chinese market, where an extensive infrastructure will need to be built for a cellular telephone network. In order to produce the necessary special cable, a new factory will be built in the Changzhou region which will begin production in 2002. ■

THE QUALITY CONNECTION
LEONI
Wire · Cable · Wiring Systems

LEONI Special Cables Friesoythe
GmbH & Co. KG

Geschäftsführer/Manager:
Hermann Gößling
Erhard Hoch

Gründungsjahr/Year of Foundation:
1972

Mitarbeiter/Employees: 450

Geschäftstätigkeit/Business Activity:
Entwicklung und Herstellung von Spezialkabeln und Kabelsystemen
Development and production of special cables and cable systems

Produkte/Products:
Kupfer-Nachrichtenkabel; Kabelsysteme und konfektionierte Kabel für Anwendungen in den Bereichen:
- Kommunikationstechnik
- Medizintechnik
- Automatisierungstechnik
- Anlagentechnik
- Verkehrstechnik
- Datentechnik (Endgeräte)

Copperdata cable; cable systems and cable assemblies for use in the following areas
- Communications technology
- Medical technology
- Automation technology
- Systems engineering
- Traffic technology
- Data technology (appliances)

Anschrift/Address:
Eschstraße 1
D-26169 Friesoythe
Telefon +49 (4491) 292-292
Telefax +49 (4491) 292-169
E-Mail info@lsc.leoni.com
Internet www.leoni.com/lsc

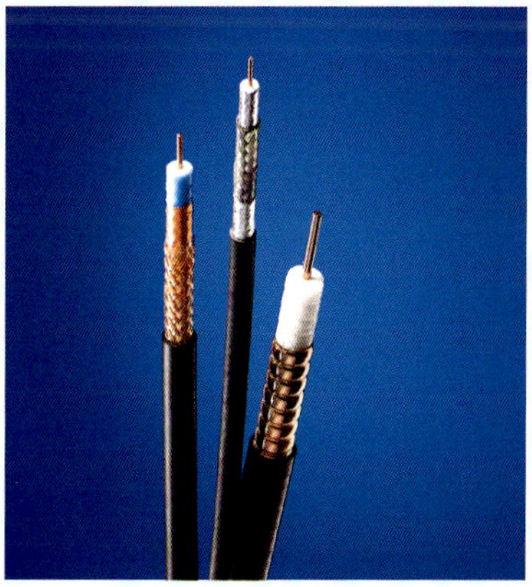

Spezial-Koaxialkabel aus Friesoythe.

Special coaxialcables from Friesoythe.

Mittelstand – großer Verlierer der grün/roten Regierungszeit

The medium-sized Business Sector: the big Loser of the SPD/Alliance 90-Green Government Era

Die SPD hat im Wahlkampf die so genannte „Neue Mitte“ umworben. Vor allem viele Mittelständler haben offensichtlich dieses Werben erhört und in freudiger Erwartung auf stärkere Beachtung SPD gewählt. Auch im grün/roten Koalitionsvertrag wurde der Mittelstand noch verbal hofiert. Dort heißt es, die neue Bundesregierung werde die wirtschaftspolitischen Rahmenbedingungen für Mittelstand, Handwerk, Existenzgründer sowie für Freiberufler und Selbstständige verbessern. Leider war schon bald das genaue Gegenteil zu beobachten. Die neue Mitte ist längst zur verratenen Mitte geworden.

Und das, obwohl die zahlreichen kleinen und mittleren Unternehmen die tragende Säule der deutschen Volkswirtschaft sind. Der Mittelstand ist Ausbilder und Beschäftigungsmotor Nummer 1 in Deutschland.

3,3 Millionen kleine und mittlere Unternehmen hatten 1999 in Deutschland rd. 23 Millionen Beschäftigte. Das sind zwei Drittel aller Arbeitnehmer. Der Mittelstand schützt die Volkswirtschaft vor konjunkturellen Ausschlägen und schafft die Arbeitsplätze der Zukunft gerade im Bereich der Dienstleistungen oder der New Economy. Deshalb bleibt die Stärkung des Mittelstands der Schlüssel zu mehr Wachstum und Beschäftigung in Deutschland. Der Mittelstand muss endlich wieder zum Herzstück deutscher Wirtschaftspolitik werden. Er muss Bedingungen vorfinden, die es ihm ermöglichen, seine Potenziale im Interesse von Wirtschaft und Gesellschaft voll zu entfalten.

Wenn die Regierung mit ihrer Politik überhaupt auf die Wirtschaft gezielt hat, dann haben immer zuallererst die Großunternehmen profitiert. Beispiele sind die Millionenbürgschaft im Fall Holzmann, die steuerlichen Entlastungen der Kapitalgesellschaften im Rahmen der Steuerreform oder verschiedentliche Regierungseinsätze für die ehemaligen Staatsmonopolisten Post oder Telekom, wie die Festschreibung des Briefportos oder die Verlängerung des Briefmonopols. Der Bundeskanzler hat seinen vermeintlich „wirtschaftsfreundlichen“ Ruf eben auch als „Genosse der Bosse“ und nicht als „Genosse des Mittelstands“ erhalten.

Dass eine solche Haltung für einen Politiker reizvoll ist, ist nicht von der Hand zu weisen. Die großen Konzerne in Deutschland mit ihren mächtigen Vorständen bewegen nicht nur erhebliche Finanzmassen, sondern prägen auch das Bild deutscher Wirtschaftskraft im Ausland. Sie sind zudem sehr gut organisiert in den Verbänden und haben ein erhebliches Durchsetzungspotenzial für ihre Interessen. Das ist auch mit ein Grund dafür, warum die Unterstützung kleiner und mittlerer Betriebe bei dieser Regierung meist in Sonntagsreden endet. Bei entgegen gerichteten Interessen zwischen großen Konzernen und Mittelstand schlägt sich die Regierung regelmäßig auf die Seite der Großen. Das ist zwar einfacher, zeugt aber nicht unbedingt von politischem Mut und gesamtwirtschaftlicher Weitsicht.

Zugegeben: Auch die Vorgängerregierung hat nicht immer nur im Interesse kleiner und mittlerer Unternehmen gehandelt. Aber immerhin hat sie einige Weichen in die richtige Richtung gestellt. Dazu zählen unter anderem die Reformen bei Kündigungsschutz und Lohnfortzahlung im Krankheitsfall. Beides hat Grün/Rot direkt nach Regierungsübernahme wieder einkassiert. Damit wurden das Einstellungshemmnis Kündigungsschutz wieder vergrößert und die Lohnzusatzkosten erhöht. 600.000 Arbeitsgerichtsprozesse pro Jahr in Deutschland zeugen von zunehmender Rechtsunsicherheit. Wie abschreckend muss dies gerade auf kleine und mittlere Unternehmen wirken? Deshalb ist das Arbeitsrecht gründlich zu entrümpeln.

Auch die Neuregelung der 630-Mark-Jobs und das Gesetz zur Eindämmung sogenannter Scheinselbständiger traf den Mittelstand ins Mark. Insbesondere die Sozialversicherungspflicht der geringfügigen Beschäftigungsverhältnisse hat sich als bürokratischer Moloch entpuppt. Kleine Gastronomiebetriebe, das Handwerk und der Einzelhandel klagen über höhere Kosten und weniger Leute, die flexibel einsatzfähig sind.

Wenn die Bundesregierung die Neuregelung als Erfolg feiert, weil es immer noch 3,7 Millionen geringfügige Beschäftigungsverhältnisse gibt, ist das zynisch. Das einzige, was diese Zahlen beweisen,

Rainer Brüderle

Der Autor, 1945 in Berlin geboren, studierte Volkswirtschaftslehre mit dem Abschluss als Diplomvolkswirt. Anschließend übte er verschiedene staatliche Leitungsfunktionen in Rheinland-Pfalz aus, u. a. als Direktor des Amtes für Wirtschaft sowie als Beigeordneter und Wirtschaftsdezernent der Stadt Mainz. Von 1987 bis 1998 war Rainer Brüderle Staatsminister in der Landesregierung von Rheinland-Pfalz, seit 1988 zugleich Stellvertretender Ministerpräsident. Bereits seit 1983 ist er Mitglied des Bundesvorstandes der F.D.P., seit 1995 stellvertretender Bundesvorsitzender. Seit 1998 ist Rainer Brüderle Mitglied des Deutschen Bundestages.

The author was born in Berlin in 1945 and has a degree in Economics. After graduating from university he worked in various State managerial positions in the Rhineland-Palatinate, including as Director of the Business Agency and as City Councillor and Head of the Business Office of the City of Mainz. From 1987 to 1998 Rainer Brüderle was State Minister in the State Government of the Rhineland-Palatinate, and since 1988 Deputy State Premier as well. Since 1993 he has been a Member of Germany's National Management Committee of the F.D.P. and Deputy Chairman since 1995. Rainer Brüderle has been a Member of the German Bundestag since 1998.

ist der riesige Flexibilisierungsbedarf des deutschen Arbeitsmarktes. Viele Arbeitgeber, aber auch viele Arbeitnehmer können offensichtlich nicht auf diese Jobs verzichten. Das Ziel der Regierung war es, diese Jobs auszutrocknen und in neue Vollzeitarbeitsplätze umzuwandeln. Dieses

In its election campaign the SPD canvassed votes from the so-called "New Centre". Many people in the medium-sized business sector especially obviously heard about this and voted SPD in joyful expectation of increased attention. Even in the Red-Green Coalition Agreement this sector was verbally fawned on: "the new German Government will improve economic conditions for the medium-sized business sector, the trades, young entrepreneurs and the self-employed." Unfortunately, the exact opposite soon proved to be the case. The "New Centre" has long been the "Betrayed Centre". And this is the case although the countless small and medium-sized companies are the pillar of the German economy. The medium-sized business sector is Germany's No. 1 trainer and employer.

In 1999 3.3 million small and medium-sized businesses had some 23 million employees, two thirds of all employees. The medium-sized business sector protects the economy from cyclical swings and creates the jobs of the future in the services sector or the New Economy. This is why the strengthening of the medium-sized business sector remains the key to more growth and employment in Germany. It needs conditions that enable it to unfold its potential in the interest of economy and society.

If the Government took aim at the economy with its policies, then it is the big concerns that have profited most of all. Examples are the surety of millions of (then) Marks for the Holzmann Construction Company, the tax relief for joint stock companies as a part of the tax reform or various examples of government intervention in aid of the former state monopolists Deutsche Telekom and Deutsche Post, such as the establishing of postal charges or the extension of the post monopoly. The Chancellor has retained his so-called business-friendly nickname as "Genosse der Bosse" ("Comrade of the Bosses"), not as Comrade of the Medium-Sized Business Sector.

There is no denying that a politician finds such an attitude charming. The major concerns in Germany move not only considerable sums of money with their powerful management boards, but mark the image of German economic power overseas as well. They are also well-organised in industry associations and have considerable potential to push through their own interests. This also another reason why support for small and medium-sized businesses in this government ends mostly in Sunday speeches. In the diametrically opposed interests of the large concerns and the medium-sized business sector the Government regularly sides with the former. That may be easier, but does not always prove political courage or economic farsightedness.

Admittedly, even the previous government did not always act in the interests of the small and medium-sized business sector. But it still pulled a few levers in the right direction. These include the reform of redundancy conditions and continued pay in cases of illness. The new SPS/Alliance 90-Green government abolished these when it became the new government. This increased associate wage costs and the unwillingness to take on new staff. Six hundred thousand labour court hearings a year in Germany bear witness to increasing legal uncertainty. What a great deterrent for small and medium-sized businesses this must be. This is the reason employment law must be thoroughly amended.

Die kleinen und mittleren Unternehmen sind die tragende Säule der deutschen Volkswirtschaft, hier sind zwei Drittel aller Arbeitnehmer tätig.

The small and medium-sized business sector is the pillar of the German economy. It employs two thirds of all employees.

Ziel hat Grün/Rot eindeutig verfehlt. Die Zeche für diese falsch angelegte Politik zahlen mittelständische Betriebe, die auf die so genannten Mini-Jobs angewiesen sind und jetzt höhere Kosten und Verwaltungsaufwendungen haben. Die Zeche zahlen außerdem diejenigen, die sich etwas dazu verdienen wollen, da sie jetzt weniger im Geldbeutel haben. Ich plädiere für unbürokratische 630-Euro-Jobs mit pauschaler Besteuerung; auch als Anstoß für die Entwicklung eines echten Niedriglohnsektors.

Der grün/rote Horrorkatalog für den deutschen Mittelstand ist lang. Dazu gehören die steuerpolitischen Verschlechterungen für kleine und mittlere Unternehmen aus den Zeiten des Finanzministers Lafontaine, wie die Modifizierung der Teilwertabschreibung, die Begrenzung der Verlustverrechnung zwischen den Einkunftsarten oder die Begrenzung des Verlustrücktrages auf ein Jahr. Damit ist die ohnehin dünne Kapitaldecke kleiner und mittlerer Unternehmen weiter verschlechtert worden. Der F.D.P. ist es immerhin gelungen, bei den Verhandlungen über die Steuerreform mit der Streichung der Steuerermäßigung für Veräußerungsgewinne eine der größten Ungerechtigkeiten der Lafontaineschen Steuerpolitik rückgängig zu machen. Auch hilft die Tarifabsenkung für alle Steuerzahler mit einem Spitzensteuersatz von 42 Prozent den mittelständischen Personengesellschaften. Dennoch bleibt nach der Steuerreform eine Schieflage zu Lasten des Mittelstands, die es mit der Verwirklichung einer Steuerreform II bald möglichst zu beseitigen gilt. Gerade im Interesse des Mittelstands brauchen wir nämlich ein klareres, einfacheres und gerechteres Steuersystem. Das Angebot der F.D.P. lautet: Ein international üblicher Stufentarif mit den Sätzen 15, 25 und 35 Prozent bei weitgehender Streichung aller steuerlichen Ausnahmetatbestände.

Auch die Ökosteuer belastet nicht nur das mittelständische Transportgewerbe oder kleine Taxiunternehmen. Auch das Handwerk und die vielen mittelständischen Dienstleister profitieren nicht von den Ausnahmen für energieintensive Industrien. Die Ökosteuer trifft den deutschen Mittelstand mit voller Wucht.
Das gilt auch deshalb, weil die versprochenen Senkungen der Rentenversicherungsbeiträge längst nicht die Zusatzbelastungen durch die Steuer aufwiegen können. Nach wie vor droht allen Beschwichtigungen zum Trotz noch zusätzlich eine Erbschaftsteuererhöhung, die vor allem kleine Familienbetriebe treffen würde, die Betriebsnachfolge behindert sowie Existenzen und Arbeitsplätze gefährdet. Deshalb müssen wir alles tun, damit dieser Plan einiger sozialdemokratischer Ministerpräsidenten nicht Gesetz wird. So wie Schröder

Technisch gut gerüstet ist der Mittelstand, aber er leidet außerordentlich stark unter Bürokratie- und Steuerlasten.

The medium-sized business sector is technically well-equipped but suffers unduly from bureaucracy and the tax burden.

tickt, ist der Plan noch lange nicht vom Tisch, sondern wird nach den Bundestagswahlen wieder herausgeholt, damit sich der Kanzler bei Gewerkschaften und anderen Umverteilern für die Wahlkampfhilfe bedanken kann. Aufgabe der SPD-Linken und Schleswig-Holsteins ist es jetzt, das Erbschaftsteuerthema für Schröder bis nach der Wahl im Stillen zu pflegen.
Zudem raubt die Bundesregierung den Unternehmen mit ihren arbeitsmarktpolitischen Maßnahmen die Luft zum Atmen. Die Zwangsteilzeit oder die Beschränkung befristeter Arbeitsverhältnisse trifft insbesondere den Mittelstand. Hinzu kommt die Verschärfung der Mitbestimmung, die vor allem darauf abzielt, den Gewerkschaften einen Machtzuwachs in kleinen und mittleren Unternehmen zu sichern. Denn das Riester-Gesetz verkennt die Wirklichkeit, wirkt notwendigen Flexibilisierungen entgegen und gefährdet damit Arbeitsplätze bzw. verhindert die Entstehung neuer Jobs. Gerade die vielen kleinen und mittleren Unternehmen der New Economy sind der gewerkschaftshörigen Regierungskoalition offensichtlich nicht geheuer. Riester und Co. weigern sich zu sehen, dass Mitbestimmung auch anders funktionieren kann als über Betiebsratsfunktionäre. Dass zwischengeschaltete Betriebsräte den direkten Kontakt und die direkte Kommunikation möglicherweise behindern, will Riester nicht sehen und unabhängige, nicht von Gewerkschaftszentralen gesteuerte Betriebsräte sind Riester ein Dorn im Auge. Denn die könnten betriebliche Belange über gesellschaftspolitische Ideologien der Funktionäre stellen.

Der Mittelstand ist kein Herzensanliegen dieser Regierung. Das wird auch deutlich, wenn man sich anschaut, wer für den Mittelstand zuständig ist. Der Bundeswirtschaftsminister ist längst zum „Monopol-Minister" mutiert. Er kümmert sich am liebsten um ehemalige Staatsmonopolisten. Da bleibt für Mittelstandsinteressen kein Spielraum mehr. Und wenn Werner Müller sich einmal selbst zum tapferen Vorkämpfer für den deutschen Mittelstand ernennt, ist das Ergebnis ernüchternd. Sein 26-Punkte-Katalog gegen die Verschärfung der Mitbestimmung war ein Papiertiger. Lediglich in 11 Punkten konnte Müller marginale Veränderungen erzielen. Das ist kein Grund, das Thema wieder zu den Akten zu legen, Herr „Monopol-Minister". Immerhin ist die Regierung nach zwei Jahren auf die Idee gekommen, eine Mittelstandsbeauftragte zu berufen. Die grüne Staatssekretärin Wolf hat zunächst alle Grausamkeiten gegen den Mittelstand mitgetragen und muss jetzt – wenn sie ihre Aufgabe ernst nimmt – die Scherben ihrer eigenen Politik aufkehren. Davon ist bislang jedoch nichts zu spüren. Im Gegenteil: Frau Wolf wird immer mehr zur Alibiveranstaltung für einen Mittelstand, den die Regierung längst abgeschrieben hat. Beruhigungsreden bei Handelskammer-Versammlungen ersetzen eben keine konsequente Politik für den Mittelstand.

Die Brandbriefe der Verbände gegen die mittelstandsfeindliche Politik sind nicht nur logisch, sondern auch ein notwendiger Hilfeschrei gegen eine systematische Ausgrenzung des Mittelstands bei politischen Entscheidungen. Die vom Bundeskanzler inszenierte Mediendemokratie hat offensichtlich keinen Platz für diejenigen, die das Fundament unserer erfolgreichen wirtschaftlichen Entwicklung schaffen. Diejenigen, die in Deutschland still und unspektakulär Arbeitsplätze schaffen, bleiben auch beim Bündnis für Arbeit vor der Tür. Das Bündnis für Arbeit dient nur der Selbstbeweihräucherung

Even the new regulations on 352 Euro jobs and the law on the restriction on so-called ostensible self-employed people hit the medium-sized business sector where it hurts. Compulsory social insurance for those employed part-time has emerged as a bureaucratic monster. Small cafés and restaurants, the trades and the retail trade are complaining about higher costs and fewer staff that can be employed on a more flexible basis.

For the Federal Government to celebrate the new regulations as a victory because there are still 3.7 million part-time jobs is cynical. The only thing that these figures prove is the gigantic need for flexibility on the German labour market. Many employers, and apparently many employees as well, cannot do without these jobs. The government's aim was to dry out these jobs and change them into new full-time positions. In Red-Green has failed. Medium-sized businesses are the ones that will have to pay for this wrongly-applied policy, as they are the ones that depend on these so-called mini-jobs and who will now have higher administration costs. Those people that want part-time employment will also have to pay for this policy because they will now end up with less take-home pay. I am pleading for unbureaucratic part-time employment with fixed-sum taxation, as this would act as an incentive for the development of a genuine low-wage sector.

The Red-Green Catalogue of Horrors for the medium-sized business sector in Germany is a long one. It includes tax disadvantages for the small and medium-sized business sector from the era of the former Minister Finance Oscar Lafontaine, such as the modification of partial business write-offs, the limitation of the loss accounts between types of income or the limitation of the loss reserves to one year. This worsens even further the capital coverage which is little enough anyway. The F.D.P. has succeeded in the negotiations on tax reform in reinstating the tax reduction for profits from sales, one of the greatest injustices of Lafontaine's tax policies. The lowering of general tax rates for all taxpayers with a top tax rate of 42 % for medium-size unincorporated partnerships also helps. But the situation after the tax reform still remains to the disadvantage of the medium-sized sector which must be corrected by a Tax Reform II as soon as possible. It is precisely in the interest of the medium-sized business sector that we need a clearer, simpler and more just tax system. The F.D.P.'s offer is: a progressive tax rate with steps of 15, 25 and 35 % in keeping with international practice and an extensive abolition of all tax deductions.

Even the Eco-Tax is a burden not only to the medium transport industry and small taxi companies. Even the trades and the many medium-sized service companies do not profit from the exceptions for energy-intensive industries. The Eco-Tax has hit the Germany's medium-sized business sector like a hurricane. This is true also because the additional tax burden do not come anywhere near compensating for the promised reductions in retirement insurance contributions. In spite of all attempts to allay fears, we are still threatened by an increase in inheritance tax, which would affect small families firms especially, hinders company successions, and endangers jobs and existences. This is why we must do everything possible to make sure that this plan, suggested by several SDP Ministers, does not become law. The way Chancellor Schröder is thinking, the plan is a long way from being over; on the contrary, it will be revived immediately after the Bundestag elections in September 2002 so that he can show his gratitude to the unions and other "re-distributors" for their assistance in the election campaign.

It is now the task of the left wing of the SPD and the SPD in Schleswig-Holstein to quietly tend the matter of the inheritance tax for Schöder until after the election. In addition, the government is robbing the commercial sector of the air to breathe with its employment market policies. Compulsory part-time work or limiting temporary employment contracts is affecting the medium-sized business sector especially. As well, the intensifying/sharpening of worker participation, specially designed to ensure more power for unions in small and medium-sized companies.

The Riester law has got it wrong – it is countering the necessary flexibility, endangering jobs and preventing the creation of new jobs. It is precisely the many small and medium-sized companies of the New Economy that the union-friendly government coalition obviously finds suspicious. Riester and Co refuse to understand that worker-participation can work in other ways than through works council officials. Riester refuses to understand that works council officials can hinder direct contact and direct communication, and independent works councils not controlled by unions are a thorn in Riester's side, because they could von Gewerkschaftsfunktionären und Verbandsvertretern der Großindustrie. Kleine und mittlere Unternehmen interessieren die Bundesregierung nicht. Statt dessen werden Großkonzerne hofiert – die nächste Bundestagswahl rückt eben näher – und die Gewerkschaften mit wirtschaftsfeindlichen Zugeständnissen mobilisiert. Im Interesse des Mittelstands wäre es, das „Bündnis für Funktionäre“ aufzulösen.

Klar ist: Der Mittelstand in Deutschland braucht keine Almosen. Er braucht nur vernünftige Rahmenbedingungen. Dann kann er seine Leistungsfähigkeit zugunsten der gesamten Wirtschaft und Gesellschaft voll entfalten. Deshalb müssen die Fußangeln für die rd. 3,3 Millionen kleinen und mittleren Unternehmen in Deutschland endlich gelöst werden. Was wir brauchen, ist wirksamer Wettbewerb, was wir brauchen, ist Entbürokratisierung und vor allem mehr Liberalisierung.

Wir brauchen eine Steuerreform II, die die Schieflage zu Lasten des Mittelstands beseitigt und echte Steuervereinfachungen auf den Weg bringt. Die liberale Forderung nach einem klaren, einfachen und gerechten Drei-Stufen-Tarif mit den Sätzen 15, 25 und 35 Prozent bleibt auf der Tagesordnung.

Wir brauchen die Senkung der Lohnnebenkosten. Deshalb ist die F.D.P. für ein strenges Versicherungsprinzip in der Arbeitslosenversicherung. Ineffiziente Arbeitsbeschaffungsmaßnahmen müssen zurückgeführt und dürfen nicht mehr von den Beitragszahlern finanziert werden. Durch Ausgliederung der versicherungsfremden Leistungen aus der Arbeitslosenversicherung können bis zu 13 Mrd. Euro gespart werden. Das entspricht einer Beitragssatzsenkung von bis zu zwei Prozent. Wir brauchen Reformen auf dem Arbeitsmarkt und im Arbeitsrecht. Das Tarifvertragsrecht muss endlich der Wirklichkeit angepasst werden. Es darf kein Machtbollwerk für Funktionäre bleiben, sondern es muss den Interessen der Betriebe und Mitarbeiter vor Ort endlich Rechnung tragen. Dazu sind gesetzliche Öffnungsklauseln ebenso notwendig wie die Erweiterung des Günstigkeitsprinzips in Richtung Beschäftigungssicherung sowie eine Abschaffung der Allgemeinverbindlichkeitserklärung von Tarifverträgen. Ebenso ist eine wirklichkeitsorientierte Reform des Betriebsverfassungsgesetzes erforderlich. So müssen Schwellenwerte erhöht werden, damit Mitbestimmung nicht zu ausufernden Kostenbelastungen im Mittelstand führt.

Der Mittelstand muss zielgerichtet von Bürokratielasten befreit werden. Studien haben belegt: Von den rund 60 Milliarden Mark jährlicher Belastung schultert 96 Prozent der Mittelstand. Deshalb muss die Bundesregierung konkrete Maßnahmen ergreifen. Dazu gehören längere Erhebungsfristen beim Steuereinzug und großzügigere Abschneidegrenzen bei der amtlichen Statistik. Das entlastet den Mittelstand zielgerichtet.
Darüber hinaus sind die monatlichen Umsatzsteuer-Voranmeldungen abzuschaffen. Die F.D.P.-Bundestagsfraktion hat hierzu eine Gesetzesinitiative ergriffen. Danach wollen wir im Umsatzsteuerrecht die generelle dreimonatige Vorauszahlung durchsetzen. So ist es in anderen europäischen Ländern, wie Österreich, Großbritannien oder Dänemark längst üblich. Und das spart jährlich 12 Millionen Voranmeldeformulare und entlastet Unternehmen wie Finanzverwaltung gleichermaßen.

Schließlich ist eine einheitliche und behördenübergreifende Verdienstbescheinigung zu entwickeln. Derzeit existiert ein Nebeneinander von weit über 20 unterschiedlichen Verdienstbescheini gungen für über 60 Anforderungsgründe. Künftig sollte außerdem jede Neuregelung, die zu einer Verlagerung von Verwaltungsarbeiten auf Unternehmen führt, mit einer Vergütungsverpflichtung für den Staat gekoppelt werden.

Die F.D.P. hat in ihrem Aktionsprogramm für den deutschen Mittelstand diese und weitere konkrete Vorschläge für den Mittelstand erarbeitet. Der Mittelstand braucht politische Unterstützung jenseits der Sonntagsreden. Taten statt Worte sind überfällig. Sonst leiden nicht nur Wachstum und Beschäftigung in diesem Land, sondern es wird auch ein zentraler gesellschaftlicher Stützpfeiler beschädigt.
Das hat der Mittelstand nicht verdient. ■

Vor allem Frauen sind von der Neuregelung der 325-Euro-Jobs betroffen.

Women are especially affected by the new 325-Euro job regulations.

place the interests of the company over the social ideologies of the union functionaries.

This government is not really interested in the medium-sized business sector. This becomes also obvious when one sees who is responsible for this sector. The Federal Minister of Commerce mutated to a "Minister of Monopolies" long ago. He prefers to look after former state monopolies. There is no longer any room for the interests of the medium-sized business sector. And if Werner Müller pretends to be a brave protagonist of the interests of the medium-sized business sector the result is sobering. His 26-point catalogue against the increase in worker participation was a paper tiger. Müller could only achieve marginal changes in 11 points. That is no reason to shelve the matter, Mr Minister of Monopolies. Admittedly it did occur to the government after two years to appoint a Commissioner for the Medium Business Sector. The Green Secretary of State Wolf initially put up with all the indignities carried out against the sector and, if she takes her job seriously, will now have to sweep up the remains of her own policies. But so far there has been no evidence of this happening. On the contrary: Ms Wolf is becoming more and more of an alibi for a medium-sized business sector that the government wrote off long ago. Soothing speeches at Chamber of Industry and Commerce meetings are no substitute for consistent policies for the medium-sized business sector.

The urgent letters from industry associations against policies hostile to the medium-sized business sector are not only logical, they are also a necessary cry for help against its systematic shutting-out from political decisions. The media democracy set up by the Chancellor obviously has no place for those that are creating our successful economic development. Those that are quietly and unspectacularly creating jobs in Germany are also excluded from the Alliance for Employment. The Alliance for Employment is used not only by the union officials and representatives of big industry to pat themselves on the back. Small and medium-sized companies do not interest the government. Instead, it courts the big companies, the next election is getting nearer and nearer and the unions are mobilised with concessions hostile to the economy. It would be in the interests of the medium-sized business sector to dissolve the Alliance for Employment.

One thing is certain. The medium-sized business sector does not need charity. It only needs a sensible framework to work in. Then it can let its abilities run free. For this reason the chains must finally be removed from the some 3.3 million small and medium-sized companies in Germany. What we need is "de-bureaucratisation" and certainly more liberalisation. We need a Tax Reform II that will correct the disadvantages of the medium-sized business sector and brings genuine tax reforms. The liberal reform into a clear, simple, three-stage tax table with rates of 15 %, 25 % and 35 % remains on the agenda.

Associated wage costs need to be reduced. This is why the F.D.P. is in favour of a strict principle of insurance in the Unemployment Insurance. Inefficient work-creation schemes must be stopped and must no longer be financed by those contributing to Unemployment Insurance. By getting rid of those charges financed by but unrelated to Unemployment Insurance, we can save up to 13 thousand million Euro. This corresponds to a reduction in contributions of up to two per cent. We need reforms on the employment market and in employment law. The Wage Agreement Law must finally be amended to reflect reality. It must not become a bulwark of power for functionaries. Rather, it must serve the interests of companies and employees at the workplace. This will require legal exceptions as much as the extension of the principle of favourability for ensuring employment as well as the abolition of the general applicability declaration of wage agreements. A reform of the Works Council Constitution Law that is related to reality is equally necessary. Threshold levels for industrial action must be increased so that worker participation does not lead to a cost-explosion in the medium-sized business sector.

The medium-sized business sector must be freed from the burden of bureaucracy. Studies have shown that of the approximately 60 thousand million Euro of the annual financial burden, 96 % is shouldered by the medium-sized business sector. This is why the Federal Government must use concrete measures, including time limits for tax collection and more generous cut-off limits in official statistics. This would lessen the load on the medium-sized business sector directly. Additionally, the monthly VAT returns must be abolished. The F.D.P. parliamentary party has drafted a bill to this effect in which we want to introduce general three-monthly VAT advance payments. This has long been customary in other European countries such as Austria, the United Kingdom and Denmark. And it saves 12 million return forms and takes a load off companies and Inland Revenue Offices alike.

Finally, a standardised remuneration certificate accepted by all government offices must be introduced. Currently there exist more than 20 different remuneration certificates for over 60 purposes. In future every new regulation leading to a transfer of administrative work from the authorities to the private sector must be coupled with a guarantee of payment by the State.

The F.D.P. has formulated this and other concrete proposals for the medium-sized business sector in Germany. The medium-sized business sector needs political support beyond Sunday speeches. Action, not words is long overdue. Otherwise not only growth and employment in this land will suffer, a central pillar of our economy will be damaged. The medium-sized business sector does not deserve that. ■

Kunststoffverarbeitung auf Hightech-Niveau

High-Tech Plastic Processing

Jokey Plastik GmbH

Geschäftsführer/Manager:
Herbert Kemmerich, Werner Kemmerich, Egon Kemmerich

Gründungsjahr/Year of Foundation: 1968

Mitarbeiter/Employees: 1.050

Umsatz/Turnover 2001:
195 Mio. € (in der Gruppe)
€ 195 M. (in the Group)

Geschäftstätigkeit/Business Activity:
Kunststoffverarbeitung und -veredelung
Plastic processing and finishing

Produkte/Products:
Verpackungen für abfüllende Industrie, Technische Kunststoffteile, Badeinrichtungen
Packaging for the filling industry, technical plastic components, bathroom furnishings

Anschrift/Address:
August-Mittelsten-Scheid-Straße 23
D-51688 Wipperfürth
Telefon +49 (2267) 685-0
Telefax +49 (2267) 685-133
E-Mail info@jokey.com
Internet www.jokey.com

Europäischer Marktführer sieht Kundenorientierung als Basis für Innovation

Der Weg zur europäischen Marktführerschaft in der Kunststoffverarbeitung und -veredelung lässt sich bei Jokey gut verfolgen. Das Unternehmen gilt als Kapazität auf diesen Gebieten. Das Fertigungsspektrum reicht von Hightech-Verpackungen im funktionellen und modernen Design über präzise technische Kunststoffteile für die Automobil- und Computerindustrie bis hin zu innovativen und ästhetischen Badeinrichtungen. Der Schwerpunkt der Produktpalette liegt jedoch bei den Verpackungstechniken für die gesamte abfüllende Industrie.

1968 gegründet, wächst Jokey in 30 Jahren zu einer modernen, inhabergeführten Unternehmensgruppe mit über 1.000 Mitarbeitern, 9 Produktionsstandorten und mehr als 280 Spritzgießautomaten. Dabei spielt der Umweltschutz eine wichtige Rolle: Seit Gründung des Unternehmens werden die anfallenden Kunststoffabfälle mittels eines internen Recyclings zu 100 % wiedergewonnen. Zeitgemäß strukturiert und global agierend ist Jokey doch stets ein Familienbetrieb geblieben. Genau diese Balance zwischen Tradition und Innovation, kombiniert mit Offenheit und Kundennähe, versetzt das Unternehmen in die Lage, seine Kunden erfolgreich zu begleiten.

Nur durch beständigen Kundenkontakt, durch Zuhören und Flexibilität kann Jokey Produkte von ausgezeichneter Qualität liefern, Produktionsprozesse und Service weiterentwickeln und so auf Anforderungen dynamisch reagieren. Dass dieser Weg richtig ist, beweist die Auszeichnung „Europe's Top 500", die Jokey 2001 bereits zum zweiten Mal als eines der 500 erfolgreichsten europäischen Unternehmen erhält. ■

Verpackungen – der Schwerpunkt der Produktpalette.
Packaging – our main product.

Unser Hauptsitz in der Nähe von Köln.
Our head office not far from Cologne.

A European Market Leader Sees Customer Orientation as the Basis for Innovation

It is easy to trace Jokey's route to the European top of the plastic processing and finishing sector. The company is regarded as an authority in these fields. Its product range reaches from high-tech packaging in a functional and modern design, precise technical plastic components, which are used in the automobile and computer industries up to innovative and aesthetic bathroom furnishings. However, the main emphasis of the product range is on the packaging techniques for the whole filling industry.

Founded in 1968, Jokey has developed within 30 years into a modern, owner-run group of companies with more than 1,000 personnel, 9 production locations and more than 280 injection moulding machines. Environmental protection here is an all important issue at Jokey: Since the foundation of the company, plastic waste has always been recycled and reclaimed by 100 %. Structured in keeping with the times and globally active, Jokey has always remained a family-owned business. It is precisely this balance between tradition and innovation, combined with openness and customer orientation that enables the company to work successfully in partnership with customers.

Only thanks to constant customer contact, paying attention to their wishes and flexibility, Jokey can supply high-quality products and continue to develop the production processes and the service sector and thus be able to react dynamically to customer requests. The award "Europe's Top 500", which Jokey received for the second time in 2001 as one of the 500 most successful European companies, shows that this is the correct way. ■

Zukunftsorientierte Fertigungstechnologien

Manufacturing Technologies for the Future

Der Firmensitz in Krefeld.

Company headquarters in Krefeld.

Unter dem Motto „Ein breites Spektrum zukunftsorientierter Fertigungstechnologien für Europa" hat die Firma TOYODA in Krefeld ein Technologiezentrum für EUROPA eröffnet. Von diesem Standort aus werden die Vertriebs- und Kundendienstaktivitäten für die in Europa angebotenen Maschinen- und Systemlösungen koordiniert und gesteuert.

Dabei handelt es sich um hochmoderne Bearbeitungszentren und in einigen europäischen Ländern um CNC-Schleifmaschinen für die Automobilindustrie und deren Zulieferer. Neben den Standardmaschinen werden so genannte Turn-Key Projekte angeboten, d. h. Komplettlösungen vor dem Hintergrund jahrzehntelanger Erfahrung aus der Automobilfertigung im eigenen Hause (Toyota Motor Corp.).

Zusätzliche Niederlassungen in England und Frankreich sowie ein Netz von Vertretungen in nahezu allen europäischen Ländern unterstützen diese neue Offensive von TOYODA in Europa. ■

The TOYODA company has opened a technology centre in Krefeld after the motto "a wide range of future-oriented manufacturing technologies for Europe". This is where the company will coordinate and control the sales and customer service activities for its machinery and systems solutions.

These are highly modern manufacturing centres and, in some European countries, it sells CNC grinding machines for the automotive industry and its suppliers. Besides standard machines it arranges so-called "turnkey" projects, i. e. complete solutions based on years of experience in its own car manufacturing company (the Toyota Motor Corp.).

Additional branches in England and France as well as a network of agencies in almost all European countries provide support for this new offensive of TOYODA in Europe. ■

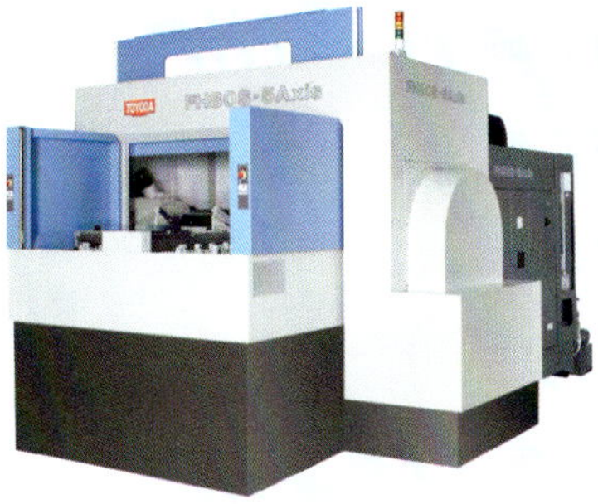

Horizontale Bearbeitungszentren unterschiedlicher Leistungsklassen.

Horizontal processing centres for cars with various engine-sizes.

Toyoda Machinery & Engineering GmbH

Geschäftsführer/Manager:
Jürgen Schlichter

Gründungsjahr/Founded in:
Muttergesellschaft:
Toyoda Machine Works Ltd.1941 in Japan
Toyoda Machinery & Engineering GmbH
2000 in Krefeld
Parent company:
Toyoda Machine Works Ltd 1941, Japan
Toyoda Machinery & Engineering Ltd
2000 in Krefeld

Mitarbeiter/Employees:
Muttergesellschaft: 4.325
Krefeld: 40
Parent company: 4,325
Krefeld: 40

Geschäftstätigkeit/Business Activity:
Import, Export und Vertrieb von Werkzeugmaschinen sowie Technologieberatung und Kundendienst. Ferner der Import, Export, Vertrieb und Service von Teilen und Zubehör für die Automobilindustrie
Import & export of tool machines, technology consulting and customer service. Also: import, export sale and service of parts and accessories for the automotive industry

Anschrift/Address:
Bischofstraße 118
D-47809 Krefeld
Telefon +49 (2151) 51 88 300
Telefax +49 (2151) 51 88 333
E-Mail info@toyoda.de
Internet www.toyoda.de

Personalwirtschaft im globalen Wettbewerb – Überlegungen zur Zukunft

Personnel Matters in Global Competition – some Thoughts for the Future

Die Arbeitswelt verändert sich laufend. Dieser Strukturwandel ist kein neues Phänomen, sondern zieht sich wie ein roter Faden durch die Wirtschaftsgeschichte.

Der Strukturwandel hat sich beschleunigt

Schon immer war der Erfindungsreichtum des Menschen der Motor des technischen Fortschritts und damit einhergehend der Spezialisierung. Die Zunahme des internationalen Handels tut ein übriges. Der Handel erschließt neue und größere Absatzmärkte. Die Konkurrenzsituation zwingt von jeher die Unternehmen, ihren Wettbewerbsvorteil da zu suchen, was sie am besten können. Neu ist nicht die Globalisierung, neu ist das Tempo, mit dem der technische Fortschritt die Wirtschaft verändert.

„Globalisierung beginnt zu Hause!" sagt ein englisches Sprichwort. Es wird als eine Aufforderung an die Politik verstanden, den eigenen Wirtschaftsstandort durch günstige Rahmenbedingungen im internationalen Wettbewerb zu stärken.

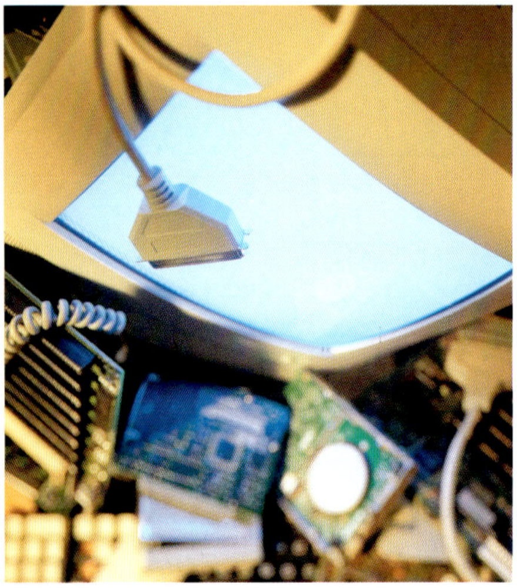

Seit der Erfindung der modernen Mikroelektronik im Jahr 1956 entwickelte sich die Leistungsfähigkeit der Computertechnologie mit einer Dynamik, die bisher von keiner anderen Schlüsseltechnologie erreicht wurde.

Since the invention of modern micro-electronics in 1956, the performance of computer technology has developed with a speed achieved by no other key technology since.

„Globalisierung beginnt zu Hause" macht aber auch deutlich: Die wachsende Internationalität trifft zunehmend auch inländische Arbeitskräfte. Internationale Verflechtungen bringen Kunden- und Lieferantenbeziehungen aus verschiedenen Ländern, aber auch national geprägte Unternehmenskulturen zusammen. Über das Internet konkurrieren und kooperieren Arbeitnehmer rund um den Globus. Darüber hinaus zeigt sich auch eine Tendenz weg vom klassischen Export und hin zu einer absatzmarktnahen, globalen, dezentralisierten Produktion.

„Globalisierung beginnt zu Hause" wendet sich daher auch an jeden Einzelnen mit der Forderung, sich die sozialen und fachlichen Kompetenzen anzueignen, die es ihm ermöglichen, schnell auf Veränderungen zu reagieren.

Demografische Entwicklung

Seit Anfang der 70er-Jahre sinkt der Anteil jüngerer Jahrgänge an der Bevölkerung infolge der Geburtenrückgänge und einer im Laufe des letzten Jahrhunderts um etwa 30 Jahre gestiegenen Lebenserwartung. Diese Alterung führt zu quantitativen und qualitativen Veränderungen im Arbeitsangebot. So wird in Deutschland bis 2010 die Zahl der Erwerbsfähigen aus demografischen Gründen zwischen 100.000 und 250.000, bis 2020 um bis zu 600.000 jährlich sinken. Noch ist von einem demografischen Rückgang des Erwerbspersonenpotenzials allerdings nichts zu verspüren, da er beispielsweise durch eine stärkere Erwerbsbeteiligung der Frauen mehr als aufgefangen wird.

Ab 2015 kann auch eine weitere Erhöhung der Erwerbsbeteiligung den beschleunigten Rückgang des Erwerbspersonenpotenzials kaum noch dämpfen. Ab dem Jahr 2020 schlägt der Rückgang der deutschen Bevölkerung voll auf das Erwerbspersonenpotenzial durch.

Die demografische Entlastung des Arbeitsmarktes begünstigt mittelfristig die Bekämpfung der Arbeitslosigkeit und die Wiedererlangung eines hohen Beschäftigungsstandes. Vollbeschäftigung wird sich jedoch nur bei einem nachhaltigen Wachstum und durch massive beschäftigungspolitische Anstrengungen der Tarifpartner und des Staates bis zum Ende des ersten Jahrzehnts erreichen lassen. Mit dem zunehmenden Abbau der

Florian Gerster

Der 1949 in Worms geborene Autor studierte Psychologie und Betriebswirtschaftslehre an der Universität Mannheim mit dem Abschluss als Diplom-Psychologe. Von 1981 bis 1991 war er als freiberuflicher Personalberater tätig. Mitglied des Landtages Rheinland-Pfalz war Gerster von 1977 bis 1987, anschließend für vier Jahre 1991 direkt gewähltes Mitglied des Deutschen Bundestages. Von 1991 bis 2002 war Florian Gerster Mitglied der Landesregierung von Rheinland-Pfalz, von 1991 bis 1994 als Minister für Bundesangelegenheiten und Europa, danach als Minister für Arbeit, Soziales, und Gesundheit. Seit 1996 ist er direkt gewähltes Mitglied des Landtages von Rheinland-Pfalz. Seit 1. April 2002 ist Florian Gerster Vorstandsvorsitzender der Bundesanstalt für Arbeit.

The author was born in Worms in 1949. He studied Psychology and Business Administration at Mannheim, graduating with a degree in Psychology. From 1981 to 1991 he worked as a freelance personnel consultant. Florian Gerster was a Member of the State Legislature of the Rhineland-Palatinate from 1977 to 1987, when he became a directly-voted Member of the German Bundestag for four years. From 1991 to 2002 Florian Gerster was a Member of the State Government in the Rhineland-Palatinate, when he was the State's Minister of Federal and European Affairs and then Minister of Labour, Social Welfare and Health. He has been a directly-voted Member of the State Legislature of the Rhineland-Palatinate since 1996. He was appointed the Chairman of the Management Board of the German Federal Employment Service on 1 April 2002.

Ausbildung ist die Eintrittskarte in ein erfolgreiches Berufsleben.

Job training is the entry ticket to a successful working life.

The world of work changes constantly. Structural change is not a new phenomenon; rather, it is a constant theme in economic history.

Structural change has accelerated

Human inventiveness has always been the motor of technical progress and hence specialisation. The increase in international trade is doing the rest. Trade is opening up new, larger markets. Since time immemorial competition has forced companies to look for their competitive advantage in doing what they do best. Globalisation is not new, only the speed at which technical progress is changing society.

To paraphrase an English proverb, "globalisation begins at home". It is taken to mean a call to governments to strengthen their own country as a place to do business by creating favourable conditions in international competition. But "globalisation begins at home" also makes clear that growing international connections also affects the local labour force. International connections bring together customers and suppliers from different countries and also various national corporate cultures. Employees compete via internet and cooperate all over the world. In addition, a tendency away from classical exporting to market-related, global, decentralised production. So "globalisation begins at home" is also directed at every individual, with the call to learn the social and technical skills that will enable people to react quickly to changes.

Demographic Development

Since the beginning of the 1970s the share of younger people is sinking as a result of the drop in the birth-rate and a 30-year longer life-expectancy which began in the 20th century. This ageing is leading to quantitative and qualitative changes in the availability of employment. For demographic reasons the number of employable people in Germany will drop to between 100,000 and 250,000 by 2010 and to 600,000 by 2020. This decrease in the population has still to be felt, however, as it is being compensated for by a greater number of women in the workforce.

From 2015 on, a further increase in the workforce may hardly dampen the accelerated decrease in the potential workforce. As from 2020 the decrease in the German population will have its full effect on the workforce. In the mid-term the demographic relief on the labour market will assist the battle against unemployment and efforts to achieve a high level of employment. Full employment will only be achieved by lasting economic growth and with massive efforts by all parties to wage negotiations and the State till the

Sekundäre Dienstleistungstätigkeiten wie Betreuen und Beraten werden an Bedeutung gewinnen.
Secondary services such as looking after people and advising them will become more important.

Arbeitslosigkeit wird der jetzt nur partiell bestehende erhöhte Fachkräftebedarf zu einem generellen Problem in Deutschland werden.

Inzwischen besteht in Deutschland Konsens darüber, dass mittel- bis längerfristig eine gezielte Zuwanderungspolitik notwendig sei. Aber der zweite Schritt darf nicht vor dem ersten getan werden. Vorrangig muss zunächst die Unterbeschäftigung durch Qualifizierung weiter abgebaut werden.

Hohe Priorität misst die Bundesanstalt für Arbeit der beruflichen Integration hier lebender Migranten zu, sei es bei der Arbeits- oder Berufsberatung, der Arbeitsvermittlung oder bei der Finanzierung beruflicher Aus- und Weiterbildung.

Herausforderungen für Beschäftigte

Die Erwerbspersonen werden zunehmend älter. Ihr Wissenserwerb und die Anpassung ihres Humanvermögens kann damit nicht mehr wie bisher von der Berufsausbildung allein erbracht werden. Ein das Berufsleben begleitendes Lernen ist in Zukunft Arbeitsalltag.

Schon heute ist für Menschen ohne abgeschlossene Berufsausbildung das Risiko deutlich höher, ihren Arbeitsplatz zu verlieren. Bei ihnen liegt die Arbeitslosenquote so hoch wie in keiner anderen Gruppe. Fast jeder dritte Arbeitslose hat keinen Berufsabschluss.

Die Qualifikation wird künftig zum entscheidenden Wettbewerbsfaktor. Auf den Punkt gebracht: Je niedriger die formale berufliche Qualifikation, desto schlechter die Position auf dem Arbeitsmarkt. Bei einer zunehmenden Zahl an Brüchen in der Erwerbsbiografie und häufigerem Wechsel zwischen Selbstständigkeit und abhängiger Beschäftigung wird die Bedeutung von allgemein anerkannten Zertifikaten sogar eher noch zunehmen.

Der Trend geht hin zu immer anspruchsvolleren Arbeitsplätzen. Dies liegt auch darin begründet, dass die komparativen Vorteile Deutschlands im globalen Wettbewerb gerade in jenen Branchen liegen, die ein hohes Qualifikationsniveau der Beschäftigten aufweisen.

Das Institut für Arbeitsmarkt- und Berufsforschung und die Prognos AG haben diesen Trend visionär in eine „Arbeitslandschaft 2010" projiziert. Dafür erfassten sie alle Tätigkeiten in einer Volkswirtschaft und bildeten drei Gruppen:

- Produktionstätigkeiten
  Maschinen einrichten und erstellen, Gewinnen/Herstellen von landwirtschaftlichen und industriellen Produkten, Reparieren
- Primäre Dienstleistungstätigkeiten
  Handelstätigkeiten, Bürotätigkeiten, allgemeine Dienste (Reinigen, Transportieren, Sichern)
- Sekundäre Dienstleistungstätigkeiten
  Forschung und Entwicklung, Organisation und Management, Betreuen/Beraten/Lehren

Die Projektion zeigt: Im Jahr 2010 werden wir auf dem Weg in die Dienstleistungsgesellschaft weit vorangeschritten sein. Die Beschäftigung wird in allen Produktionstätigkeiten stark und im primären Dienstleistungssektor leicht abnehmen. Zu den Beschäftigungsgewinnern gehören in der Zukunft eindeutig die sekundären Dienstleister. Es sind dies die hochqualifizierten Dienstleistungen wie Management, Controlling und Organisation.

In der „Arbeitslandschaft 2010" sind gerade hochqualifizierte Dienstleistungen gefragt. Im Jahr 2010 wird der Anteil der Hochschulqualifizierten von 5,7 % des Jahres 1970 auf 17 % gestiegen sein. 90 % der Erwerbstätigen werden eine Ausbildung brauchen, um überhaupt eine Arbeitschance zu erhalten.

Tabelle: Arbeitswelt 2010 - Projektion von IAB und prognos (Struktur der Erwerbstätigen nach Tätigkeiten in den alten Bundesländern)

	1995	2010	
Produktionstätigkeiten	30,7 %	24,0 %	↓↓
Primäre Dienstleistungen	43,0 %	44,4 %	=
Sekundäre Dienstleistungen	26,3 %	31,6 %	↑

Quelle: IAB Kurzbericht 10/1999

Tabelle: Verteilung der Beschäftigung - 1995 und Projektion für das Jahr 2010

	1995 (Ist-Zustand)	2010 (Projektion)
Ohne Berufsabschluss	16,7 %	11,4 %
Lehre	60,5 %	59,9 %
Fachschule	8,6 %	12,0 %
Fachhochschule	5,1 %	6,7 %
Hochschule	9,0 %	10,3 %

Quelle: IAB/Prognos 1999

Herausforderungen für Arbeitgeber

Die Bildungsexpansion der 70er- und 80er-Jahre hat den Weg in die Wissens- und Dienstleistungsgesellschaft entscheidend geebnet. Die Bevölkerung ist ausgesprochen gut beruflich qualifiziert. Bisher schien es die Regel zu sein, dass stets besser qualifizierte junge jeweils gleich viele weniger gut qualifizierte ältere Berufstätige ersetzten. Nun sind aber die verschiedenen Generationen quantitativ sehr unterschiedlich besetzt. Die geburtenstärkeren, derzeit noch aktiven und gut qualifizierten end of the first decade of the new millennium. With decreasing unemployment the currently greater partial shortage of specialist staff will become a general problem in Germany.

In the meantime there is consensus in Germany that, mid- to long-term, a targeted migration policy will be necessary. But the second step must not be started before the first. The priority must be to further reduce underemployment through qualification measures. The Federal Employment Service is giving high priority to integrating immigrants living in Germany into the workplace, be this through vocational counselling, finding them employment or by financing either a traineeship/apprenticeship or a retraining scheme for them.

Challenges for the Employed

Those people currently in the workforce are getting increasingly older. Their gaining of knowledge and the adjustment in their skills cannot – as previously – be completed by vocational training alone. In future a career accompanied by life-long learning will be the norm. Even today for people without job qualifications the risk of losing a job is distinctly higher. The unemployment rate for such people is the highest of all. Almost every third unemployed person has no job qualifications. Qualifications will become an important competitive factor. To put it simply: the lower the level of formal vocational qualifications, the worse the chances on the labour market. An increasing number of gaps in one's work history and a more frequent change between self-employment and status as an employee will tend rather to increase the significance of formal qualifications.

The trend is heading towards more and more demanding jobs. This is also due to the fact that Germany's comparative advantage in global competition lies in precisely those sectors where the employees are highly-qualified. The Institute of Labour Market and Vocational Research and the firm Prognos AG have projected these trends in the working world of 2010. They included all activities in an economy and formed three groups:

- Production: installing and building machines, the obtaining/producing of agricultural and industrial products, repairing;
- Primary services: trade, office jobs, general services (cleaning, transporting, securing);
- Secondary services: research and development, organisation and management, providing care/providing advice/teaching.

The projection shows that in 2010, we will be well on the way to the service economy. Employment will decrease sharply in the manufacturing sector and slightly in the service sector. The winners on the labour market will unquestionably be those in the secondary services sector – the highly-qualified services such as management, controlling and organisation.

In the labour market in 2010 it is the highly-qualified services that will be sought after. In 2010 the percentage of university graduates who graduated in 1970 will have risen to 17 %. Ninety per cent of those employed will need vocational qualifications in order to have any chance at all of finding a job.

Table: World of Work 2010 – Projection of IAB and prognos (Structure of employed persons according to activities in the old German Federal States)

	1995	2010	
Production activities	30,7 %	24,0 %	↓↓
Primary services	43,0 %	44,4 %	=
Secundary services	26,3 %	31,6 %	↑

Source: IAB Short Report 10/1999

Table: Distribution of Employment – 1995 and Projection for the Year 2010

	1995 (actuel situation)	2010 (Projection)
Without professional diploma	16,7 %	11,4 %
Apprenticeship	60,5 %	59,9 %
Polytechnic and Technical Science	8,6 %	12,0 %
Fachhochschule	5,1 %	6,7 %
University	9,0 %	10,3 %

Source: IAB/Prognos 1999

Challenges for Employers

The expansion in education in the 1970s and 1980s smoothed the way to the knowledge and services society. The population is extremely well-educated in terms of its vocational qualifications. Previously it seemed to be the rule that younger, better-qualified people always replaced many less well-educated, older people. But now the various generations are quantitatively very different. The still-active, well-qualified, middle-aged employees who were responsible for the baby boom are now approaching retirement age. Generous early retirement regulations are partly accelerating this process. The coming generation, with smaller families, will find it increasingly difficult in the mid- to long-term to fill the gaps left by those now retiring. The latest analyses of the whole education process indicates a stagnation in the expansion of the education system since the beginning of the 1990s. Larger numbers of school leavers with no qualifications confirm this trend.

We need to:

- educate as many people as possible as well as possible,
- get as many employees as possible interested in continuing education. Life-long learning must become an everyday reality,
- all employees must be retained as long as possible.

One comment. Those operating personnel planning are assuring their future. As well, a representative longitudinal study by the Institute of Labour Market and Vocational Research found that written personnel plans in former West Germany are only used for 40 % of employees in the manufacturing sector, 37 % of private service companies and 60 % of the public service.

The German Federal Employment Service's International Personnel Services

The German Federal Employment Service accepted the challenges of globalisation many years ago. The international personnel agency of the Service's Central Employment Office (ZAV) in Bonn started work back in 1954. Its range of tasks is wide. To put it briefly, qualified and management staff are found jobs abroad or jobs are found for foreign specialists in Germany. The ZAV profits from its long years of experience and close cooperation with foreign Employment Services and international organisations.

Jahrgänge mittleren Alters rücken immer näher an den Renteneintritt heran. Teilweise beschleunigen noch immer großzügige Vorruhestandsregelungen diesen Prozess. Den nachrückenden, geburtenschwächeren Jahrgängen wird es mittel- bis langfristig zunehmend schwer fallen, selbst bei bestmöglicher Qualifikation zahlenmäßig die Lücken der ausscheidenden Erwerbstätigen zu schließen.

Jüngste Auswertungen der Bildungsgesamtrechnung lassen jedoch auf eine Stagnation der Bildungsexpansion seit Beginn der 90er-Jahre schließen. Höhere Anteile an Ungelernten in den jüngeren Jahrgängen bestätigen diesen Trend.

Das Gebot der Stunde heißt:

- Ausbilden so viel wie möglich und ausbilden so gut wie möglich!
- Alle Mitarbeiterinnen und Mitarbeiter für den kontinuierlichen Fortbildungsprozess gewinnen! Das lebensbegleitende Lernen muss Alltagsrealität werden!
- Alle Mitarbeiterinnen und Mitarbeiter müssen so lange wie möglich im Erwerbsprozess gehalten werden.

Eine Anmerkung am Rande: Die Personalverantwortlichen betreiben im Rahmen der Personalplanung Zukunftssicherung in eigener Sache. Dazu ergab eine repräsentative Längsschnitterhebung des Institutes für Arbeitsmarkt- und Berufsforschung, dass in den alten Bundesländern schriftlich fixierte Personalbedarfspläne nur für 40 % der Beschäftigten des produzierenden Gewerbes, für ca. 37 % der Beschäftigten der privaten Dienstleister und 60 % des öffentlichen Dienstes eingesetzt werden.

Hauptstelle der Bundesanstalt für Arbeit in Nürnberg.
The Head Office of the German Federal Employment Service in Nuremberg.

Internationale Personaldienstleistungen der BA

Die Bundesanstalt für Arbeit hat die Herausforderungen der Globalisierung schon vor vielen Jahren aufgegriffen. Die internationale Personalagentur der Zentralstelle für Arbeitsvermittlung (ZAV) in Bonn hat ihre Arbeit bereits im Jahr 1954 aufgenommen. Das Aufgabenspektrum ist breit gefächert. Auf einen Nenner gebracht, werden Fach- und Führungskräfte in das Ausland sowie Arbeitnehmer aus dem Ausland nach Deutschland vermittelt. Die ZAV profitiert von ihrer langjährigen Erfahrung und der engen Zusammenarbeit mit ausländischen Arbeitsverwaltungen sowie internationalen Organisationen. Besonders erfolgreich ist die Zentralstelle für Arbeitsvermittlung bei der Platzierung von Fach- und Führungskräften auf dem Europäischen Markt. Sie ist an das EURES-System (EURopean Employment Services) der europäischen Arbeitsämter angeschlossen. Dieses System ermöglicht den europaweiten Zugriff auf Arbeitsstellen. EURES ist nicht nur ein virtuelles Netzwerk: Knotenpunkte sind 450 EURES-Berater, die im gesamten Gebiet des Europäischen Wirtschaftsraumes Arbeitnehmer unterstützen, die jenseits der Grenze arbeiten möchten, und Unternehmen beraten, die an Arbeitskräften aus dem Ausland interessiert sind.

Auslandserfahrung, Fremdsprachenkenntnisse, die Sensibilität für andere Kulturen und Mentalitäten, die Kenntnis von Ländern und Märkten sind Pluspunkte, mit denen sich Nachwuchskräfte gegenüber den Mitbewerbern um Arbeitsplätze positiv abheben können. Deshalb offeriert die internationale Personalagentur deutschen Nachwuchskräften, die im Ausland ihre Kenntnisse vertiefen möchten, verschiedene Vermittlungs- und Austauschprogramme. Die Palette der Programme ist vielfältig: Es werden drei- bis zwölfmonatige Auslandsaufenthalte etwa in der Jugendarbeit, der Gastronomie oder bei Wirtschaftsunternehmen angeboten.

Um Schülern, Auszubildenden und Studierenden beim Weg ins Ausland zu helfen, sind in 24 Arbeitsämtern zwischen Flensburg und Rosenheim, zwischen Rostock und Lörrach Europäische Berufsberatungszentren eingerichtet worden. Die Europäischen Berufsberatungszentren können spezielle Fragen zu Bildung, Ausbildung, Studium, Arbeiten und Leben klären und vermitteln den Kontakt zu ausländischen Arbeitsvermittlungen und Berufsberatungsdiensten. Die Bundesanstalt für Arbeit hat ihr europabezogenes Berufsberatungsangebot auch auf die Beitrittskandidaten zur EU ausgeweitet. Die Bundesanstalt für Arbeit trifft damit schon heute die Vorbereitungen für eine künftige Osterweiterung.

Dies zeigt: Auch als nationaler Dienstleister bietet die Bundesanstalt für Arbeit professionelle Information, Beratung und Vermittlung für eine Personalwirtschaft im globalen Wettbewerb.

Globalisierung beginnt zu Hause: Nutzen Sie die Angebote der Bundesanstalt für Arbeit! ■

Linked to the EURES System (EURopean Employment Services) of the European Employment Services, the ZAV is especially successful in placing qualified and management personnel on the European market. This system makes it possible to access vacant positions all over Europe by computer. But it is not only a virtual network - at the centre of the system are 450 placement staff who assist employees all over the European Economic Area wanting to work outside their own country and who advise companies interested in personnel from abroad.

Overseas experience, foreign language ability, sensitivity to other cultures and mentalities and the knowledge of other countries and markets are all plusses which make recruits stand out from other job applicants. This is the reason the International Personnel Agency offers German recruits various placement services and exchange programmes wanting to increase their knowledge overseas. It offers three to twelve-month overseas internships in youth work, the food and beverage industry or in companies, for example.

In order to assist school pupils, apprentices/trainees and university students to find their way abroad European Vocational Guidance Centres have been established in 24 Labour Exchanges between Flensburg and Rosenheim, between Rostock and Lörrach. These Centres can answer questions on education, apprenticeships/traineeships, working and living abroad and organise contacts to Employment Services and Vocational Guidance Centres abroad. The German Federal Employment Service has extended its European Vocational Guidance services to includes citizens of those countries which applied to join the European Union. The German Federal Employment Service is thus already preparating for the future expansion of the EU today.
This shows that even as a national service organisation the German Federal Employment Service can compete on a global basis in offering professional information, advice and job placement services. Globalisation begins at home. Use the services offered by the German Federal Employment Service. ■

50 plus – die können es!

The over-50s – they can do it!

Underwriters Laboratories Inc.®
Das Prinzip Sicherheit

Underwriters Laboratories Inc.®
The Symbol of Safety

Underwriters Laboratories Inc.® (UL) ist eine führende, unabhängige und nicht profitorientierte Organisation für Sicherheitsprüfungen und Zertifizierungen. Mit ca. 6.000 Mitarbeitern auf der ganzen Welt und einem weltweiten Netzwerk von angeschlossenen Büros haben wir seit mehr als einem Jahrhundert Produkte auf ihre Sicherheit für Jedermann hin überprüft. Allein im Jahr 2000 wurden weltweit über 17 Milliarden UL Prüfsiegel an neue Produkte vergeben.
UL – das Symbol für Sicherheit.

Seit unserer Gründung im Jahr 1894 genießen wir einen ausgezeichneten Ruf als führende Institution zur Sicherheitsprüfung und Zertifizierung von Produkten. UL - in den USA jedem ein Begriff - hat sich zu einer Organisation zur Prüfung von Normen entwickelt, die wie keine andere rund um den Globus anerkannt ist. Heute helfen wir mit unseren Diensten Unternehmen, weltweite Akzeptanz für ihre Produkte zu bekommen, schnellen Zugang zu den Weltmärkten zu erhalten und ihre Qualitätssysteme aufzubauen.

Wir setzen uns für den freien Handel von Gütern ein, für die Rechte von Verbrauchern sowie für Branchen, die Zugang zu Produkten mit größerer Sicherheit wollen. UL ist aktiv an der Entwicklung von globalen und regionalen Standards beteiligt und setzt sich außerdem für die Harmonisierung von Standards ein. In einigen Ländern wurde UL für die Entwicklung von Richtlinien sogar zum Vertreter von Regierungen ernannt. Ein Beweis für die Anerkennung, die unserer Erfahrung, unserer Unabhängigkeit und unserem Wissen um die Bedürfnisse der Industrie entgegen gebracht wird.

Zum Vorteil unserer Kunden haben wir ein Netz von UL Niederlassungen in Europa aufgebaut, das wir „UL-Europe" nennen. Am 1. September 1999 eröffneten wir unsere Niederlassung in Deutschland und das Europäische Headquarter. Denn nur „vor Ort" sind wir in der Lage, Ihre Bedürfnisse und Ihre örtlichen Gegebenheiten wirklich zu verstehen und individuelle Lösungen zu entwickeln. Wir arbeiten gemeinsam mit Ihnen daran, die Herausforderungen einer dynamischen und vielschichtigen weltweiten Qualitätssicherung zu meistern.

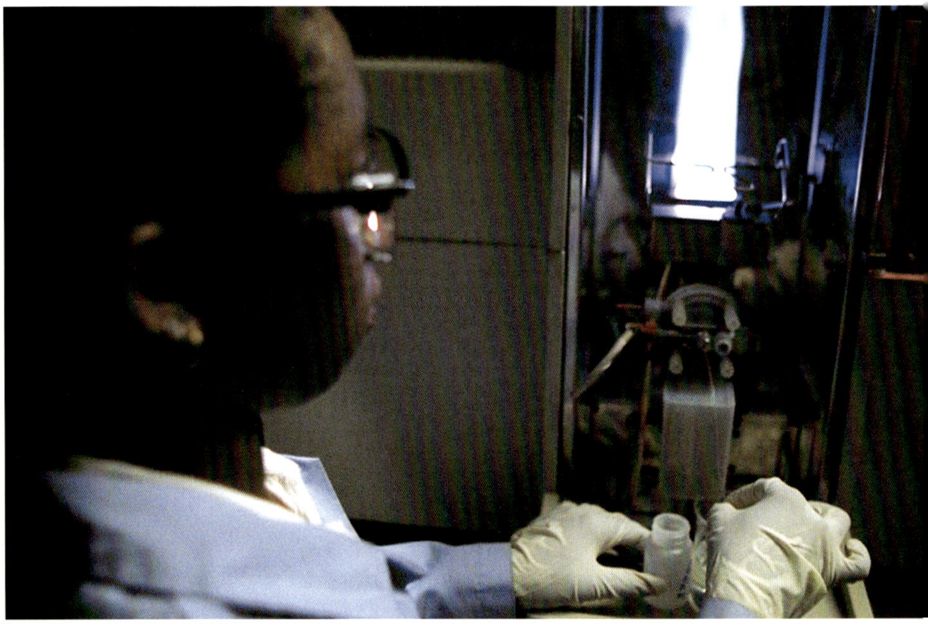

Kundenzufriedenheit und eine hohe Integrität in unseren Leistungen stehen ganz oben auf unserer eigenen Anforderungsliste. Diese Werte entstammen unseren multinationalen Wurzeln in den USA und Europa. Eine multikulturelle Herkunft, die unsere Arbeitsweise besonders engagiert, kundenorientiert und flexibel macht.

Wir sehen es als unsere Aufgabe an, die Entwicklung unserer Mitarbeiter zu fördern, unsere Kunden immer in den Mittelpunkt unserer Arbeit zu stellen und so eine der weltweit führenden Produktprüfungs- und Zertifizierungs-Organisationen zu bleiben. Durch die Kombination von Können, Erfahrung und einem Höchstmaß an Integrität sind wir richtungsweisend in unserer Branche.

Neben Europa hat UL Niederlassungen in den USA (Hauptsitz), Kanada, Mexiko, Argentinien, Brasilien, China, Hong Kong, Japan, Korea, Malaysia, Singapur, Taiwan, Thailand und Indien. ■

Firmengründer William Henry Merril.
Founder William Henry Merril.

Sitz der UL International Germany GmbH und der Europazentrale in Neu-Isenburg.
UL International Germany GmbH and European Headquarters in Neu-Isenburg.

Underwriters Laboratories Inc.® (UL) is a leading, independent, not-for-profit safety testing and certification organisation. With approx. 6,000 employees throughout the world and a global network of affiliate offices, we have tested products for public safety for more than a century. In 2000 alone more than 17 billion UL Marks were applied to new products worldwide.

For the benefit of our clients, we have invested in a network of UL affiliates in Europe – "UL Europe". On September 1st, 1999 we opened our affiliate in Germany incl. the European Headquarters. On a local and individual level, we are truly able to understand their needs and their local environment. We work with our clients to meet the challenges of a dynamic and complex global conformity assessment environment.

UL – The symbol of safety!

Since our foundation in 1894, we have gained an excellent reputation as a leader in product safety and certification. Building on our household name in the United States, UL is today one of the most recognised conformity assessment providers in the world. Today, our services assist companies in achieving global acceptance for their products and in setting up their quality processes.

We care that our clients gain not only fast market access but also acceptance among the vast number of retailers and buyers around the world with quality and safety on their list of criteria. We want our clients to experience that added value that the UL Mark on a product brings – the expedited market access and high acceptance.

UL works for the free movement of goods and for the right of consumers and businesses to have access to safer products. We are proactively involved in global and regional development of standards as well as the harmonisation of standards. In some countries, UL has been chosen to represent governments in standards development, in recognition of the value of our experience, independence and knowledge of industry's needs.

Our values are client satisfaction and integrity in what we do. These values are based on our multinational heritage in both the United States and Europe. We have diverse cultures, encouraging us to be responsive, client-focused and flexible.

It is our responsibility to nurture our staff and to keep our clients in focus, thereby remaining one of the world's foremost testing and certification organisations. By using our expertise, experience and high integrity, we lead the way.

Besides our local affiliates in Europe, UL has one or more affiliates in: United States (Corporate Headquarters), Canada, Mexico, Argentina, Brazil, China, Hong Kong, Japan, Korea, Malaysia, Singapore, Taiwan, Thailand and India. ■

UL ®

Working for a safer world

UL International Germany GmbH
Eine Niederlassung der
Underwriters Laboratories Inc.®
An Affiliate of Underwriters Laboratories Inc.®

General Manager/General Manager:
José M. León

Gründungsjahr von UL International Germany GmbH/
Year of Foundation of International Germany GmbH:
1999

Mitarbeiter Deutschland (+ Europa-Zentrale)/
Employees Germany
(+ European Headquarters):
57 (15)

Gründungsjahr von Underwriters Laboratories Inc./
Year of Foundation of Underwriters Laboratories Inc.:
1894

Mitarbeiter weltweit/Employees worldwide:
ca. 6.000/approx. 6,000

Umsatz weltweit/Turnover worldwide:
547 Mio. US $

Geschäftstätigkeit/Business Activity:
Prüfungen und Zertifizierungen
Testing and Certification

Anschrift/Address:
Frankfurter Straße 229
D-63263 Neu-Isenburg
Telefon +49 (6102) 369-0
Telefax +49 (6102) 369-280
E-Mail info.de@de.ul.com
Internet www.ul-europe.com

Im Zentrum steht der Verbraucher – die neue deutsche Agrarpolitik

In the Hub stands the Consumer – the new German Agricultural Policy

Gesundheitliche Unbedenklichkeit hat auch bei der Kartoffelproduktion höchste Priorität.
Risk-free and healthy procedures are of utmost priority also in potato production.

Renate Künast

Die Autorin, 1955 in Recklinghausen geboren, studierte Sozialarbeit an der Fachhochschule in Düsseldorf und arbeitete von 1977 bis 1979 als Sozialarbeiterin in der Justizvollzugsanstalt Berlin-Tegel, speziell mit Drogenabhängigen. Später studierte sie Jura und schloss das Studium 1985 mit dem zweiten Staatsexamen ab. Sie ist Rechtsanwältin.
Renate Künast war von Juni 2000 bis März 2001 Vorsitzende des Bundesvorstandes von Bündnis 90/Die Grünen. Sie ist seit dem 12. Januar 2001 Bundesministerin für Verbraucherschutz, Ernährung und Landwirtschaft.

The author, born 1955 in Recklinghausen, studied social work at the University of Applied Science of Düsseldorf and worked from 1977 until 1979 as social worker at the juvenile prison of Berlin-Tegel with drug abusers. Later, she studied law and graduated as a lawyer completing her second state examination in 1985. From June 2000 until March 2001, Renate Künast was Chairwoman of the Federal Board of the green political party Bündnis 90/Die Grünen. Since 12th January 2001, she has been federal minister of consumer protection, nutrition and agriculture.

Essen mit Freude genießen zu können – dies sollte eine Selbstverständlichkeit sein. Zur Zeit stehen jedoch bei vielen Verbraucherinnen und Verbrauchern die Ängste und Sorgen um die gesundheitliche Unbedenklichkeit unserer Nahrungsmittel im Vordergrund. BSE und andere Missstände bei der Produktion und beim Umgang mit Nahrungsmitteln haben das Vertrauen erschüttert. Um dieses verloren gegangene Verbrauchervertrauen zurückzugewinnen, richten wir die Agrar- und Verbraucherpolitik neu aus. Dabei hat die gesundheitliche Unbedenklichkeit der Nahrungsmittel für uns höchste Priorität.

Die Bundesregierung setzt mit ihrer neuen Agrar- und Verbraucherpolitik auf den vorsorgenden Verbraucherschutz und die Qualitätssicherung. Ziel ist es, den Bedürfnissen der Verbraucherinnen und Verbraucher nach gesunden, umwelt- und tiergerecht erzeugten Lebensmitteln stärker Rechnung zu tragen und den Grundsatz der Nachhaltigkeit in der Landwirtschaft zu verankern. „Vom Verbraucher her denken" ist zugleich eine Chance für die Land- und Ernährungswirtschaft. Eine Wirtschaftsweise, die in der Gesellschaft breite Akzeptanz findet, eine qualitätsorientierte gläserne Produktion, eröffnet den Unternehmen auf allen Stufen der Lebensmittelerzeugung neue wirtschaftliche Perspektiven.

Gemeinsam zum Ziel

Die von uns angestrebten Veränderungen können wir jedoch nur erreichen, wenn alle beteiligten Akteure daran mitwirken. Vorleistungsindustrie, Landwirtschaft, Be- und Verarbeiter von Lebensmitteln, der Lebensmittelhandel sowie qualitäts- und gesundheitsbewusste, eigenverantwortliche Verbraucher bilden zusammen mit der Politik das sogenannte Magische Sechseck der Agrarwende. Vom vertrauensvollen Miteinander der an diesem von uns eingeleiteten Diskussionsprozess Beteiligten hängt der Erfolg der neuen Agrar- und Ernährungspolitik ab. Die Neuorientierung ist, da sind wir realistisch, nicht von heute auf morgen zu realisieren. Sie ist vielmehr ein Prozess, den wir auf nationaler sowie auf EU- und internationaler Ebene in Gang gesetzt haben.

Ansatzpunkte für eine neue Politik

Vertrauen der Verbraucherinnen und Verbraucher in die Nahrungsmittel lässt sich nicht verordnen. Es kann nur durch konkretes Handeln im Sinne des vorsorgenden Verbraucherschutzes wieder zurück gewonnen werden. Wichtigste Kriterien sind dabei die Lebensmittelsicherheit und -qualität. Hierzu sind strenge Vorschriften darüber erforderlich, wie unsere Lebensmittel produziert, be- und verarbeitet werden dürfen und was ihnen in welcher Menge zugesetzt werden darf. Ferner bedarf es eines umfassenden, effizienten Überwachungs- und Kontrollsystems. Weitere wichtige Aspekte in diesem Zusammenhang sind Verbraucheraufklärung, Transparenz und verbraucherfreundliche Kennzeichnung.

Einkauf im Bio-Laden.

Shopping in a Bio Shop.

To find pleasure in enjoying food should be a natural thing. Currently however, with many consumers the fear and worry about risk-free and healthy food is prerogative. Mad cow's disease and other shortcomings in production and in the treatment of foodstuff have destroyed their confidence. In order to regain this lost consumer confidence we are presently providing a new structure to our agricultural and consumer policy.

The federal government counts with this new agriculture and consumer policy on preventive consumer protection and quality assurance. The aim is to take more account of the needs of consumers for foodstuff that is produced with healthier, more ecological and animal considering standards and to establish the principle of sustainability in agriculture. "To think in terms of the consumer" is also a chance for the agricultural and nutritional industry. A method of farming, that will find broad acceptance in society, a quality-oriented transparent production, opens up economic perspectives to companies at all levels of food stuff production.

Reaching the Goal together

We can only achieve the intended changes however, if all participating players become actively involved. The preparatory industry, agriculture, the processing industries of food stuff, the food stuff trade as well as quality and health conscious responsible consumers together with the political sector form the so-called "magic hexagon" of the agricultural reform. The success of the new agricultural and nutritional policy depends primarily on the trustworthy collaboration of all participants in this discussion process initiated by us. This new orientation, and in this we are being realistic, cannot be realised at once. It is rather a process that we have instigated on national as well as on European and international level.

Approaches for a new Policy

Consumer confidence in foodstuff cannot be ordained. It can only be regained through concrete action in the sense of preventive consumer protection. The most significant criteria here are to ensure the safety of foodstuff and its quality. To this end, stringent regulations are necessary on how our foodstuff is to be produced, processed and treated and what may be added in which quantity.

Furthermore, an extensive, efficient monitoring and control system is needed. Additional important aspects in this relation are consumer information, transparency and consumer-friendly marking.

On the Way to greater food stuff Safety

With the law against animal meal feed, the federal government has made sure that a considerable source of infection with the mad cow disease has been eradicated. We have, in extension of the European regulations, also prohibited animal fats as feed, because we take indications serious coming from the science sector that cannot exclude these ingredients as a source of infection with mad cow's disease. In this respect, safety comes first. Furthermore we have stopped the trade and bringing into circulation of animal meal containing foodstuff by law. In order to increase the safety of consumers, meanwhile the risk materials for mad cow's disease stemming from ruminants, like for instance spine, crane or intestines of over 12 month old cattle, sheep and goats, must be removed from the food stuff chain and disposed of in a harmless manner. Also, certain parts of cattle, sheep and goats may not be used for winning of so-called separator meat. Tests of mad cow's disease with cattle are conducted in Germany already with animals that are older than 24 months. The European Union regulation states that such tests are only to be conducted with cattle that are over 30 months old.

In the area of animal feed, we require more transparency. The European-wide open Declaration of Animal Feed Ingredients is an important step in this direction. In Germany, the mixed provender industry has already issued a self-liability by

Auf dem Weg zu größerer Lebensmittelsicherheit

Mit dem Tiermehlverfütterungsverbot hat die Bundesregierung dafür gesorgt, dass eine wesentliche Infektionsquelle von BSE ausgeschaltet wurde. Wir haben über die EU-Regelungen hinausgehend auch tierische Fette als Futtermittel verboten, weil wir Hinweise aus der Wissenschaft ernst nehmen, die auch diese Inhaltsstoffe als BSE-Infektionsquelle nicht ausschließen kann. Sicherheit geht in diesem Punkt vor. Zudem haben wir das Inverkehrbringen und den Handel mit tiermehlhaltigen Futtermitteln gesetzlich unterbunden. Um die Sicherheit der Verbraucher zu erhöhen, müssen mittlerweile zudem die BSE-Risikomaterialien von Wiederkäuern, wie z. B. Wirbelsäule, Schädel oder Darmtrakt von über 12 Monate alten Rindern, Schafen und Ziegen aus der Lebensmittelkette entfernt und unschädlich beseitigt werden. Auch dürfen bestimmte Teile von Rindern, Schafen und Ziegen nicht mehr zur Gewinnung von so genanntem Separatorenfleisch verwendet werden. BSE-Tests bei Rindern werden in Deutschland bereits bei Tieren durchgeführt, die älter als 24 Monate sind. In der EU sind derartige Tests erst bei über 30 Monate alten Rindern vorgeschrieben.

Im Bereich der Futtermittel brauchen wir mehr Transparenz. Die EU-weite offene Deklaration von Futtermittelbestandteilen ist hierzu ein wichtiger Schritt. In Deutschland hat die Mischfuttermittelindustrie bereits eine Selbstverpflichtung abgegeben, nach der alle Futtermittelbestandteile deklariert werden sollen. Parallel dazu wird die Europäische Kommission eine EU-einheitliche Positivliste vorschlagen, in der alle zugelassenen Einzelfuttermittel aufgeführt werden. Somit dürfen dann nur diese genannten Inhaltsstoffe verwendet werden und nicht mehr, wie bisher, alles, was nicht ausdrücklich verboten ist. Damit wird die Positivliste eine wichtige Orientierungshilfe insbesondere für die Landwirte und die Futtermittelindustrie, aber auch für die Verbraucher. Kontrollen können künftig einfacher und zielgenauer durchgeführt werden.

Gesundes Fleisch durch tier- und umweltgerechte Haltung.

Healthy meat through animal-appropriate and environmentally safe care.

In Brüssel setzt sich die Bundesregierung für ein rasches EU-weites Verbot der vier noch verbliebenen Antibiotika in der Tierfütterung ein. Diese Forderung wird bereits von zahlreichen Mitgliedstaaten unterstützt. National muss die Einhaltung der gesetzlichen Auflagen im Bereich des Medikamenteneinsatzes in der landwirtschaftlichen Tierhaltung seit dem 24. September 2001 durch das Führen eines Stallbuchs dokumentiert werden. Auch dies ist ein Glied in der Kette der gläsernen Produktion.

Einen wichtigen Beitrag für mehr Lebensmittelsicherheit werden auf EU-Ebene die Europäische Lebensmittelbehörde sowie auf nationaler Ebene das Bundesamt für Verbraucherschutz und Lebensmittelsicherheit leisten. Sie werden eine zentrale Rolle bei der Risikobewertung und Risikokommunikation einnehmen.

Wende in der Agrarpolitik

Die Agrarpolitik wird schon lange nicht mehr nur im eigenen Land gestaltet. Ein Großteil der politischen Entscheidungen fällt, für alle Mitgliedstaaten verbindlich, in Brüssel. Deshalb ist es wichtig, die deutsche Interessenlage frühzeitig in den Meinungsbildungs- und Rechtsetzungsprozess der Europäischen Union einzubringen. Es gilt, unsere europäischen Partner davon zu überzeugen, die Gemeinsame EU-Agrarpolitik weiter zu entwickeln, hin zu einer verbraucherorientierten nachhaltigen Landwirtschaft. Im Kern geht es darum, die Unterstützung für die Landwirte weiter von der Produktion zu entkoppeln und statt dessen eine tier- und umweltgerechte sowie qualitätsorientierte Erzeugung stärker zu fördern.

Ein wichtiger Ansatzpunkt für weitere Schritte in diese Richtung bietet die Zwischenbewertung der Agenda 2000 in den Jahren 2002/03. Wenn wir unser Ziel „Klasse statt Masse" ernst nehmen, so bedeutet dies, weg von Marktstützungsmaßnahmen wie Interventionsankäufen oder Exporterstattungen, hin zu einer Politik für die ländlichen Räume. Direktzahlungen sollten sich an den multifunktionalen Leistungen der Landwirtschaft für die Gesellschaft orientieren. Prämienzahlungen sollten deshalb dazu verwendet werden, Leistungen der Landwirtschaft für die Gesellschaft zu honorieren. Das gilt z. B. für die Pflege und Erhaltung der Kulturlandschaft oder Aufgaben im Umwelt- und Naturschutz, die der Landwirtschaft über die Produktpreise derzeit nicht entgolten werden. In diesem Zusammenhang scheint es prüfenswert, sämtliche Tierprämien in eine Grünlandprämie umzuwandeln. Dies würde angesichts der Vielzahl der derzeit existierenden Regelungen auch zur Entlastung der Verwaltung beitragen.

International kommt es uns darauf an, im Rahmen der WTO-Verhandlungen auch so genannte nicht-handelsbezogene Anliegen einzuführen. Dies muss in einer Weise geschehen, die den Erwartungen der Verbraucher bezüglich der Lebensmittelsicherheit und -qualität, dem Umwelt- und Tierschutz gerecht wird und die den Fortbestand eines europäischen Modells einer multifunktionalen und nachhaltigen Landwirtschaft garantiert. In einigen Staaten der Erde praktizierte Produktionsmethoden, wie z. B. den Einsatz von Hormonen in der Rindermast und von Leistungsförderern in der Milcherzeugung, lehnen wir deshalb ab. Entsprechend harte Auseinandersetzungen erwarten uns bei den anstehenden Welthandelsgesprächen.

National werden wir Spielräume nutzen, die sich für die neue Agrar- und Ernährungspolitik aus der Agenda 2000 ergeben. Mittel aus der bisherigen Produktionsförderung sollen verstärkt Agrarumweltmaßnahmen zu Gute kommen. Die Neuausrichtung der Agrarförderpolitik ist einer der zentralen Punkte der Agrarwende. Ein wichtiger Baustein ist hierbei die bereits in einigen Mitgliedstaaten praktizierte Kürzung der Direktzahlungen zu Gunsten von Maßnahmen zur Förderung des ländlichen Raums, der sogenannten zweiten Säule der Gemeinsamen Agrarpolitik. Diese als Modulation bezeichnete Verfahrensweise werden wir auch in Deutschland anwenden.

Die Gemeinschaftsaufgabe „Verbesserung der Agrarstruktur und des Küstenschutzes" (GAK) ist das wichtigste nationale förderpolitische Gestaltungsinstrument im Agrarbereich. Mit ihr bietet sich die Chance, Richtung und Tempo der Neuausrichtung der Agrar- und Ernährungspolitik zu steuern. Die inhaltliche Ausgestaltung der GAK ist an den Prinzipien der Nachhaltigkeit auszurichten. Bei der Umstellung der Produktion auf umwelt-, natur- und tiergerechte Produktionsverfahren kommt dem Agrarinvestitionsförderungsprogramm (AFP) eine besondere Bedeutung zu. Im AFP sollen deshalb bereits 2001 Investitionen von anerkannten Betrieben des ökologischen

Klasse statt Masse gilt auch für den Ackerbau.
Class instead of mass is imperative also for land cultivation.

which all animal feed ingredients must be declared. In parallel, the European Commission is going to recommend a common EU Positive List in which all approved single animal feed products will be itemised. That means that only these listed ingredients may be utilized and not any longer as previously everything that was not expressly prohibited. Thus, the Positive List provides an important help of orientation especially for farmers and the animal feed industry, but also for consumers. Controlling measures can be carried out in a more simple and targeted way in future.

The federal government is pressing for a rapid European wide prohibition of the four remaining antibiotics in animal feed. This demand is already being supported by numerous member states. Domestically, the adherence to legal regulations in the field of the use of medicines in agricultural animal maintenance must be documented by keeping a stall book since the 24th September 2001. Also this measure is a link in the chain of transparent production.

The Federal Authority for Consumer Protection and Food Stuff Safety on national and the European Food Stuff Authority on European level will make an important contribution to increase foodstuff safety. They will play a central role in risk assessment and risk communication.

Change in agricultural policy

For a long time now, agricultural policy is not created in one's own country any longer. A large part of major political decisions are made – obligatory for all member states – in Brussels. It is therefore important, to introduce German interests early into the opinion forming and legally stipulating process of the European Union. It is also imperative to convince our European partners to continue to develop a mutual agricultural policy in the EU leading to a consumer-oriented sustainable agriculture. The focus is, to untie subsidies for farmers from production further for a non-interacting promotion and instead an animal-safe and ecological quality-oriented production is promoted increasingly.

An important approach in this direction offers the interim assessment of the Agenda 2000 in the years 2002/03. If we take our aim "Class instead of Mass" serious, this means a move away from marketing-supporting measures like intervention purchases or export reimbursements and moving towards a policy for agricultural spaces. Direct payments should be oriented on the multi-functional services of the agricultural sector for society as a whole. Bonus payments should be used therefore for honouring services of the agricultural sector to society. This is valid for example for maintenance and up-keep of cultural landscape or tasks in environmental and nature protection, which the agricultural sector is currently not reimbursed for by means of product prizes. In this relation, it is worth examining, to convert all animal benefits into benefits for green land. This would also contribute to relieving administration in view of the presently existing regulations.

In international terms it is important to introduce also so-called non-trade related issues in the context of WTO negotiations. This must occur in such way that meets the expectations of consumers with regard to foodstuff safety and quality, environment and animal protection and ensures the continuity of a European model of a multi-functional and sustainable agriculture. We therefore reject production methods as practised in several states of the earth, as for example the use of hormones in cattle fattening and performance stimulators in milk production. We therefore expect corresponding hard confrontation at the up-coming world trade discussions.

Domestically, we shall use the scope resulting from the new agricultural and nutritional policy of Agenda 2000. Funds from the recent production promotion well increasingly go towards environmental agriculture measures. A new structurisation of agricultural promotion policy is on of the central points of the agricultural change. An important building block is here the cutting of direct payments in favour of measures for the promotion of rural spaces, the so-called second pillar of mutual agricultural policy, as practised already in several member states. This procedural method called modulation will also be applied in Germany.

The mutual task "Improvement of Agricultural Structure and Coast Guarding" (GAK) is the most important national promotion-political structurisation instrument in the field of agriculture. Through it, a chance is provided to control the direction and speed of the new structurisation of agricultural and nutritional policy. The content of GAK will be determined by the principles of sustainability. Particular importance will be given to the Agriculture Investment Promotion Programme (AFP) for the reform of production towards more ecological, natural and animal-safe production methods. Preferred consideration will therefore be given already in 2001 investments to recognised operations of ecological agriculture as well as to companies that are changing to ecological production and to investments in especial owning systems appropriate to the relative species. Thus, our promotion policy links up in plausible way with the sustainability strategy of the federal government.

The principles of promotion for the year 2002 include for example the extension of promoting the change to ecological agriculture. The same goes for the field processing and marketing of ecologically and regionally produced agricultural products. The promotion is coupled to an especially species-appropriate and area-bound animal production. Environmentally safe, sustainable and location-adjusted farming methods will be honoured particularly.

Landbaus sowie von Betrieben, die auf Ökoproduktion umstellen sowie Investitionen in besonders artgerechte Haltungssysteme bevorzugt berücksichtigt werden. Damit fügt sich unsere Förderpolitik schlüssig in die Nachhaltigkeitsstrategie der Bundesregierung ein.

Die Fördergrundsätze für das Jahr 2002 berücksichtigen als Eckpunkte u. a. den Ausbau der Förderung der Umstellung auf den ökologischen Landbau. Gleiches gilt für den Bereich der Verarbeitung und Vermarktung ökologisch und regional erzeugter landwirtschaftlicher Produkte. Die Förderung ist an eine besonders artgerechte und flächengebundene Tierproduktion gekoppelt. Umweltverträgliche, nachhaltige und standortangepasste Wirtschaftsweisen werden besonders honoriert.

Um zu verdeutlichen, wie die Neuausrichtung der Agrar- und Ernährungspolitik im Sinne einer ökonomisch tragfähigen, gesundheits- und qualitätsorientierten, tierartgerechten und umweltverträglichen Landwirtschaft realisiert werden kann, werden zahlreiche Modellvorhaben in verschiedenen Regionen Deutschlands gefördert.

Tierschutz liegt uns am Herzen

Mit der nationalen Hennenhaltungsverordnung haben wir für den Tierschutz in der Europäischen Union eine Vorreiterrolle übernommen. Die Verordnung legt Mindestanforderungen für alle Formen der Hennenhaltung fest.

Die von der überwiegenden Mehrheit der Bevölkerung abgelehnte Käfighaltung wird es nach einer Übergangsfrist in Deutschland ab 2007 nicht mehr geben. Auch so genannte ausgestaltete Käfige mit Nest, Einstreu und Sitzstangen werden nur noch befristet genutzt werden dürfen. Die gewählten Übergangsfristen berücksichtigen den gebotenen Vertrauens- und Bestandsschutz und eröffnen den Tierhaltern die Möglichkeit, sich ökonomisch neu zu orientieren.

Wichtig ist in diesem Zusammenhang die bereits beschlossene Änderung der EG-Vermarktungsnorm für Eier, mit der ab 2004 eine obligatorische Kennzeichnung mit der Angabe zur Haltungsform der Legehennen vorgeschrieben wird.

Eine freiwillige Kennzeichnung ist schon heute möglich. Diese Information ist eine Voraussetzung für die bewusste Kaufentscheidung der Verbraucherinnen und Verbraucher.
Aber auch in anderen Bereichen wollen wir den Tierschutz weiter verbessern. So setzen wir uns z. B. bei Schweinen auf EU-Ebene für tiergerechtere Haltungsbedingungen ein.

Eine zentrale deutsche Forderung ist die deutliche Verkürzung der Höchsttransportzeiten für Schlachttiere. Hier müssen zudem die Kontrollmöglichkeiten unter anderem durch EU-weit einheitliche Dokumente verbessert werden.

Verbraucheraufklärung – wichtiger Teil der Verbraucherpolitik

Verbraucher müssen sachgerecht, seriös und unabhängig unter anderem darüber informiert werden, welche Lebensmittel es gibt, wie sie erzeugt werden, was Lebensmittelqualität und was eine ausgewogene Ernährung ist. Verbraucherinformation und -aufklärung ist deshalb für mich ein wichtiger Teil der Verbraucherpolitik. Dabei stehen auch private Träger, die öffentlich gefördert werden, wie z. B. die Stiftung Warentest oder die Verbraucherzentralen, in der Pflicht. Die Verbraucherinnen und Verbraucher haben ein Recht auf objektive, wissenschaftlich gesicherte Informationen. Nur dann können sie sich bewusst für oder gegen bestimmte Lebensmittel entscheiden, nur dann können sie ihrer Verantwortung als mündige Marktpartner gerecht werden. Dabei sollte mit der Aufklärungsarbeit so früh wie möglich begonnen werden. Denn gerade im Kindes- und Jugendalter werden die Ernährungsgewohnheiten erworben und gefestigt.

Bessere Transparenz und Kennzeichnung

Die Verbraucherinnen und Verbraucher wollen sich schnell und verlässlich über die Qualität der angebotenen Produkte informieren. Frische, Aussehen und Geschmack allein genügen ihnen dabei nicht mehr. Über die eigentlichen Produkteigenschaften hinausgehende Kriterien werden zunehmend wichtiger. Die Verbraucher wollen wissen, wie etwas produziert wurde, wo es erzeugt wurde und was in den Produkten drin ist. Diese und andere Informationen sind die Voraussetzung, um die Güte der Lebensmittel bewerten zu können. Fehlen sie, so haben Qualitätsprodukte kaum eine Chance, weil dann allein der Preis zum bestimmenden Kaufkriterium wird. Qualität zu kaufen ist jedoch weniger eine Frage des Geldbeutels als vielmehr des Bewusstseins. Um dies zu schärfen, muss für den Verbraucher jedoch Qualität klar erkennbar sein. Qualitätssiegel machen die angebotene Produktvielfalt für den Konsumenten überschaubarer.

Am 5. September 2001 habe ich das Bio-Siegel für Produkte aus ökologischem Landbau vorgestellt, es steht für die Einhaltung der Anforderungen der EG-Öko-Verordnung. Wir setzen uns für eine Weiterentwicklung und Anhebung der dort bereits seit 1991 festgelegten Anforderungen auf europäischer Ebene ein. Das Bio-Siegel ist ein zentraler Baustein, um das Ziel von 20 Prozent Marktanteil bei Ökoprodukten in zehn Jahren zu erreichen. Es

Naturnahe Flussaue.

River meadow close to nature.

In order to illustrate how the new structurisation of agricultural and nutritional policy can be realised in the sense of an economically feasible, health and quality-oriented, species-appropriate and ecological agriculture, numerous project models in various regions of Germany are being promoted.

We are very concerned about Animal Protection

We have assumed a precursor role with the national hen-owning regulation for animal protection in the European Union. The regulation stipulates minimum requirements for all forms of hen owning.

Owning animals in cages, rejected by a great majority of the population, will not exist any longer as of 2007 after a transitional period. There will also be a limited period for using so-called equipped cages with nest, spread and perches. The chosen transitional periods take account of the required protection of confidence and stock and open up possibilities to the animal owners for orienting themselves anew economically.

In this connection of great importance is the already agreed change of the European Communion Norm for the Sale of Eggs that regulates an obligatory marking, which states the form in which laying hens are kept as of 2004.

Voluntary marking is already possible today. This information is a prerequisite for conscious decision-making on the part of consumers. But also in other areas we want to improve animal protection further. We are for example also demanding more animal-appropriate owning conditions of pigs on European level.

One central German demand is the marked reduction of maximum transport times of livestock destined for slaughter. Here, control possibilities must be improved in addition through European wide standardized documents.

Consumer Information – an important Part of Consumer Policy

Consumers must be informed in a serious, independent and in a factual way about which foodstuff is available, how it is produced, what constitutes food quality and what a balanced nutrition. To me, consumer information and education is therefore an important part of consumer policy. In this, also private bodies, which are subsidised by the public hand, like Stiftung Warentest for instance or the consumer headquarters bear responsibility. Consumers have a right to objective, scientifically secured information. Only then, they can decide for or against certain foodstuff consciously, only then they are able to fulfil their responsibility as mature partners in the market. Educational work should start therefore as early as possible. Because, especially in childhood and adolescent age nutritional habits are acquired and determined.

Better Transparency and Marking

Consumers want to inform themselves faster and more reliably about the quality of product offerings. Freshness, appeal and taste alone do not suffice any longer. Criteria that go beyond the typical product characteristics are increasingly gaining importance. Consumers want to know how something has been produced, where it was produced and what is contained in products. These and other information are prerequisites for a better evaluation of the quality of foodstuff. If these are missing, quality products hardly stand a chance, because then only the prize becomes the determining purchase criterion. To buy quality however, is not a question of money as rather of consciousness. In order to strengthen it, quality must be recognizable for the consumer however. Seals of quality facilitate an overview of product varieties on offer.

BiO nach EG-Öko-Verordnung

Freilandhof.

Freeland farm.

soll die Transparenz schaffen, die der Verbraucher bisher angesichts der vielen verschiedenen Ökozeichen nicht hat. Von großer Bedeutung für das Erreichen dieser Zielmarke ist aber, dass auch die Ernährungswirtschaft und vor allem der Handel mitmachen. Damit Ökoprodukte in Deutschland weiter vorankommen, müssen sie heraus aus der Körnerecke. Sie müssen auch dahin, wo die Mehrheit unserer Verbraucher einkauft: in die Regale der Supermärkte.

Mit eigenen Initiativen schafft die Wirtschaft Sicherungssysteme für konventionell erzeugte Lebensmittel. So wurde als erstes ein Gütesiegel „QS" für die Fleischerzeugung entwickelt. Kriterien, strenger als die gesetzlich festgelegten Mindestanforderungen sowie Prozesskontrollen von der Futtermittelindustrie über die Landwirtschaft bis zur Fleischverarbeitung und den Lebensmitteleinzelhandel sollen für höhere Qualität, Sicherheit und Transparenz sorgen.

Aber auch bei der Kennzeichnung von Lebensmitteln werden wir aktiv. So arbeiten wir intensiv daran, die geltenden Etikettierungsvorschriften zu verbessern. Dabei lassen wir uns von dem Gedanken leiten, dass das, was im Lebensmittel enthalten ist, auch auf dem Etikett stehen muss. Diese Information wiederum muss der Verbraucher verstehen können. Wichtig sind uns somit klare und verständliche Angaben.

Nur mit den Verbrauchern zu realisieren

Politik kann die Stellung der Verbraucher im Markt verbessern. Moderne Verbraucherpolitik kommt aber nicht allein mit staatlicher Regulierung aus. Wirksamer Verbraucherschutz funktioniert nur mit der grundsätzlichen Eigenverantwortung des Verbrauchers. Dazu gehören die aktive Mitgestaltung, Wachsamkeit und das Einfordern von Rechten durch die Verbraucher. Vorsorgender Verbraucherschutz bleibt wirkungslos, wenn der Verbraucher nicht auch selbst einen Beitrag leistet und qualitätsbewusst einkauft. Wer nur den Preis im Auge hat, darf sich nicht wundern, dass die ausgewählten Produkte oft nur einfachste Mindestqualitätsstandards erfüllen. Wer sich aber aktiv mit den angebotenen Produkten auseinandersetzt und kritisch abwägt, kann sich seine Souveränität als Verbraucher bewahren und die Art und Qualität des Angebots am Markt durch seine „Politik mit dem Einkaufskorb" mitbestimmen. Mit unserer Agrar- und Verbraucherpolitik suchen wir deshalb die Balance zwischen staatlichen Regulierungen zum Schutz der Verbraucher und der Aktivierung der Konsumenten.

Politik zum Schutz der Verbraucher, so wie ich sie verstehe, prägt die Marktwirtschaft sozial und ökologisch. Sie fördert zudem die wirtschaftliche Entwicklung. Ein auch im Verhältnis zu den Verbrauchern funktionierender Markt sorgt besser dafür, dass leistungsfähigere Unternehmen erfolgreicher wirtschaften können, dass schwarzen Schafen das Handwerk gelegt wird und dass sich bessere Produkte und Dienstleistungen durchsetzen. Innovation und Leistungswettbewerb führen zu ständiger Produktverbesserung, innerbetrieblicher Optimierung und zur Entwicklung erfolgreicher neuer Produkte und Dienstleistungen.
Wirksamer Verbraucherschutz trägt deshalb zur Stärkung der internationalen Wettbewerbsfähigkeit unserer Wirtschaft bei und sichert Arbeitsplätze. Sie geht aber auch wegen der Vermeidung von Folgekosten verantwortlich mit den Steuergeldern um und erhält unsere typische Kulturlandschaft. ■

Natur pur – Blumenwiese im Mittelgebirge.
Pure nature – flower-covered pasture in the Mittelgebirge mountains.

On 5 September 2001, I presented the Bio-Seal for products made in ecological farming; it stands for adherence to the requirements of the EC-Eco-Regulation. We demanding a further development and increase of requirements stated therein on European level, which were stipulated as early as 1991. The Bio-Seal is a central building block to achieve the target of 20 per cent market share for eco products in ten years. It is designed to bring transparency that the consumer does not have at present given the many different eco signs. However, it is of utmost importance for the achievement of this target line that also nutritional science and above the trade participate in this. For eco products to develop further in Germany, they must come out of the "grain corner". They must be placed there, where the majority of consumers go shopping: into the shelves of supermarkets. The economic sector is creating security systems for conventionally produced foodstuff with its own initiatives. Thus, for meat production a first quality seal "QS" was developed. Criteria that are stricter than the legally stipulated minimum requirements as well as process control of animal feed industry through to agriculture up to meat processing and food retail are intended to ensure higher quality, safety and transparency.

But, we are also active in issues of marking foodstuff. We are for instance working intensively on improving existing labelling regulations. Here we are lead by the idea that what is contained in foodstuff must also appear on the label. This information in turn must be understandable by the consumer. Thus, clear and comprehensible statements are important to us.

Only to be achieved together with consumers

Politics can improve the position of consumers in the market. Modern consumer policy does however not arise from government regulation alone. Effective consumer protection functions only with a fundamental self-responsibility of the consumer. This includes an active involvement, awareness and demanding of rights by consumers. Preventive consumer protection will remain without effect if the consumer does not also contribute himself towards it considerably and practises conscious shopping. Who only looks at the price, must not be surprised that selected products often meet the simplest minimum quality standards. But who examines the offered products actively and forms a critical opinion can maintain his sovereignty as consumer and determine the type and quality of the offering in the market through his own "policy with the shopping basket". Through our agricultural and consumer policy, we are therefore seeking a balance between government regulations for the protection of the consumer and activating the consumer.

Policies for the protection of the consumer, as I understand them, characterise a market economy socially and ecologically. It promotes also the economic development. A market that is also functioning in relation to consumers will ensure much better that more companies that are efficient can operate more successfully, that black sheep can be stopped and that better products and services will prevail. Innovation and performance compete for constant product improvement, in-house optimisation of companies and the development of more products that are successful and services.

Effective consumer protection thus contributes in strengthening the international ability to compete of our economy and secures workplaces. But it also uses tax monies in a responsible way because it avoids successive costs and preserves our typical cultural landscape. ■

Ackerstreifen in der Eifel.

Agricultural strip in the Eifel region.

Innovationen wirtschaftlich nutzen

Making commercial Use of Innovations

Mercateo AG
Ein Unternehmen der E.ON-Gruppe
A Member Company of the E.ON-Group

Vorstand/Executive Board:
Peter Ledermann (Vorsitz/Chairman)
Thomas Vehreschild
Dr. Sebastian Wieser

Gründungsjahr/Year of Foundation: 1999
Online seit April 2000/online since April 2000

Geschäftsfelder/Business Activities:
e-procurement/e-procurement:
Betrieb inter- und intranetbasierter Beschaffungs-, Katalog-, Auktions- und Ausschreibungslösungen zur Senkung von Prozesskosten und Einstandspreisen
Operation of internet- and intranet-based procurement-, catalogue-, auction- and tender-solutions in order to reduce legal costs and procurement prices

e-market/e-market:
Betrieb regionaler Marktplätze mit reichhaltigen Funktionalitäten zur Ermöglichung internetbasierten Handels
Operating in regional markets with extensive functions enabling internet-based commerce

e-solutions/e-solutions:
Entwicklung und Betrieb von E-Commerce-Lösungen Erstellung individueller, internetbasierter Ein- und Verkaufslösungen auf Basis Intershop Enfinity, Enterprise JAVA Beans, sowie SAP R/3 und SAP EBP
The development of e-commerce solutions, the development of individual, internet-based procurement and sales solutions on the basis of Intershop Enfinity, Enterprise JAVA Beans, SAP R/3 and SAP EBP

Zielgruppe/Target Group:
Kleine und mittelständische Unternehmen (e-market), größere mittelständische Unternehmen aus dem Industrie- und Dienstleistungsbereich (e-procurement), Unternehmen aus dem Energieversorgungsbereich
Small and middle-sized companies, (e-market), the larger middle-sized companies from the manufacturing and service sectors (e-procurement) and companies from the energy supply sector

Mitarbeiter/Employees:
90 (März 2002/as at March 2002)

Umsatz/Turnover:
ca./approx. 8 Mio. € (2001)

Anschrift/Address:
Poccistraße 5
D-80336 München
Telefon +49 (89) 20 60 20
Telefax +49 (89) 20 60 23 10
E-Mail service@mercateo.com
Internet www.mercateo.com

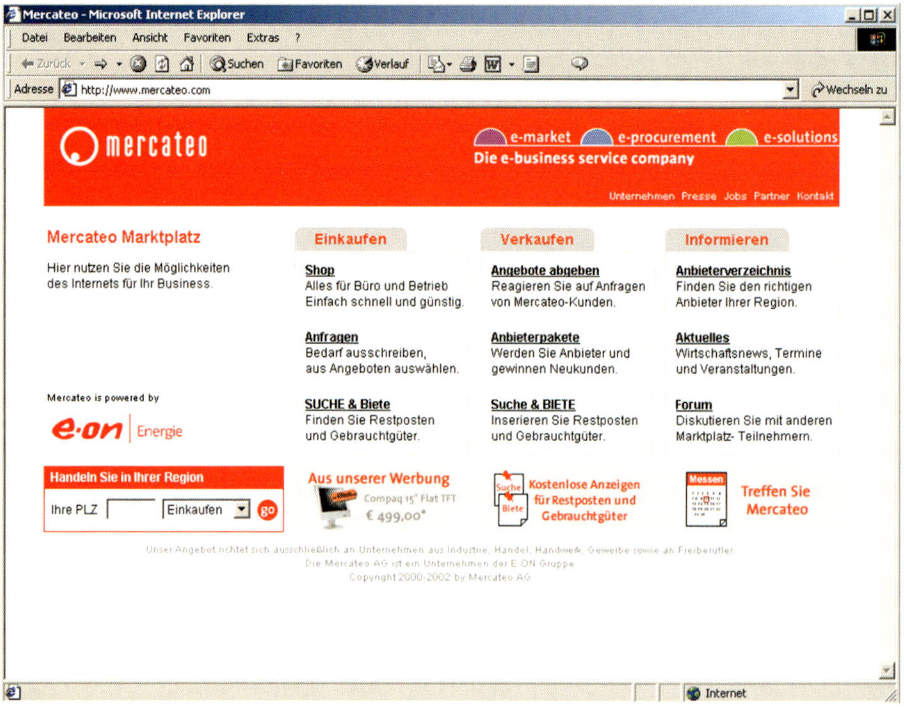

Mercateo, die e-business service company.

Mercateo, the e-business service company.

Die Mercateo AG, Teil der E.ON Energie Gruppe, ist die „e-business service company" für den Mittelstand und die Industrie. Mercateo hat sich zum Ziel gesetzt, Unternehmen einen einfachen und wirtschaftlichen Einstieg in e-commerce und e-procurement zu ermöglichen. Mit Mercateo kann der Kunde seinen gesamten Handels- und Beschaffungsprozess optimieren und enorme Spar-und Rationalisierungspotenziale realisieren. Dabei fokussiert sich Mercateo auf folgendes Angebotsspektrum: Die elektronische Beschaffung (e-procurement) durch katalogbasierte Lösungen, Ausschreibungen und Auktionen, den Betrieb regionaler Marktplätze (e-market) sowie die Entwicklung und den Betrieb von individuellen E-Commerce-Lösungen (e-solutions).

Das Mercateo-Geschäftsmodell:

e-procurement: Betrieb inter- und intranetbasierter Beschaffungs-, Katalog-, Ausschreibungs- und Auktionslösungen zur Senkung von Prozesskosten und Einstandspreisen:
e-market: Betrieb regionaler Marktplätze
e-solutions: Entwicklung und Betrieb von e-commerce-Lösungen ■

The Mercateo AG, a member of the E.ON Energy Group, is the "e-business service company" for middle-sized and larger industry. Mercateo has set itself the goal of making it possible for companies to obtain simple and convenient entry to web-based e-commerce and e-procurement. With Mercateo the customer can improve his entire commercial and procurement process and achieve enormous savings and rationalisation potential. Mercateo focuses here on the following range of services: Electronic purchasing (e-procurement) by means of catalogue-based solutions, tendering and auctions, operation of regional markets (e-market) and the development and operation of individual E-Commerce solutions (e-solutions).

The Mercateo Business Model:

e-procurement: inter- and intranet-based procurement-, catalogue-, tender- and auction solutions in order to reduce legal costs and procurement prices:
e-market: operation in regional markets
e-solutions: development and operation of e-commerce solutions ■

Bitburger – Erfolg im Premium-Segment

Bitburg – Success in the Premium Segment

Die Bitburger Brauerei Th. Simon GmbH, 1817 gegründet, ist eine der bedeutendsten Privatbrauereien Deutschlands. Geprägt von Tradition und modernem Management ist Bitburger heute mit einem Ausstoß von über 4,23 Millionen Hektolitern eine der größten Biermarken Deutschlands. Besonderer Beliebtheit erfreut sich die Premium-Marke in der Gastronomie, wo sie mit über 1,2 Millionen Hektolitern Fassbier klar die Nummer Eins ist.

Zur Bitburger Getränkegruppe gehören neben Bitburger u. a. auch die Köstritzer Schwarzbierbrauerei, die Schultheis Brauerei in Weißenthurm sowie der führende deutsche Mineralwasseranbieter Gerolsteiner Brunnen.

Kompromissloses Qualitäts- und Servicemanagement zeichnet das Unternehmen aus. Es gehört zur Unternehmensphilosophie, dass die Produktion von Bitburger unter größtmöglicher Ressourcenschonung und Umweltverträglichkeit erfolgt. Für sein Umweltengagement erhielt das Unternehmen 1997 den Umweltpreis des Landes Rheinland-Pfalz. Optimaler Service wie z. B. die Konzeptfabrik für Gastronomen, Innovationsbereitschaft sowie höchste Produktqualität machen den Erfolg der Premium-Marke Bitburger aus, Präsenz zeigt die Bitburger Brauerei auch in Sport und Kultur. Sie ist Partner des DFB und der Deutschen Fußballnationalmannschaft sowie offizieller Olympia Partner Deutschland. Außerdem ist sie bei großen Musicals wie Saturday Night Fever oder König der Löwen und Events wie die Silvester-Party in Berlin exklusiv dabei. ■

The Bitburg Brewery Th. Simon Ltd, founded in 1817, is one of the most important private breweries in Germany. Distinguished by tradition and modern management and with an annual production of 4.23 million hectolitres, Bitburger is one of Germany's biggest beer brands. This top brand enjoys particular popularity in the hotel and restaurant sector, where, with its 1.2 million litres of barrelled beer, it is clearly number one.

Besides Bitburger, the Bitburger beverages group also includes the Köstritzer Dark Beer brewery, the Schultheis Brewery in Weissenthurm and the leading German mineral water producer Gerolsteiner Brunnen. The company is distinguished by its uncompromising quality and service management. Part of the company philosophy is that production of Bitburger beer should preserve natural resources as far as possible and treat the environment as gently as possible. In 1997 the company received the Environmental Prize of the State of the Rhineland-Palatinate. Top quality service such as the Concept Factory for people in the hotel and restaurant sector the preparedness to innovate and absolute top quality are what makes the premium brand of Bitburger successful. The Bitburger Brewery also shows the flag in sport and culture. It is a partner of the German Soccer Federation, the German National Soccer Eleven and is the official Olympic partner for Germany. In addition it is the exclusive partner at big musicals such as Saturday Night Fever or King of the Lions and such events as the New Year's Party in Berlin. ■

Das neue Kommunikationszentrum.
The new Communicationcentre.

Die moderne Braustätte der Bitburger Brauerei.
Bitburger's modern brewery.

Ständige Kontrollen sichern die hohe Qualität, z. B. im Sudhaus.
Constant controls ensure high quality, e. g. here in the brew-house.

Bitburger Getränke Verwaltungsgesellschaft mbH
(Erwerb, Entwicklung und Steuerung von Beteiligungen der Bitburger Getränkegruppe, Verwaltung der Gesellschaftsanteile und Erbringung von Dienstleistungen für die Getränkegruppe)
(controls the acquisition, development and control of the Bitburger Beverage Group, the management of company shares and the provision of services for the Beverage Group

Geschäftsführung/Manager:
Dr. Michael Dietzsch
Matthäus Niewodniczanski

Vorsitzender des Gesellschafterauschusses/ Chairman of the Partners' Committee:
Dr. h. c. Klaus G. Adam

Bitburger Brauerei TH. Simon GmbH

Geschäftsführung/Manager:
Dr. Michael Dietzsch (Marketing und Vertrieb)
Alfred Müller (Kaufmännische Verwaltung)
Dr. Axel Th. Simon (Technik und Umwelt)
Dr Michael Dietzsch (Marketing and Sales)
Alfred Müller (Commercial Administration)
Dr Axel Simon (Technology and Environmental Affairs)

Biersorten/Products:

Bitburger Premium Pils	Ausstoß:	4.096.900 hl
Bitburger Light		29.400 hl
Bitburger Drive alkoholfrei		99.400 hl

Umsatz/Turnover: rd. 711.000.000 DM
Investitionen/Investments: rd. 67.800.000 DM

Gastronomiebetriebe/Hotel outlets:
44.200 weltweit/worldwide

Handel/Retail outlets:
rund 36.000 Geschäfte des LEH sowie
rd. 9.000 Tankstellen bundesweit
approx. 36,000 and
some 9,000 petrol stations throughout Germany

Export/Export:
254.000 hl, Vertrieb in 56 Ländern
(Schwerpunkt in Europa, USA, Japan)
254,000 hectolitres, sales in 56 countries
(mostly in Europe, the USA and Japan)

Vertrieb/Wholesale outlets:
rd. 1.000 Fachhauptgroßhändler/approx. 1,000

Mitarbeiter/Employees:
1.005 , dav. 57 Auszubildende in
11 Berufssparten
1,005, incl. 57 apprentices and trainees
in 11 different trades and professions

Anschrift/Address:
Römermauer 3
D-54634 Bitburg
Telefon +49 (6561) 14-24 86
Telefax +49 (6561) 14-25 26
E-Mail oeffentlichkeitsarbeit@bitburger.de
Internet www.bitburger.de

Die Automobilindustrie – auch weiterhin Motor der deutschen Wirtschaft

The Automobile Industry will continue to be the Engine of the German Economy

Die F&E-Aufwendungen der Automobilindustrie machen knapp ein Drittel der gesamten F&E-Aufwendungen der deutschen Wirtschaft aus.

R&D expenditure in the motor vehicle industry totals just under a third of total R&D expenditure of the German economy.

Prof. Dr. Bernd Gottschalk

Der Autor, Präsident des Verbandes der Automobilindustrie (VDA) seit 1996, wurde 1943 in Lübeck geboren, studierte an den Universitäten Hamburg, Saarbrücken und Stanford Kalifornien/USA VWL, 1971 Promotion. 1972–1996 tätig in verschiedenen Bereichen der Daimler-Benz AG. 1992 wurde Gottschalk zum ordentlichen Vorstandsmitglied für den Geschäftsbereich Nutzfahrzeuge bestellt. Seit 1999 bestellter Honorarprofessor für „Mobilität, Transport und Verkehr" an der Westsächsischen Hochschule Zwickau. Gottschalk ist Vizepräsident des Bundesverbandes der Deutschen Industrie e. V. (BDI), Vizepräsident der Organisation Internationale des Constructeurs d'Automobiles (OICA), Paris, sowie Vizepräsident des Deutschen Verkehrsforums.

The author was born in Lübeck in 1943. He studied Economics at the Universities of Hamburg, Saarbrücken and Stanford and completed a doctorate in 1971. 1972–1996 he worked in various departments of Daimler-Benz AG. In 1992 Gottschalk was appointed a full member of that company's Commercial Vehicle Management Board. In 1996 he was voted Chairman of the Management Board of the German Employers' Association, and since 1999 he has been an Honorary Professor of "Mobility, Transport and Traffic" at the University of Zwickau in West Saxony. He is also Vice-President of the German Manufacturers' Association (BDI).Vice-President of the Organisation Internationale des Constructeurs d'Automobiles (OICA) in Paris and Vice-President of the German Forum On Transport.

Das Auto hat keine Zukunft, ich setze aufs Pferd – mit diesem vernichtenden Urteil für das damals noch sehr junge Automobil hat der deutsche Kaiser Wilhelm II. Anfang des letzten Jahrhunderts auf das, wie wir heute wissen, falsche Pferd gesetzt. Er hat damals nicht zu erkennen vermocht, welch gewaltiges Potenzial in den motorisierten Pferdestärken steckte, welche Auswirkungen diese Erfindung auf das Leben der Menschen, auf die Gesellschaft und die Wirtschaft haben sollte.

Anfangs noch exklusives Luxusgefährt für wenige Gutbetuchte, ist das Auto über die folgenden Jahrzehnte zu einem Gebrauchsgut für Viele geworden und erfüllt heute dem Einzelnen das Grundbedürfnis nach individueller Mobilität. Einsteigen und losfahren, jederzeit an jeden erreichbaren Ort.

Das Auto hat aber den Menschen nicht nur dieses Stück zusätzliche persönliche Freiheit geschenkt und sie einander nähergebracht. Es hat neue Verkehrs- und Transportmöglichkeiten eröffnet, den Warenaustausch beschleunigt, den individuellen Tourismus begründet, und es hat einen der modernsten und gewichtigsten Industriezweige der deutschen Wirtschaft und weltweit entstehen lassen.

Die Begeisterung für eine neue Technik, die „Faszination Auto", hat die Konstrukteure der ersten Stunde beflügelt und inspiriert. Daran hat sich bis heute nichts geändert, wenngleich das Auto von heute mit der Motorkutsche von damals nicht mehr viel gemein hat. Forscherdrang, Innovationsstärke und zukunftsorientiertes Denken sind die Assets, dank derer die deutsche Automobilindustrie zur Schlüsselbranche und das Automobil zum Motor des technologischen Fortschritts geworden sind. Auch langfristig Zukunftsbranche zu sein, das ist die große Herausforderung für die deutsche Automobilindustrie. Um sie erfolgreich zu bestehen, müssen Höchstleistungen verschiedener Art erzielt werden. Jeden Tag aufs Neue.

In den Fahrzeuginnenraum wird immer mehr hilfreiche Elektronik einziehen – Internet, satellitengestützte Navigationsgeräte und sprachgesteuerte Telekommunikation für die Passagiere sind nur ein erster Schritt in Richtung Zukunft.

More and more useful electronics will be used in the interior of a vehicle – internet, satellite-controlled navigation equipment and speech-controlled telecommunication for passengers are only a first step towards the future.

There's no future for the engine car. I'll stick to horses." With this scathing verdict on the then still quite new automobile at the beginning of the 20th century the German Kaiser Wilhelm II backed the wrong horse, as we now know. He did not want to see the great potential in this "motorised horse-power", or the effect it would have on peoples' lives, on society and the economy.

Initially just an exclusive form of luxury transport for the well-heeled few, over the decades the car has become a consumer item for the masses and today fulfils each individual's basic need for mobility – just get in and drive away any time to anywhere that's accessible by car. But the car has not only given people this little bit of personal freedom and brought them closer together. It has opened up new methods of transport, accelerated the exchange of goods, started individual tourism and has caused one of the most modern and most important sectors of the German and world-wide economy to emerge.

The enthusiasm for new technology, the "fascination with the car", inspired the earliest car makers and gave wings to their imagination. This has remained so to the present day, even if the today's engine cars have little in common with the motorised coach of yore. Pressure on research, powerful innovation and future-oriented thinking are the assets thanks to which the German motor vehicle industry has become a key industry and the car has become the engine of technical progress. Even being a long term industry of the future is the great challenge for the German motor vehicle industry. In order to successfully meet this challenge top performance of all sorts must be achieved. Every day, again and again.

Using the Opportunities of Globalisation

The German motor vehicle industry has not been active exclusively within Germany or in its neighbouring countries for a long time. The world of today has become a global village. This brings new opportunities – even though competition is hard. In order to use these opportunities the German motor vehicle industry has restructured and reoriented itself. It has reduced costs, stepped up the speed at which it works and modernised and varied its range of products. Our companies are effective global players. They have looked beyond the end of their noses – and not just in the last twenty years, either, developed new markets and have enthused people for their products. With a 23 % share of the world's engine vehicle produc-

Allein im Jahr 2000 investierte die Automobilindustrie rund 20 Mrd. DM in Deutschland; in den letzten fünf Jahren waren es insgesamt 90 Mrd. DM.

Chancen der Globalisierung nutzen

Die deutsche Automobilindustrie agiert schon lange nicht mehr nur innerhalb deutscher Grenzen oder in den Nachbarländern. Die Welt von heute ist zum Global Village geworden. Das bringt – wenn auch in einem härteren Wettbewerbsumfeld – neue Chancen. Um diese Chancen nutzen zu können, hat die deutsche Automobilindustrie sich neu strukturiert und ausgerichtet. Sie hat Kosten reduziert, ihr Innovationstempo forciert sowie ihre Produktpalette modernisiert und differenziert. Unsere Unternehmen sind erfolgreiche Global Players. Sie haben – übrigens nicht erst in den letzten 20 Jahren – über ihren Tellerrand geschaut, neue Märkte erschlossen und Menschen rund um die Welt für ihre Produkte begeistert. Mit einem Anteil von 23 Prozent an der Weltfahrzeugproduktion spielen die deutschen Automobilhersteller erfolgreich in der World Automotive Champions League.

Deutsche Marken stehen für Qualität, technische Raffinesse und Komfort und sind deshalb für viele Autofahrer das Non-plus-Ultra. Präzisionsarbeit macht sich bezahlt: Selbst auf sonst stagnierenden oder rückläufigen Märkten haben es die deutschen Hersteller verstanden, ihren Marktanteil wie auch die Absatzzahlen deutlich zu verbessern. Auf dem für die deutschen Hersteller wichtigsten Absatzmarkt Westeuropa trägt fast jeder zweite Pkw ein deutsches Markenzeichen. Vor allem in der Autofahrernation Nummer eins, den USA, war die deutsche Automobilindustrie auf Erfolgskurs: Hier hat sie sich auf einen Pkw-Marktanteil von über 9 Prozent gesteigert. Und in Lateinamerika ist jeder dritte hergestellte Pkw ein deutsches Fahrzeug.

Das Auslandsgeschäft ist ein starkes Standbein für die deutsche Automobilindustrie. 60 Prozent des gesamten Umsatzes der Branche entfallen auf den Auslandsumsatz. Im Export erzielten die deutschen Hersteller in den letzten acht Jahren

In 2000 alone the motor vehicle industry invested a total of 20 thousand billion DM in Germany; in the last five years it was 90 thousand billion DM.

tion, German motor vehicle manufacturers are playing successfully in the World Automotive Champions League.

German brands stand for quality, technical refinement and comfort, which is why they are the non-plus-ultra for many motorists. Precision engineering pays off – even in otherwise stagnating or declining markets German motor vehicle manufacturers know how to increase their sales figures markedly. On the Western European market, the most important market for German manufacturers almost every second car is German, and in the car-drivers' country no. 1, the USA, the German motor vehicle industry was on the road to success in the last few months, having increased its share of the car market to over 9 per cent. And in Latin America every third car is German.
Overseas sales are a significant part of the German motor vehicle industry's business, accounting for 60 per cent of the industry's total sales. In the last eight years German car makers achieved a 78 per cent increase in sales. In 2001 alone over 3.9 million cars were sold overseas – a new record.

But globalisation doesn't just mean expanding overseas sales. It means being present in the markets themselves, manufacturing locally. German car manufacturers have since built one hundred and twenty manufacturing and assembly plants in 50 countries. Even the component manufacturers are showing a growing presence outside Germany and have over 1,350 subsidiaries, licensees or associated companies of their own in 64 countries.

Research and Investment

You can only enthuse and convince the customers with a product which is of high quality, which uses the latest technology to achieve efficiency, is convenient and economic, is fun to use and above all, awakes emotions. Our position in the market and our good name with our customers prove that the German motor vehicle industry and its component manufacturers have taken the right path. With a technology and quality campaign of considerable dimensions they have assured themselves of the top position in global competition. High tech "made in Germany" possesses an excellent reputation the world over. This is a reputation that has become an attractive buying argument. And one that the German motor vehicle industry will also defend in the future.

The strategy of the German motor vehicle industry is "innovation, know-how and technical progress". The industry has recognised that the ability and the preparedness to innovate are deciding factors in its success. In contrast to many other industry sectors it has considerably increased its investment in research and development – from just under 4.5 thousand billion Euro in 1990 to over 26 thousand billion Euro in 2000, almost three times as much. Meanwhile R&D expenditure in the engine vehicle industry comes to eine Steigerung um 78 Prozent. Allein im Jahr 2001 gingen über 3,9 Mio. Fahrzeuge ins Ausland, das ist eine neue Rekordmarke.

Globalisierung heißt aber nicht nur Ausweitung des Auslandsgeschäfts. Sie bedeutet, auf den Märkten selbst präsent zu sein, vor Ort zu produzieren. 120 Fertigungs- und Montagestätten in über 50 Ländern haben die deutschen Autobauer mittlerweile errichtet. Auch die Zulieferbetriebe zeigen wachsende Präsenz außerhalb der deutschen Grenzen und sind mit über 1.350 eigenen Tochtergesellschaften, Lizenznehmern oder Beteiligungsbetrieben in 64 Ländern vertreten.

Forschen und investieren

Kunden begeistern und überzeugen kann man nur mit einem Produkt, das qualitativ hochwertig und durch den Einsatz neuester Technologien leistungsstark, komfortabel und sparsam ist, das Fahrspaß bringt und vor allem Emotionen weckt. Unsere Position auf den Märkten und das Renommee bei unseren Kunden beweisen, dass die deutsche Automobilindustrie und ihre Zulieferer den richtigen Weg eingeschlagen haben: Mit einer in ihrem Umfang beachtlichen Technologie- und Qualitätsoffensive haben sie sich einen Spitzenplatz im globalen Wettbewerb gesichert. Hightech „Made in Germany" besitzt weltweit einen ausgezeichneten Ruf.

Auch die Zulieferbetriebe zeigen wachsende Präsenz außerhalb Deutschlands und sind mit über 1.350 eigenen Tochtergesellschaften, Lizenznehmern oder Beteiligungsbetrieben in 64 Ländern vertreten.

Even the component manufacturers are showing an increasing presence outside Germany with over 1,350 subsidiaries, licensees or associated companies in 64 countries.

Ein Ruf, der zu einem zugkräftigen Kaufargument geworden ist. Und ein Ruf, den die deutsche Automobilindustrie auch in Zukunft verteidigen wird. Die Strategie der deutschen Automobilindustrie heißt „Innovation, Know-how und technischer Fortschritt". Dass Innovationsfähigkeit und Innovationsbereitschaft über den Erfolg in der Automobilindustrie entscheiden, hat die deutsche Automobilindustrie frühzeitig erkannt. Im Gegensatz zu manch anderen Industriebranchen hat sie in den neunziger Jahren ihre Investitionen in Forschung und Entwicklung deutlich gesteigert, von 9 Mrd. DM 1990 auf über 26 Mrd. DM im Jahr 2000. Das entspricht einer Verdreifachung. Inzwischen machen die F&E-Aufwendungen der Automobilindustrie knapp ein Drittel der gesamten F&E-Aufwendungen der deutschen Wirtschaft aus. Dadurch gelang es Deutschland, sich wieder vor die USA und Japan an der Spitze der internationalen Patentstatistik zu plazieren: Mit 4.288 Patentanmeldungen kamen 30 Prozent aller weltweit im Straßenfahrzeugbau angemeldeten internationalen Patente von deutschen Entwicklern.

Die Vorbereitung der Produktion neuer Erzeugnisse und die Einführung neuer Fertigungstechnologien erfordern umfangreiche Investitionsprogramme. Allein im Jahr 2000 investierte die Automobilindustrie rund 20 Mrd. DM in Deutschland; in den letzten fünf Jahren waren es insgesamt 90 Mrd. DM. Die neuen Bundesländer sind ein wichtiger Automobilstandort, der vorangebracht wird. Die jüngsten Entscheidungen deutscher Hersteller für den Bau neuer Produktionsstätten dort belegen das. Mehr als zehn Milliarden Mark haben Automobilhersteller und Zulieferer seit 1989 in Ostdeutschland investiert. Dieses Bekenntnis zum Standort Deutschland ist ein Signal sowohl für unser Land als auch an ausländische Investoren.

Neue Technologien konsequent umsetzen

Die Fahrzeugtechnik lässt auch in Zukunft noch große Entwicklungsfortschritte erwarten. Schon in wenigen Jahren werden regenerative Kraftstoffe und alternative Antriebskonzepte wie Brennstoffzelle und Wasserstoffmotor verfügbar sein. Umweltschutz und individuelle Mobilität sind schon mit den heutigen modernen Motoren keine Gegensätze mehr. Die Möglichkeiten, die modernstes Motormanagement und Dieseltechnologien zur weiteren Kraftstoffverbrauchsreduzierung bieten, werden von der deutschen Automobilindustrie konsequent genutzt. Ein Beispiel: Autos aus deutscher Produktion sind in den vergangenen Jahren immer sparsamer geworden – innerhalb von gut 20 Jahren um mehr als ein Drittel. Mittlerweile können unsere Kunden zwischen 140 verschiedenen Automodellen mit einem maximalen Verbrauch von 6 Litern pro 100 km wählen. Selbst Drei-Liter-Autos sind seit geraumer Zeit auf dem Markt – und sie stammen alle aus deutscher Produktion. Da weniger Verbrauch zugleich weniger Emissionen bedeutet, setzt die deutsche Automobilindustrie daher auch beim Umwelt- und Klimaschutz Maßstäbe. Und dies geschieht auf freiwilliger Basis in Form einer Selbstverpflichtung, und nicht etwa durch gesetzlichen Zwang.

Ein richtiger und großer Schritt auf diesem Weg sind die enormen Forschungs- und Entwicklungsleistungen beim Dieselantrieb. Galten Dieselfahrzeuge noch vor wenigen Jahren als schwerfällig und laut, so setzen sie heute neue Maßstäbe in puncto Wirtschaftlichkeit, Komfort und Fahrdynamik. Dank des innovatorischen Potenzials der deutschen Zulieferer und Autobauer ist unsere Branche in der Herstellung verbrauchsarmer Dieselmotoren – Stichwort: Common Rail oder Pumpe-Düse – weltweit führend. Darüber hinaus hat sich unsere Branche durch den Schritt in die Acht- und Zehnzylinderkategorie von Dieselfahrzeugen im besonders attraktiven oberen Marktsegment erhebliche Wettbewerbsvorsprünge erarbeitet. Wenn – wie wir uns das wünschen – hoffentlich bald schwefelfreier Diesel im Angebot ist, können mit dem Diesel weitere Potenziale bei Leistungsfähigkeit und Wirtschaftlichkeit erschlossen werden. Diese technische Kompetenz wird vom Kunden honoriert: Mehr als vier Fünftel der hierzulande neu zugelassenen Dieselfahrzeuge stammen aus deutscher Produktion. 54 Prozent aller in Westeuropa abgesetzten Diesel-Pkw sind deutsche Marken. Doch auch bei den Benzinmotoren wird sich in Zukunft noch einiges tun: Durch Direkteinspritzung und andere technische Innovationen sind auch hier noch beachtliche Verbesserungen zu erwarten. Der Wettlauf um die beste Technologie ist zwischen Diesel- und Ottomotoren voll entbrannt.

Die Fahrzeugtechnik wird in den kommenden Jahren weitere rasante Fortschritte machen. Die weiter optimierten Benzin- und Dieselmotoren zeigen das Potenzial der fossilen Brennstoffe. Sie werden sich längerfristig einen spannenden Wettbewerb mit alternativen Antriebskonzepten wie Brennstoffzelle und Wasserstoffmotor liefern. Regenerative Treibstoffe müssen sich allerdings auch kostenmäßig rechnen. Aus der Diskussion um Klimagase und Treibhauseffekt ist das Auto jedenfalls bereits heute fast herausgenommen.

Etwas salopp gesagt dürften die Autos in Zukunft dann also mehr Bits und Bytes tanken als Kraftstoff. Immer mehr Innovationen im Auto werden durch die Elektronik kommen. Die Wertschöpfung durch die Elektronik wird bis zum Jahr 2007 auf just under a third of total R&D expenditure of the German economy. This permitted Germany to succeed in occupying first place over the USA and Japan in international statistics – of all patent applications in motor vehicle manufacturing world-wide, 4,288 (30 %) were from German developers.

Preparing to manufacture new products and the introduction of new production technology require comprehensive investment programmes. In the year 2000 alone, the motor vehicle industry invested some 10 million Euro in Germany; in the last five years it totalled about 45 million Euro. Germany's new States are an important car manufacturing location which is being modernised. The latest decisions of German engine vehicle manufacturers to build new factories here prove this. German motor vehicle and component manufacturers have invested more than 5 million Euro in Eastern Germany since 1989. This profession of faith to Germany as a place to do business is a signal both for our country and foreign investors.

120 Fertigungs- und Montagestätten in über 50 Ländern haben deutsche Autobauer errichtet.

German motor vehicle manufacturers have built 120 manufacturing and assembly plants in over 50 countries.

Implementing New Technologies Consistently

Vehicle technology can also expect great progress in technical development in the future. In only a few years regenerative fuels and alternative drive systems such as fuel cells and hydrogen-powered engines will be available. Due to today's modern engines environmental protection and individual mobility are already no longer irreconcilable. German motor vehicle manufacturers are using the opportunities offered by the latest engine management and diesel technology in further reducing fuel consumption responsibly. One example: German-made cars have become a lot more economical in the last few years by more than a third in less than 20 years. Now our customers can choose between 140 different models of cars with maximum consumption of 6 litres per 100 km. Even "three-litre" cars (with consumption of three litres per 100 km) have been on the market for some time now and they all German-made. Since less fuel consumption means fewer exhaust emissions, the German motor vehicle industry is also setting standards in environmental and climate protection. And this is happening on a voluntary basis in the form of a voluntary undertaking, not through legal compulsion.

A real, big step on this path are the enormous achievements in research and development in diesel-powered engines. While diesel-powered engines were considered ponderous and loud, they are setting standards in economy, comfort and peppy driving. Thanks to the innovative potential of German component and vehicle manufacturers our sector is a world leader in the production of low-consumption diesel engines – the catchword is common rail or pump-jet. In addition our sector has achieved considerable competitive advantages in the particularly attractive upper market segment through the step in the eight and ten cylinder diesel engine category. When, as we hope, sulphur-free diesel fuel comes onto the market, more potential can be opened up in performance and economy.

This technical competence is being rewarded by the customer. More than four fifths of the diesel-powered vehicles registered in Germany are German-manufactured. Fifty-four per cent of all vehicles sold in Western Europe are made in Germany. But things will be happening in the petrol-engine market as well. Through injection and other technical innovations considerable improvements may expected here as well. The race for the best technology between diesel and petrol engines has broken out with a vengeance.

Motor vehicle technology will make great progress in the coming years. The continually-improved diesel and petrol engines show the potential of fossil fuels. In the longer term they will provide exciting competition with alternative propulsion concepts such as fuel cells and hydrogen engines. However, regenerative fuels must also pay their way. Today the car almost no longer a part of the debate on climate gases and the hothouse effect.

So, to put it somewhat crudely, the cars of the future might also fill up more on bits and bytes than on fuel. More and more innovations in automotive technology will come from the field of electronics. Value created by electronics in the automotive industry will rise to 40 % by 2007. This will make cars safer and more fuel-efficient than before. The networking of cars with information and communication technology is a trend that is already noticeable today. More and more electronics will be used in car interiors – internet, TV and DVD players for the passengers is only the first step towards the future. But even more important are the electronic safety features such as ESP, ABS, assisted braking or brake-by-wire. Top technologies have not been restricted to the premium class of cars for a long time – they can also be found in smaller cars as well. The desire for more individual comfort is becoming more and more distinct. The car has long grown out of its original function as a means of transport, but it will remain a first-class pillar of technology.

Traffic will also profit from these innovations. In a few years the already familiar navigation systems will lead us through traffic a intelligent control systems, if possible, past backed-up traffic as well. In this way fuel consumption can be reduced further. However we will need a modern infrastructure that fulfils the requirements for the future. Germany's autobahns need a third lane so that the traffic can travel more effortlessly. And in view of the planned expansion of the European Union and the role of the truck as the main carrier of freight volume, this step is urgent.

Links: Mit 4.288 Patentanmeldungen kamen 30 Prozent aller weltweit im Straßenfahrzeugbau angemeldeten internationalen Patente von deutschen Entwicklern.

Left: Of all patent applications in motor vehicle manufacturing world-wide, 4,288 (30 per cent) were from German developers.

Rechts: Das Auto gibt dem Menschen die Freiheit der individuellen Mobilität und wird auch künftig seine führende Rolle im Verkehrsgeschehen behalten. Mobilität muss daher für Jeden zugänglich und bezahlbar bleiben.

Right: The motor car gives people the freedom of individual mobility and, in future, will also retain its leading role in the transport environment. Mobility must therefore remain accessible to and affordable for everybody.

40 Prozent ansteigen. Dadurch werden die Autos noch sicherer und sparsamer als bisher. Die Vernetzung des Autos mit Informations- und Kommunikationstechnologien ist ein Trend, der bereits heute zu erkennen ist. In den Fahrzeuginnenraum wird immer mehr Elektronik einziehen – Internet, TV und DVD-Player. Für die Passagiere ist das nur ein erster Schritt in Richtung Zukunft. Noch wichtiger sind jedoch die elektronischen Sicherheitsfeatures wie ESP, ABS, Bremsassistent oder Brake-by-wire. Spitzentechnologie ist längst nicht nur in der Premiumklasse zu finden, sondern auch in kleineren Fahrzeugen. Der Wunsch nach individuellem Komfort wird immer ausgeprägter. Das Auto ist seiner Funktion als reines Fortbewegungsmittel damit längst entwachsen. Eines aber wird es bleiben: ein Technologieträger ersten Ranges.

Auch der Verkehr wird von den Innovationen profitieren: Die uns heute bereits vertrauten Navigationssysteme werden uns in wenigen Jahren in weiterentwickelter Form als intelligente Leitsysteme durch den Verkehr führen, möglichst vorbei an Staus. Auf diese Weise kann zudem der Kraftstoffverbrauch weiter gesenkt werden. Dafür benötigen wir allerdings eine moderne Infrastruktur, die die Anforderungen der Zukunft erfüllt. Die Autobahnen in Deutschland brauchen endlich die dritte Fahrspur, damit der Verkehr reibungslos rollen kann. Auch im Hinblick auf die geplante EU-Osterweiterung und die Rolle des Lkw als Hauptträger des Transportvolumens ist dieser Schritt dringend notwendig.

Standort Deutschland stärken

Die Herausforderungen für die Autobranche werden immer größer: Der Wettbewerb in dieser globalisierten Industrie wird härter; die Ansprüche der Kunden, des Gesetzgebers und der Kapitalmärkte steigen; und schließlich sind die Rahmenbedingungen am Standort Deutschland zu bewältigen, die die Unternehmen einem hohen Anpassungsdruck aussetzen.

Die deutsche Automobilindustrie bewies gerade in dem gesamtwirtschaftlich schwächeren Umfeld der jüngeren Vergangenheit ihre Rolle als bedeutendster deutscher Wirtschaftszweig und stabilisierendes Element.

Diese Branche nimmt am Arbeitsmarkt eine Schlüsselstellung ein. Die „Faszination Auto" besitzt ungebrochene Kraft und ist daher – Hersteller und Zulieferer gleichermaßen – ein attraktiver Arbeitgeber für die besten Köpfe am Standort Deutschland und weltweit. Qualifizierte Fachkräfte finden in der Automobilindustrie auch künftig hervorragende Berufschancen.

Der wirtschaftliche Erfolg unserer Unternehmen und damit die Wirtschaftskraft der Branche werden künftig entscheidend davon bestimmt werden, inwieweit unsere Branche es schafft, sich zeitnah auf gesamtwirtschaftliche Bedingungen und gesellschaftliche Veränderungen einzustellen. Das schließt die Schaffung flexibler Arbeitszeitmodelle

und die weitere Optimierung von Kostenstrukturen ein, aber auch realistische Tarifentscheidungen. Natürlich können die Anstrengungen der Industrie zur Stärkung des Standortes Deutschland nur in einem unterstützenden Rahmen fruchten. Ich denke hier an die Verbesserung der gesamtwirtschaftlichen und steuerlichen Rahmenbedingungen und verstärkte Investitionen in den Straßenbau.

Und ich denke an die Förderung des Mittelstandes, für den mein Herz besonders schlägt. Die deutschen Automobilzulieferer sind zum großen Teil nach wie vor mittelständisch geprägt. Sie werden für den Entstehungsprozess eines Automobils zunehmend wichtiger. Sie sind Technologiepartner der Autobauer, übernehmen zusätzliche Aufgaben in der Entwicklung und bei den logistischen Prozessen, sie liefern komplette Systeme und Module. Sie erbringen erhebliche Vorleistungen bei der Umsetzung von Innovationen sowie im F&E-Bereich. Diese intensivierte Zusammenarbeit zwischen Herstellern und Zulieferern ist ein weiterer Vorteil, den die deutsche Automobilindustrie im globalen Wettbewerb ausspielen kann und der die Zukunftsfähigkeit unserer Branche unterstreicht.

Die Erfolgsgeschichte der deutschen Automobilindustrie wäre nicht möglich ohne unsere Automobilzulieferer. Vor der Globalisierung und den Konzentrationstendenzen in der Branche können sich auch die mittelständischen Zulieferer nicht verschließen. Sie nehmen diese Herausforderung an, weil sie ganz oben mitspielen wollen. Dank ihrer Innovationsstärke, Flexibilität und Motivation gelingt es ihnen, im Wettbewerb zu bestehen.

Mittelständische Unternehmen sind erfolgreich, weil sie sich schnell auf neue Marktbedingungen einstellen. Das gelingt dauerhaft allerdings nur in einem für sie akzeptablen Umfeld. Dazu gehören ausreichende Margen, frühzeitige Lieferantenentscheidungen und die Einbindung in die Prozesse sowie die faire Verteilung von Entwicklungs- und Werkzeugkosten. Dazu gehört auch eine ausreichende Finanzierungsdecke. Die wirtschaftlichen Bedingungen des Kapitalmarktes, etwa der Druck durch Ratings, Analysten oder Basel II, gehören zum Geschäft und unterstreichen die Härte des Wettbewerbs. Die mittelständischen Unternehmen verdienen mehr Aufmerksamkeit, und ihre Leistungsfähigkeit muss entsprechend gewürdigt werden. Wir leben heute in einer Gesellschaft, in der die Menschen mobil und flexibel sein wollen. In der fast jeder die Freiheit der individuellen Mobilität für sich in Anspruch nimmt und ihre Vorteile genießt. Mobilität hat neben der wirtschaftlichen aber auch eine soziale Funktion. Die zu beobachtende fortschreitende Verteuerung der Mobilität halte ich daher für problematisch. Das Missverhältnis zwischen Besteuerung und „Mittelrückfluss" wird immer brisanter: Fast 50 Milliarden Euro jährlich zahlt der Autofahrer. Jede vierte Steuermark kommt vom Auto, aber nur 15 Milliarden Euro fließen wieder zurück in die Straßeninfrastruktur von Bund, Ländern und Gemeinden. Der Großteil der vom Autofahrer abverlangten Abgaben wird zweckentfremdet für andere Aufgaben verwendet. Da ist es nicht verwunderlich, wenn dieses Vorgehen des Staates langsam an Akzeptanzgrenzen stößt. Es ist daher notwendig, immer wieder auf die gesamtwirtschaftliche Bedeutung dieser Industrie hinzuweisen: Nahezu 18 Prozent des gesamten Industrieumsatzes und jeder achte Arbeitsplatz in der deutschen Industrie entfallen auf den Automobilsektor. Berücksichtigt man auch die indirekten Effekte, die von der Produktion, dem Vertrieb und der Nutzung des Automobils ausgehen, zeigt sich, dass die vom Automobil abhängige Bruttowertschöpfung etwa ein Fünftel des gesamten deutschen Bruttosozialprodukts ausmacht und jeder siebte Arbeitsplatz direkt oder indirekt vom Automobil abhängt.

70 Prozent des Gütertransports werden vom Lkw, 80 Prozent des Personenverkehrs vom Pkw übernommen. Wir unterstützen die intelligente Vernetzung der verschiedenen Verkehrsträger; sie wird in Zukunft sicherlich eine neue Qualität erhalten. Das Automobil und das Nutzfahrzeug werden jedoch auch künftig ihre führende Rolle im Verkehrsgeschehen behalten. Mobilität muss daher bezahlbar und für alle Bürger, die von ihr profitieren wollen, zugänglich bleiben.

Die deutsche Automobilindustrie wird alles daran setzen, um ihre hart erarbeitete hervorragende Wettbewerbsposition auf den Märkten zu erhalten. Erfolge können Unternehmen nur erzielen, wenn sie zum einen die richtigen Investitions- und Produktentscheidungen treffen, zukunftsorientiert planen und handeln und zum anderen das Ohr am Puls der Zeit haben, also wissen, was ihre Kunden auch in Zukunft wollen. Unsere Unternehmen haben die Wünsche ihrer Kunden zum Maßstab ihres Handelns gemacht. Service- und Kundenorientiertheit, technische Innovation und Nachhaltigkeit sind die Schlüssel zum Erfolg, mit denen die deutsche Automobilindustrie ihren Weg in die Zukunft beschreitet. Und um noch einmal auf Wilhelm II. zurückzukommen: Das Glück der Erde liegt zwar auf dem Rücken der Pferde. Ich aber setze weiterhin auf das Auto. ■

Das Auto brachte den Menschen ein Stück zusätzliche Freiheit, es hat neue Verkehrs- und Transportmöglichkeiten eröffnet, den Warenaustausch beschleunigt und den individuellen Tourismus begründet.

The car gave people a little bit more personal freedom, it opened up new forms of transport, accelerated the exchange of goods and started individual tourism.

Strengthening Germany as a Place to do Business

The challenges for the motor vehicle industry are becoming bigger and bigger. Competition in this globalised world is getting tougher. Demands by customers, politicians and capital markets are increasing; and ultimately the basic conditions in Germany that expose the commercial sector to much pressure to conform, must be dealt with.

The German motor vehicle industry has just proven its role in the macro-economic weaker environment in the recent past as the most important sector of the economy and as a stabilising element. This sector is assuming a key position in the labour market. The "fascination automobile" possesses unbroken strength and for this reason – manufacturers and component suppliers alike – is an attractive employer for the best heads in Germany and around the world. Qualified specialists will also find excellent job opportunities in the automobile manufacturing industry in the future.

The economic success of our companies and, hence, the sector's economic power will in future be determined by the extent to which our sector can adjust to macro-economic conditions and social change. That includes the creation of flexible working hours and the continued improvement of cost structures, but also realistic wage agreements. Of course, the industry's efforts to strengthen Germany's position as a place to do business can only bear fruit within certain limits. I am thinking here of the improvement of the macroeconomic and tax conditions and increased investment in road construction.

And I am thinking of support for the medium-sized sector of the economy, for which I have a particular soft spot. The German automobile component manufacturers are grouped to a large extent in this sector. They are becoming more and more important for the manufacturing process of a car. They are technology partners of the carmakers and assume additional tasks in development and in logistical processes, they deliver complete systems and modules. They make considerable intermediate inputs in the implementation of innovations and in the R&D area. This intensified cooperation between manufacturers and suppliers is a further advantage that the German motor vehicle industry can play on in global competition and which emphasises the ability of our sector to cope with the demands of the future. The success story of the German motor vehicle industry would not be possible without our automobile component manufacturers. The component manufacturers cannot shut themselves away from globalisation and industry tendencies to concentration. They accept this challenge because they want to participate right at the top. Thanks to their innovative strength, flexibility and motivation they are succeeding at holding their own with the competition.
Medium-sized companies are successful because they can adjust quickly to new market conditions. However this succeeds permanently only in an environment they find acceptable. This includes sufficient profit margins, timely supplier decisions and the inclusion in processes as well as the fair division of development and tool costs. This also includes sufficient financing. The business conditions in the capital markets, such as the pressure from ratings, analysts or Basle II, are part of the business and emphasise the toughness of competition. Medium-sized companies deserve more attention and their performance must be rewarded accordingly. Nowadays we live in a society in which people must be flexible and mobile and in which everyone claims individual mobility for himself and enjoys its advantages. Besides its economic function mobility also has a social function. On my view the observable increase in the cost of mobility is a problem.

The disproportion between taxation and the return flow of funds is becoming more and more explosive – motorists pay almost 50 thousand million Euro annually. Every fourth Euro taken in taxation comes from the motor car, but only 15 thousand million Euros flow back into the road infrastructure from the Federal, State and local governments. The majority of levies demanded of motorists is diverted for other purposes. So it is not surprising that this course of action by the state is slowly reaching the limits of acceptance. It is therefore necessary to point out again and again the macro-economic significance of this industry. Almost 18 % of the total industry turnover and every eight jobs in German industry are found in the motor vehicle industry. If one takes into consideration the indirect effects as well, i. e. those which come from manufacturing, sales and car-use, one can see that the creation of gross value that depends on the automobile comes to about a fifth of Germany's total GNP and that every seventh job depends directly or indirectly from the motor-car.

Seventy per cent of goods transport is carried out by truck and 80 per cent of personal transport by cars. We support the intelligent networking of the various transport modes; in future it will receive a different quality, but the motor car and the truck will also in future retain a leading role in transport. Mobility must therefore remain affordable for and remain accessible to all citizens who wish to profit from it.

The German automobile industry will do all it can to retain its hard-won, excellent competitive edge on the market. Companies can only achieve successes if they make the right investment and product decisions, plan for the future and act on the one hand, and have their finger on the pulse of time and know what their customers want in future on the other. The companies in our sector have made the wishes of their customers the standard of their activities. Service and customer orientation, technical innovation and permanence are they keys to success with which the German automobile industry will find its way to the future. And to come back to Kaiser Wilhelm II again: The fortunes of this earth may ride horses, but I'll stick to the car. ■

SEAT – die sportliche Marke mit neuem, historischen Verkaufsrekord

SEAT – the sporty Brand with the new, historic Sales Record

Im abgelaufenen Geschäftsjahr hat die SEAT S.A. weltweit einen Fahrzeugabsatz von 515.000 verkauften Modellen erreicht. Dies stellt ein Wachstum von sieben Prozent gegenüber dem Vorjahr dar. Damit konnte die spanische Volkswagentochter ihren seit vier Jahren ununterbrochenen Wachstumskurs fortsetzen.

Auf dem spanischen Heimatmarkt erreichte SEAT mit 176.000 verkauften Modellen einen Marktanteil von 12,2 Prozent. Das ertragsorientierte Unternehmen sicherte sich so erneut den zweiten Platz in der nationalen Zulassungsstatistik und verzichtete weiterhin auf umfangreiche Lieferungen an Leihwagenfirmen. Bei den Auslieferungen an private Endverbraucher führt SEAT den spanischen Markt an.

Mit 338.400 exportierten Fahrzeugen erreicht SEAT eine Exportquote von 65 Prozent, was einem Wachstum der Exportmärkte von 10 Prozent entspricht. Dabei stellte Deutschland weiterhin den größten Exportmarkt. Die SEAT Deutschland GmbH registrierte von Januar bis einschließlich Dezember 60.813 Zulassungen und liegt von 38 Fahrzeuganbietern im Bundesgebiet auf Platz 14. Neben dem europäischen Markt belieferte SEAT unter anderem auch Argentinien und Brasilien. Als meistverkauftes Modell der Marke konnte sich erneut der SEAT Ibiza behaupten. Insgesamt 198.000 Käufer fanden an dem kompakten Modell Gefallen. Der SEAT Leon erreichte mit 79.000 Verkäufen den zweiten Platz innerhalb der Modellpalette.

Lars-Henner Santelmann, Vorstandsmitglied der SEAT S.A. für Vertrieb und Marketing: „Unsere Marke hat einen neuen, historischen Verkaufsrekord erreicht. Besonders die hohe Akzeptanz unserer Modelle Ibiza und Leon sowie die übrige, vollständig überarbeitete Modellpalette haben dies ermöglicht. Unser Erfolg gehört jedoch auch den Mitarbeitern und unseren Vertragshändlern.“ ■

SEAT – die Erfolgsstory

1950: Die spanische Halbinsel hatte neben den großen Hauptverkehrsverbindungen kein gut ausgebautes Straßennetz. Es gab nur für eine kleine Oberschicht erschwingliche Autos, die auf den wenigen brauchbaren Straßen verkehrten. Das war der Moment, als SEAT als Staatsunternehmen gegründet wurde – mit dem Ziel, auch aus Spanien ein Autofahrerland zu machen.

Ab 1953 produzierte die junge Firma hauptsächlich Kleinwagen in Fiat-Lizenz:

1981 erfolgte die Trennung zwischen Fiat und SEAT. Die Spanier engagierten Partner mit europäischer Erfahrung: Giorgio Giugiaro aus Italien offerierte Design, die Firma Porsche entwarf Motoren und die Osnabrücker Firma Karmann brachte Know-how im Karosserie-Baubereich ein.

1984 stand das erste, selbst entwickelte Modell, der Ibiza, serienreif da. 1,25 Millionen Wagen dieses Modells wurden produziert, 145.000 davon gelangten nach Deutschland.

1982 schlossen SEAT und VW ein Abkommen über die Fertigung von Passat und Santana in Barcelona sowie des Polo in Pamplona. 1986 übernahm der VW-Konzern die Aktienmehrheit bei SEAT.

1993 eröffnete der spanische König Juan Carlos das neue SEAT-Werk in Martorell.

1995 rollte der zehnmillionste SEAT vom Band.

1996 beginnt der Verkauf des Alhambra, der in Palmela, Portugal, produziert wird.

1997 werden der Toledo TDI sowie der Alhambra TDI mit 110 PS vorgestellt.

1998 wird der SEAT Arosa 1,7 SDI nach einer Rekordfahrt als das sparsamste Serienfahrzeug der Welt in das Guinness Buch der Rekorde aufgenommen.

1999 Betonung der sportlichen Markenausrichtung.

In the past business year SEAT S.A. achieved international motor vehicles sales of 515,000 units, which represents an increase of seven per cent compared to the previous year. This meant that the Spanish Volkswagen subsidiary was able to continue its uninterrupted four-year growth.

On the local Spanish market SEAT gained a market share of 12.2 per cent with sales of 176,000 models. Thus the profit-oriented company was sure of its second place in the national registration statistics and continued to forgo large deliveries to car rental companies.

SEAT leads the Spanish market in deliveries to private end users. With 338,400 vehicles SEAT is achieving an export quota of 65 per cent, which corresponds to a growth rate of 10 per cent.

Germany continued to be the largest export market. From January to December 2001 inclusive Deutschland GmbH recorded 60,813 registrations and, within 38 distributors, is 14th on the German market. Besides the European market, SEAT also supplies Argentina and Brazil.

The Ibiza was able to hold its own as SEAT's top-selling model – a total of 18,000 customers liked the compact model. With sales of 79,000 units the SEAT Leon was the second best-sold model.

Lars-Henner Santelmann, member of the Managing Board of SEAT S.A. in charge of Sales and Marketing says that, "Our brand has set a new, historical record. The high acceptance of the Ibiza and Leon models especially, as well as the other, re-styled models have made this possible. However, our success is due to those employees and our contract dealers." ■

SEAT

auto emoción

SEAT Deutschland GmbH

Anschrift/Address:
Starkenburgstraße 10
D-64546 Mörfelden-Walldorf
Telefon +49 (6105) 20 8-0
Telefax +49 (6105) 20 8-113
Internet www.seat.de

SEAT – the Success Story

1950: The Iberian Peninsular had no properly built-out road network. The only affordable cars were for a small upper class, and these travelled on the few usable roads. That was when SEAT S. A. was founded – with the aim of making Spain a country of car-drivers.
As from 1953 the young company produced mainly small cars under licence from Fiat.
1981: Fiat and SEAT ended cooperation. the Spaniards hired partners with European experience: Giorgio Giugiaro from Italy offered design, Porsche designed the motors and the Osnabrück company Karmann brought know-how in building car-bodies.
1984: The first self-developed model – the Ibiza – was ready for production. One and a quarter million cars of this model were produced, 145,000 of which went to Germany. SEAT and VW then signed an agreement to manufacture the VW Passat and the Santana in Barcelona and the Polo in Pamplona. **In 1986** VW took over a majority shareholding in SEAT.
1993: The Spanish King Juan Carlos inaugurated the new SEAT-factory in Martorell.
1995: The ten millionth SEAT rolled off the production line.
1996: The start of sales of the Alhambra, produced in Palmela, Portugal.
1997: The Toledo TDI and the Alhambra TDI with 110 HP are introduced.
1998: The SEAT Arosa 1,7 SDI went into the Guinness Book of Records as the most fuel-efficient production car in the world.
1999: The emphasis of the sporty orientation of the brand.

Die Deutsche Bahn – ihr Beitrag zur Mobilität in der Zukunft

The Deutsche Bahn and its Contribution to Mobility in the Future

Die Menschen in Deutschland haben konkrete und berechtigte Erwartungen: Sie erwarten eine störungsfreie und pünktliche, bequeme und preiswerte, sichere und umweltfreundliche Mobilität für Personen und Güter. Staus und Verspätungen darf es da nicht geben. Ebenso wenig Einschränkungen der Sicherheit.

Mobilität wird in Zukunft ein noch wichtigerer Wirtschaftsfaktor werden. Gerade im Transitland Deutschland rechnen wir mit erheblichen Verkehrszuwächsen: im Personenverkehr von rund 20 Prozent, im Güterverkehr von rund 65 Prozent bis zum Jahr 2015 verglichen mit 2000 als Basisjahr. Das bedeutet allein im Güterverkehr ein Anwachsen der Verkehrsleistung um rund 600 Milliarden Tonnenkilometer pro Jahr.

Ein derartiger Verkehrsanstieg ist allein auf der Straße nicht mehr zu bewältigen. Vor diesem Hintergrund ist es sowohl aus volkswirtschaftlichen wie aus ökologischen Gründen sinnvoll, bereits heute Weichenstellungen vorzunehmen, damit Mobilität nicht zu einem limitierenden Faktor für die weitere Entwicklung des Standorts Deutschland wird. Notwendig dafür sind integrierte Verkehrskonzepte. Die einzelnen Verkehrsträger sollten ihren Einsatzschwerpunkt jeweils dort haben, wo ihre besonderen Stärken liegen. Zum Beispiel heißt das im Güterverkehr: Transporte über lange Strecken fahren auf der Schiene, die anschließende Feinverteilung in der Fläche erfolgt mit dem Lkw.

Der Schlüssel für nachhaltige Mobilität wird in Zukunft also in der Kooperation der Verkehrsträger untereinander und der Beherrschung von Schnittstellen für Gesamtangebote entlang der gesamten Transport- und Logistikkette aus einer Hand liegen. Die Bahn kann dabei eine wichtige Rolle spielen. Denn sie kann nicht nur besonders große Mengen transportieren. Bei entsprechendem Ausbau der Infrastruktur ist darüber hinaus eine Erhöhung der Kapazitäten ohne weiteren Flächenverbrauch möglich. Zudem ist sie beim Energieverbrauch und den CO_2-Emissionen schon heute deutlich umweltverträglicher als Straße oder Flugzeug. Auch eine Belastung der Volkswirtschaft durch weitere externe Kosten wie für Unfälle und die Beseitigung von durch schwere Fahrzeuge verursachten Schäden an den Verkehrswegen findet bei der Bahn kaum statt.

Das alles prädestiniert die Bahn, das Verkehrsmittel der Zukunft zu werden. Vorausgesetzt, sie kann ihre Stärken ausbauen und sich entsprechend auf den Verkehrsmärkten positionieren. Die Bahn muss alle Erwartungen eines modernen Verkehrsdienstleisters erfüllen und das gelingt nur in privatwirtschaftlichen Strukturen. Die Bahnreform was also eine wesentliche Grundvoraussetzung dafür.

Das zeigen deutlich die bisherigen Entwicklungen und Ergebnisse. Die Verkehrsleistung sowohl im Personen- wie auch im Güterverkehr ist gestiegen. Die Produktivität nahm seit 1994 kontinuierlich weiter zu. Die für den Bundeshaushalt prognostizierten Einsparungen gegenüber einer Weiterführung als Bundesbahn konnten bereits übertroffen werden. Gleichzeitig hat die Deutsche Bahn AG in den vergangenen acht Jahren mehr als 50 Mrd. Euro in die Modernisierung ihres Systems investiert. Die Bahnreform ist schon heute sowohl in verkehrlicher wie in finanzpolitischer und unternehmerischer Hinsicht ein voller Erfolg.

Die Bahn hat sich seit Beginn der Bahnreform ganz erheblich verändert. Das gilt sowohl für Arbeitsprozesse und Strukturen, aber auch den Grad der Modernisierung des Rad-Schiene-Systems. Bis 2006 werden wir weitere rund 45 Mrd. Euro investieren. Schwerpunkte dabei werden sein: Rund 28 Mrd. Euro werden in die Modernisierung des Schienennetzes gehen, rund 10 Mrd. Euro werden mittelfristig für die Neuanschaffung und Modernisierung von Lokomotiven, Wagen und Zügen, vor allem im Nahverkehr und bei Cargo, zur Verfügung gestellt. Dazu kommt die Modernisierung der Bahnhöfe. Der Investitionsumfang dafür wird rund 3 Mrd. Euro betragen, wobei weitere Maßnahmen zur Verbesserung der Sauberkeit und Sicherheit in den Bahnhöfen noch nicht mit berücksichtigt sind.

Die Deutsche Bahn AG ist in Deutschland einer der größten Investoren. Das bedeutet, auch arbeitsmarkt- und beschäftigungspolitisch gehen von ihr erhebliche Impulse aus. So ist die Deutsche Bahn AG in den neuen Bundesländern der wichtigste Einzelauftraggeber. Ingesamt hängen rund 200.000 Arbeitsplätze in einer großen Zahl von Unternehmen direkt ab von Aktivitäten der Bahn – unter anderem auch in so extrem konjunkturanfälligen Branchen wie der Bauwirtschaft.

Hartmut Mehdorn

Der Autor, 1942 in Berlin geboren, trat nach dem Maschinenbau-Studium in die Entwicklungskonstruktion von Focke-Wulf in Bremen ein. Nach der Übernahme des Unternehmens durch MBB wurde Mehdorn 1980 in die Geschäftsführung der Airbus Industrie S. A. in Toulouse berufen. 1984–1989 war der Dipl. Ing. Leiter der MBB-Unternehmensgruppe Transport- und Verkehrsflugzeuge in Hamburg. Von 1989 bis 1992 war Mehdorn Vorsitzender der Geschäftsführung der Deutschen Airbus GmbH in Hamburg. 1992–1995 Mitglied des Vorstandes der Deutschen Aerospace AG in München. 1995–1999 war er Vorstandsvorsitzender der Heidelberger Druckmaschinen AG und Mitglied des Vorstandes der RWE Aktiengesellschaft. Seit 16. Dezember 1999 ist Mehdorn Vorstandsvorsitzender der Deutschen Bahn AG.

The author was born in Berlin in 1942. After completing a degree in Mechanical Engineering he went to work in Focke-Wulf development department in Bremen. After the company was taken over by MBB Helmut Mehdorn was appointed to manage Airbus Industrie S. A. in Toulouse (France). From 1984 to 1989 he was Manager of MBB's Passenger and Cargo Aircraft Group in Hamburg. From 1989 to 1992 he was Chairman of the Supervisory Board of Deutsche Airbus GmbH in Hamburg. From 1995 to 1999 he was Chairman of the Managing Board of Heidelberger Druckmaschinen AG and Member of the Management Board of the RWE Aktiengesellschaft. Helmut Mehdorn has been Chairman of the Managing Board of the Deutschen Bahn AG since Dec. 16th 1999.

People in Germany have concrete and justified expectations. They expect fault-free, punctual, comfortable, low-price, safe and environmentally friendly mobility for passengers and freight. There is no allowance for traffic back-ups, bottle-necks and equally few limits on safety. In the future mobility will become an even more important economic factor. In Germany of all transit countries we expect a considerable increase in traffic – 20 per cent in passenger traffic and 65 per cent in goods traffic by 2015 compared with 2000 as the base year. That means an increase in freight tonnage alone of some 600 thousand million tonne kilometres per annum.

An increase in traffic of that nature cannot be handled by road transport. Against this background it makes both economic and ecological sense to create conditions today that do not make mobility a limiting factor for Germany's continued development as a place to do business. This requires integrated transport concepts. Individual transport modes should concentrate their businesses around their core strengths. For example, in goods traffic – here it is said that long-distance freight should be carried by rail and distributed at the other end by truck.

The key to lasting mobility in future will be in the cooperation between the various transport modes and the "one-stop-shop" domination of interfaces for complete transport services along the whole transport and logistics chain. The railways can play an important role here. It can not only transport particularly large loads. What is more, if the transport infrastructure is expanded appropriately transport capacity can be increased without any more land being taken. And energy-use and CO_2 emissions today are distinctly more environmentally friendly than road or air transport. In addition, there is hardly any strain on the economy through external costs such as accidents and repairing road damage caused by heavy vehicles.

All this means that the railways are predestined to become the transport mode of the future provided it can expand on its strengths and position itself on the transport market in the right way. The railways must fulfil all the expectations of a modern transport service organisation, and that will succeed only in privatised form. So the reform of the railways was an essential basic requirement for this.

Previous developments and results show this clearly. The number of passengers and the quantity of goods carried have increased. Productivity has continued to increase since 1994. The savings forecast by the Federal Government's budget versus continuing to run the Railways as a Federal Ministry have already been exceeded. At the same time the Deutsche Bahn AG (German Railways Plc) has invested more than 50 thousand million Euro in the modernisation of its systems. The reform of the railways is today a total transport success, both from a transport point of view as well as a financial and commercial point of view.

The railways have changed considerably since the introduction of the reform. This applies to working methods and organisation as well as the extent of modernisation of the wheel-rail system. By 2006 we will be investing another 45 thousand million Euro. Emphasis will be on the investment of some 28 thousand billion Euro in the modernisation of the track system. Some 10 thousand billion Euro will be invested mid-term in the purchase and modernisation of locomotives, wagons and trains, especially in commuter transport and cargo. Then there is the modernisation of railway stations. About 3 thousand million Euro will be invested here, but this figure does not take account of further measures to be taken to improve cleanliness and security at railway stations.

The Deutsche Bahn AG is one of Germany's biggest investors. That means that it also provides

Rechts: ReiseZentrum und DB Lounge, Hauptbahnhof Frankfurt/Main.
Unten: Hauptbahnhof Leipzig.

Right: Travel Centre and DB Lounge, Frankfurt/Main Station.
Below: Leipzig Railway Station.

Das macht die Deutsche Bahn AG auch über das eigene Unternehmen hinaus zu einem stabilisierenden Faktor der deutschen Volkswirtschaft.

Aber dieses Investitionsprogramm ist nur Teil einer größeren Modernisierungsoffensive. Ziel ist es, die Stärken der Bahn noch weiter auszubauen. Die Bahn der Zukunft muss fit sein, um als Partner für die Übernahme von Aufgaben und die Kooperationen im Rahmen umfassender Verkehrskonzepte, die eine gezielte Aufgabenteilung zwischen den einzelnen Verkehrsträgern vorsehen. Notwendig ist neben der Sanierung des Unternehmens eine Verbesserung der Leistung sowie Wachstum beispielsweise durch die Erschließung neuer Märkte. Zudem wollen wir am Wachstum der Verkehrsmärkte in Europa partizipieren.

Um das zu erreichen, werden wir uns in den kommenden Jahren noch konsequenter an unseren Märkten und Kundenwünschen orientieren. Wirtschaftlichkeit und Kundennutzen werden bei allen Maßnahmen und Angeboten in Zukunft im Vordergrund stehen.
Wir arbeiten daher mit hoher Priorität an einer Verbesserung unserer Kernleistung. Nicht zuletzt aus diesem Grund sind wir dabei, in die Modernisierung unseres Gesamtsystems zu investieren. Denn schon heute zeigt sich, dass Kundenbetreuung, Reisekomfort, Anschlusszuverlässigkeit und Reisezeiten zu den wesentlichen Faktoren gehören, nach denen unsere Kunden entscheiden, ob sie mit der Bahn reisen oder sich für den Transport ihrer Güter mit DB Cargo entscheiden. Eine weitere wesentliche Komponente ist die Verknüpfung mit anderen Verkehrsmitteln entlang der gesamten Reise- oder Transportkette – also Angebote aus einer Hand und von Haus zu Haus.
Wir werden daher in zunehmendem Umfang den Einsatz von elektronischen Medien und modernsten Informationstechniken forcieren, um unsere Erreichbarkeit sowie die Beratung und Information unserer Kunden sowie die Steuerung und Beobachtung unserer Züge weiter zu optimieren. Von der elektronischen Buchung und Bezahlung bis zur Ladungsverfolgung per Satellit, die es dem Kunden erlaubt, zu Hause am PC den genauen Reiseweg seiner Ladung mitzuverfolgen, gibt es eine Reihe von interessanten Einsatzmöglichkeiten, die wir mittelfristig testen und einführen wollen.
Und wir sind dabei, unser Schienennetz zu modernisieren und dabei so auszubauen, dass die Ausstattung der Strecken besser abgestimmt ist auf die technischen Möglichkeiten der auf ihnen fahrenden Züge – vor allem auch auf die mögliche Fahrgeschwindigkeit. Das bedeutet mittelfristig eine Entzerrung der Verkehre. Und vor allem, dass in Zukunft die schnellen Hochgeschwindigkeitszüge auch wirklich schnell fahren. Denn wir wissen, dass wir dort, wo wir moderne und komfortable Hochgeschwindigkeitszüge in entsprechenden Zeiten fahren, erhebliche Marktanteile vom Flug und von der Straße übernehmen können. Das zeigen die Erfahrungen der französischen, belgischen und Deutschen Bahn auf der Strecke Paris-Brüssel-Köln mit dem Thalys. Das zeigen die Erfahrungen der DB AG mit den ICE-Sprintern auf den Strecken München-Frankfurt und Frankfurt-Berlin. Und das ist sinnvoll im Sinne eines integrierten Gesamtsystems. Bei Fahrtzeiten von bis zu vier Stunden und Entfernungen von bis zu rund 700 Kilometern ist der Hochgeschwindigkeitszug schon heute eine echte Alternative. In diese Richtung wollen wir weitergehen. Eine deutliche Verbesserung für den gesamten Verkehr in Deutschland wird dabei von der Neubaustrecke Köln-Rhein/Main ausgehen.

Im Personennahverkehr zeigt sich, dass vor allem die Vertaktung und der Anschluss an wichtige Fernverkehrsstrecken, aber auch die Qualität der eingesetzten Züge einen erheblichen Einfluss auf die Akzeptanz bei den Kunden haben. Auf Strecken, auf denen bereits moderne Züge eingesetzt werden und der Betrieb entsprechend organisiert wurde, verzeichnen wir Zuwachsraten beim Fahrgastaufkommen von zwischen 25 und 70 Prozent. Beispiele sind Strecken im Rhein-Main-Gebiet, auf denen moderne Doppelstockwagen fahren, sowie der Regionalverkehr zwischen Berlin und Brandenburg. Auch hier zeigt sich, dass schnelle Reisezeiten, zuverlässige Informationen, eine

incentives for the labour market and employment. The Deutsche Bahn AG is also the most important single issuer of contracts in Eastern Germany. In all some 200,000 jobs in a large number of companies depend on railway contracts in such economically vulnerable areas as the construction industry. This makes the Deutsche Bahn AG a stabilising factor in the German economy.

But this investment programme is only a part of a larger modernisation campaign. The aim is to further expand the Railway's strengths. The Railway of the future must be fit in order to function as a partner for tasks and cooperation as part of a comprehensive transport concept that provides for a specific division between individual transport modes.

Besides the reorganisation of the railways as an organisation, an improvement of its services and growth through the opening up of new transport markets. We want to be part of the growth in the transport markets in Europe.

In order to achieve that we will orient ourselves more consistently in the coming years to our markets and the wishes of our customers. Economy and the use to the customer will be the focal point of all products and services in the future. We are therefore giving high priority to improving our core services. For this reason we will be investing not least in the modernisation of our whole system. Even today it is obvious that customer service, travelling comfort, reliable connections and travelling times are essential factors according to which our customers decide whether they travel by rail or have their freight carried by DB Cargo. Anther essential component is the link with other means of transport along the whole travel or transport chain – in other words, "one-stop-shop" services from house to house.

We will therefore be making increased use of electronic media and the latest information technology in order to further improve our accessibility, customer advice and information, the control and monitoring of our trains. From electronic booking and payment to satellite freight tracking that allow our customers to use his PC to track the progress of his freight en route there is a series of interesting uses that we will be testing in the mid-term and want to introduce.

We are also in the middle of modernising and expanding our rail network so that it is better adjusted to the technical characteristics of the trains that travel on it, especially the achievable speeds. In the mid-term this means a correction of the distortion of the routes. The modernisation and expansion programme also means that the high-speed trains will be able to travel faster in future. We know that we can gain considerable market share from air travel and road transport in those areas where we use modern, comfortable high-speed trains.

This is demonstrated by the experience of the French, Belgian and German railways with the Thalys on the Paris-Brussels-Cologne route. This is demonstrated by the experience of the DB AG with the ICE Sprinters on the Munich-Frankfurt and Frankfurt-Berlin routes. And it makes sense in an integrated system. With travelling times of up to four hours and distances of up to 700 kilometres the high-speed train is already a genuine alternative today. This is the direction in which we want to go. A distinct improvement for all rail traffic in Germany will start with the new Cologne-Rhine-Main route.

In rail passenger transport it is apparent that departure frequencies and connections with important long-distance routes especially and the quality of those trains have a considerable influence on customer-acceptance. On routes on which modern trains are already in use and where operations are organised correspondingly we are showing increases in passenger-rates of between 25 % and

Links: Bahnsteighalle des Berliner Ostbahnhofs
Große Fotos: Lehrter Bahnhof, Berlin.
Left: Hall at Berlin's Eastern Railway Station
Large photos: Lehrte Railway Station, Berlin.

optimale Abstimmung zwischen den verschiedenen Verkehrsmitteln und eine möglichst geschlossene Transportkette erhebliche Vorteile bringen. So betrieben, gewinnt ein moderner Nahverkehr auch für überzeugte Autofahrer wieder Attraktivität.

Darüber hinaus haben wir damit begonnen, im Rahmen einer so genannten Mittelstandsoffensive 37 unter herkömmlichen Bedingungen nicht wirtschaftlich zu betreibende Rand- und Nebennetze sowie 10 Einzelstrecken mit einer Gesamtlänge von über 9.000 Kilometern aus der großen Bahn herauszulösen. Das hat zum Ziel, durch kleinräumige Strukturen, kostengünstigen Betrieb und hohe Flexibilität bei Personaleinsatz und Planung ein Angebot zu schaffen, das optimal auf den Bedarf dieser Regionen in der Fläche abgestimmt ist. Das heißt unter anderem auch, dass in Zukunft die kleine Bahn vor Ort aufgrund ihrer Kenntnis der lokalen Gegebenheiten entscheidet, ob und wann Sonderverkehre zu Volksfesten oder anderen Ereignissen sinnvoll sind.

Und wir sind dabei, unsere Kompetenz zu nutzen, um auf einem weiteren Sektor des Verkehrsmarktes Anteile zu gewinnen – dem Stadtverkehr. Denn gerade in den Metropolen und Ballungsräumen wird dem Öffentlichen Personennahverkehr bei der Bewältigung der Mobilitätsnachfrage in Zukunft eine erhebliche Bedeutung zukommen. Aber bisher ist er dafür nur schlecht aufgestellt. Meist haben wir heute die Situation, dass wir die S-Bahn und die örtlichen Verkehrsbetriebe U-Bahn, Straßenbahn und Busse betreiben – in Konkurrenz zueinander; nur selten sind die Fahrpläne aufeinander abgestimmt. Das bedeutet Parallelangebote und schlechte Auslastungswerte. Und das nutzt weder dem Kunden, noch macht es für die beteiligten Unternehmen ökologisch und ökonomisch Sinn. Unser Ziel ist es daher, mit partnerschaftlichen Lösungen zu Gesamtangeboten aus einer Hand zu kommen – für einen insgesamt deutlich attraktiveren Öffentlichen Personennahverkehr.

Und auch im Güterverkehrsbereich verfügt die Bahn über erhebliche Marktpotenziale, die weit über den heute realisierten Anteilen liegen. Nur bei der Beförderung von großen Mengen hat die Schiene als hoch leistungsfähiges Transportmittel schon heute eine einzigartig gute Position. In anderen Sparten muss sie noch stark in ihre Leistungsfähigkeit investieren. Effizienzsteigerungen, ein höheres Maß an Kundenorientierung und der Einsatz von modernen Informationstechnologien zum „tracking und tracing" von Ladungen und Zügen gehören dazu ebenso wie die Anwendung von Qualitätsmanagementsystemen und Qualitätsplänen – nicht nur national, sondern auch europaweit.

Eine dieser Entwicklungen geht in Richtung Branchenverkehre. ChemCargo oder die neuen Porsche-Züge, die allein die Ladung von rund 2.000 Lkw jährlich von der Straße auf die Schiene holen, sind Beispiele dafür.

Eine andere Entwicklung, die wir massiv vorantreiben, ist die der internationalen Verkehre. Denn gerade bei den europaweiten Verkehren sind die Wachstumspotenziale des Güterverkehrs auf der Schiene noch längst nicht ausgereizt. Schuld daran sind zum einen die Bahnen, die noch längst nicht im notwendigen Umfang miteinander kooperieren. Schuld sind vor allem auch die ungleichen Grundvoraussetzungen und Rahmenbedingungen für den Straßen- und den Schienenverkehr. Gerade bei den grenzüberschreitenden Verkehren ist die Straße noch immer ganz erheblich im Vorteil. Die Gründe reichen von vergleichsweise niedrigen Wegekosten, über Nichtahndung von Sozialdumping und der Missachtung von Sicherheitsauflagen bis hin zur Nichtanlastung von Umweltkosten und anderen externen Kosten im Straßenverkehr. Auch an diesen Ansatzpunkten arbeiten wir: Zum einem indem wir Kooperationen und Joint Venture mit anderen Bahnen initiieren. Das herausragende Beispiel dafür ist Railion. Zum anderen indem wir auf politischer Ebene auf eine Gleichbehandlung der Schiene hinwirken im Vergleich mit den anderen Verkehrsträgern. Dabei geht uns nicht darum, nun unsererseits Vorteile zu erlangen. Vielmehr geht um eine faire Ausgangslage für alle Verkehrsmittel, die im Wettbewerb miteinander stehen.

Es ist meine feste Überzeugung, dass wir der auf uns als Transitland zukommenden Mobilitätsnachfrage nur dann gerecht werden können, wenn wir die dafür nötigen Voraussetzungen schon heute schaffen. Chancengleichheit der Verkehrsträger untereinander und integrierte Verkehrskonzepte gehören unabdingbar dazu. In keinem Fall werden wir den bis 2015 prognostizierten Verkehrszuwachs allein auf der Straße bewältigen können. Wir brauchen in Zukunft eine leistungsfähige, moderne Schiene.

Das ist unsere Vision:

- schnelle Verbindungen zwischen deutschen und europäischen Metropolen,
- gute und auf den Fernverkehr getaktete Anschlüsse im Regionalverkehr,
- Integration der Verkehrsangebote im Stadtverkehr,
- im Personenverkehr solide Partnerschaften und Kooperationen mit den anderen Verkehrträgern sowie den Städten und Touristikunternehmen, aber auch den ausländischen Bahnen für Angebote entlang der gesamten Reisekette aus einer Hand,
- Bahnhöfe als kundenorientierte Mobilitäts-Drehscheiben, aber auch attraktive Einkaufs- und Entertainment-Zentren,
- im Güterverkehr maßgeschneiderte, zuverlässige Transporte in die europäischen Industriezentren, inklusive Sendungsverfolgung und umfassender Kundenbetreuung,
- Partnerschaften, Kooperationen und Joint Ventures mit anderen Logistik- und Transportunternehmen für Angebote entlang der gesamten Transportkette inklusive Lagerhaltung europaweit aus einer Hand,
- ein insgesamt mit modernen Kommunikations- und Steuerungssystemen ausgestattetes hoch modernes Bahnsystem. ■

*Links:
InterCity Express 3 auf der Neubaustrecke Hannover–Würzburg auf der Pfiefftalbrücke.*

*Unten:
InterCityExpress mit Neigetechnik.*

*Left:
InterCity Express 3 at the Pfiefftal Bridge on the new Hanover-Würzburg route.*

*Below:
InterCityExpress with "Tilt technology".*

70 %. Examples are the routes in the Rhine-Main area, where modern double-storied carriages are used, and regional commuter traffic between Berlin and Brandenburg. Even here we are seeing that fast travelling times, reliable information, good connections with various other transport modes and a closed transport chain bring considerable advantages. If operated in this fashion, modern commuter traffic becomes attractive even to dyed-in-the-wool motorists.

As part of a so-called medium-sized commercial downsizing we have also started releasing 37 branch lines and 10 individual stretches of track with a total length of over 9,000 km which would be uneconomic under normal commercial conditions. Through small-scale, low-cost operations and a flexible use of personnel and planning this is intended to create to provide a service that is appropriate to the requirements of rural regions. Among other things this also means that small local railways will decide on the basis of their knowledge of local conditions if and when special services are appropriate for local festivals or other such events or not.

We are also in the process of using our skills to gain a share in another sector of the transport market. In the big cities and main centres commuter transport will gain considerable importance in coping with the need for mobility in the future. But so far things have not been so bad. Usually we have operated the S-Bahn (fast city-regional light rail) and the local authorities have operated the U-Bahn (city underground rail), trams and busses in competition with us. Only rarely do the various timetables coincide. That means parallel services and unused capacity. And that is of use neither to the customer nor does it make economical or ecological sense for the transport operations concerned. So it is our aim to design combined services on a "one-stop-shop" basis in partnership with the local authorities in order to provide generally more attractive passenger commuter services.

In goods traffic as well the railways have considerable market potential that exceeds that achieved today Only by transporting large amounts of freight does rail have a unique advantage. In other areas it has to invest in its performance. Increases in performance, a higher standard of customer orientation and the use of modern information technology for tracking and tracing goods and trains are just as much a part of this as the use of quality management systems and quality plans within Germany and all over Europe.

One of these developments is in the area of branch-line traffic. ChemCargo or the new Porsche trains, which take some 2,000 trucks annually off the road onto rail alone are examples of this. Another development that we are pushing as much as possible is international running because in Europe-wide running that goods traffic's potential for growth is a long way from being exhausted. On the one hand it is the fault of the various national railway systems which are not cooperating as much as they could be. But most of the blame can be laid at the door of the basic conditions for road and rail transport.

Road transport still has a considerable advantage in cross-border goods traffic. The reasons range from the comparatively low transport costs, the lack of prosecution of wage-dumping, disregard for safety regulations, ignoring environmental costs and other external costs in road transport. We are even working on these points – for one thing by initiating cooperative efforts and joint ventures with other national railway systems. A classic example here is Railion. We are also working at political level towards achieving equal opportunity on the rails compared with other transport modes. For us it is not a question of getting an unfair advantage. Rather, we want a level playing field for all those transport modes that compete with each other.

I am firmly convinced that we can only satisfy the coming demand for transport through Germany as a transit country if we create the right conditions today. Equality of opportunity between transport modes and integrated transport concepts are an integral part of this. We will not be able to satisfy the growth in traffic that has been forecast by 2015 on the road alone. In future we will need a modern, efficient railway system.

Our vision for the future is:

- rapid connections between major German and European cities,
- good regional connections timetabled to coincide with long-distance services,
- integration of urban transport services,
- sold partnerships in commuter and cooperation with other transport modes, cities and tourist organisations but also with foreign railway systems for "one-stop-shop" services along the whole transport chain,
- railway stations as customer-oriented mobility bases and as attractive shopping and entertainment centres,
- made-to-measure, reliable transport to European industrial centres, including freight tracking and comprehensive customer service,
- partnerships, cooperation and joint ventures with other logistics and transport companies for services along the whole transport chain including warehousing throughout Europe on a "one-stop-shop" basis,
- a completely up-to-date railway system with modern communications and control systems. ■

ThyssenKrupp AG – führend im internationalen Wettbewerb

ThyssenKrupp AG – Leading the international Competition

ThyssenKrupp hat als internationaler Industriekonzern seine Kompetenz in drei Schwerpunktbereichen: Stahl, Industriegüter und Dienstleistungen. Mit über 38 Mrd. € Umsatz und mehr als 193.000 Mitarbeitern besetzt ThyssenKrupp mit seinen Aktivitäten überwiegend TOP-3 Positionen. Die Produkte und der Service von weltweit über 700 Unternehmen sind den sechs Segmenten Steel, Automotive, Elevator, Technologies, Materials und Serv zugeordnet.

Das Segment **Steel** gehört zu den weltweit führenden Stahlproduzenten. Die Aktivitäten gliedern sich im Wesentlichen in zwei Geschäftsbereiche: ThyssenKrupp Stahl mit Produktion von Grund- und Qualitätsflachstahl, Elektro- und Weißbleche und KruppThyssen Stainless mit der Herstellung von Edelstählen, Nickel-Basis-Werkstoffen sowie Titan und Titanlegierungen. Im Geschäftsbereich Qualitätsflachstahl steht für die Zukunft eine verstärkte Internationalisierung von Produkten im Vordergrund. Ziel des Bereichs Stainless mit Produktionsgesellschaften in Deutschland, Italien, Mexico, USA und China ist die Stärkung der führenden Weltmarktposition.

Der zentrale Sitz von ThyssenKrupp in Düsseldorf.

ThyssenKrupp's Düsseldorf headquarters.

ThyssenKrupp Steel zeichnet sich durch führende Technologiekompetenz aus.

Das Segment **Automotive** zählt zu den weltweit führenden Entwicklern und Anbietern der internationalen Automobilindustrie. Es gibt kaum ein Auto ohne ein Teil von ThyssenKrupp Automotive. Die Produktionspalette, dic den Geschäftsbereichen Body, Chassis und Powertrain zugeordnet ist, umfasst Komponenten, Module und Systeme just in time für Fahrgestell, Karosserie und Antriebsstrang/Lenkung. Getragen wird der Erfolg durch Kosten- und innovative Technologieführeschaft, Beispiele sind: Leichtbau, Einsatz alternativer Werkstoffe oder neue Prozesse wie Hydroforming. Mit regionalen Schwerpunkten in Europa, Nord- und Südamerika produziert ThyssenKrupp Automotive dort, wo es für die Kunden am günstigsten ist.

Das Segment Steel gehört zu den weltweit führenden Stahlproduzenten.

The steel segment is one of the world's largest steel producers.

Das Segment **Elevator** hat sich mit einem breiten Fertigungsprogramm auf die Beförderung von Personen und Lasten spezialisiert und besetzt welweit Platz 3 unter den Aufzugherstellern. Das Kerngeschäft liegt in den Bereichen Neuanlagen, Modernisierung und Service von Aufzügen, Fahrtreppen, Treppenliften und Fluggastbrücken. Moderne Produktionsgesellschaften im In- und Ausland, neue Joint Ventures in Wachstumsmärkten sowie neue Akquisitionen sorgen dafür, dass alle Produkte und Dienstleistungen nah am Kunden sind. Das Unternehmenssegment zählt zu den am stärksten globalisierten Bereichen des Konzerns und vereint hohe Ertragskraft mit überdurchschnittlichen Renditen.

In dem Segment **Technologies** sind die Aktivitäten von ThyssenKrupp im Maschinenbau und in der Systemtechnik zusammengefasst, in denen der Konzern bereits heute regional und global starke Marktpositionen hält. Zu diesen Bereichen zählen Production Systems und Components ebenso wie die Werften und der Anlagenbau. Durch ein breites Leistungsprogramm werden Kunden rund um den Globus technologisch führende Produkte sowie maßgeschneiderte Lösungen angeboten. Die Know-how-Kompetenz wird durch ein stark spezialisiertes und flexibles Vertriebssystem optimal ergänzt.

Durch Verfolgung des One-Stop-Shopping-Konzepts sowie Integration der europäischen Lager- und Logistikorganisation hat sich das Segment **Materials** zu einem der weltweit größten Komplettanbieter von Grund- und Qualitätsflachstahl, Rohren, Edel- und Werkzeugstahl, Nichteisen-Metallen sowie Kunststoffen entwickelt. Die Service-Center sind in Europa und Amerika führend. Durch den weiteren Ausbau des Servicegeschäfts wird der Weg zu einem vernetzten Werkstoff-Dienstleister kontinuierlich fortgesetzt.

Das Segment **Serv** bündelt die Aktivitäten des gesamten ThyssenKrupp Konzerns auf den Gebieten der Standort-, Industrie- und Gebäudedienstleistungen sowie IT-Dienstleistungen. Insbesondere die E-Commerce-Aktivitäten und die zügige Internationalisierung werden dieses Segment stark wachsen lassen und einen immer größeren Anteil zur Konzern-Wertschöpfung beitragen. ■

Der Transrapid – ein bedeutendes Zugpferd des Unternehmens.

The Transrapid – one of the company's important drawing cards.

ThyssenKrupp

ThyssenKrupp AG

Vorstandsvorsitzender/
Chairman of the Management Board:
Prof. Dr. Ekkehard D. Schulz

Gründungsjahr /Year of Foundation:
1999, entstanden aus der Fusion der Thyssen AG und der Fried. Krupp AG
Founded in 1999, from the merger of the Thyssen AG and the Fried. Krupp AG

Mitarbeiter/Employees:
rund 193.000

Geschäftsfelder/Business areas:
Steel, Automotive, Elevator, Technologies, Materials, Serv

Anschrift/Address:
August-Thyssen-Straße 1
D-40211 Düsseldorf
Telefon +49 (211) 82 40
Telefax +49 (211) 82 43 60 00
E-Mail info@tk.thyssenkrupp.com
Internet www.thyssenkrupp.com

As an international industry group ThyssenKrupp is active in three areas: steel, capital goods and services. With over 38 thousand million Euro in turnover and more than 193,000 employees Thyssenkrupp occupies most of the top three positions in its activities. The products and services from over 700 companies around the world come from the six areas of Steel, Automotive, Elevators, Technologies, Materials and Service.

The **Steel** Segment is part of the internationally leading steel producers. The activities are divided essentially into two business areas: ThyssenKrupp Steel with production of ordinary steel, quality flat steel, electrical steel, tin sheet, and KruppThyssen Stainless with the production of stainless steel, nickel-based materials and titanium and titanium coatings. In the quality flat steel area the emphasis is on a stronger internationalisation of products. The aim of the stainless steel area with production plants in China, Germany, Italy, Mexico and the USA is the reinforcement of its leading position in the world market. ThyssenKrupp Steel is distinguished by its leading competence in technology.

The **Automotive** Segment is one of the world's leading developers and sellers in the international automobile industry. There is hardly a car without a part from Thyssen-Krupp Automotive. The production range in the Body, Chassis and Powertrain business area consists of components, modules and systems supplied "just in time" for the chassis, bodywork and power-train/steering. The success is founded on leader-ship in cost-cutting and technology. Examples are: light construction, the use of alternative materials or new processes such as hydra-forming. With regional emphases in Europe, North and South America ThyssenKrupp produces vehicles where it is cheapest for the customer.

With its broad production programme the **Elevator** Segment has specialised in the transport of people and occupies third place among the world's lift manufacturers. Its core business is in new equipment, modernisation and the servicing of lifts, moving staircases and moving pedestrian-ways. Modern production companies in Germany and overseas, new joint ventures in growth markets and new acquisitions ensure that all products and services are close to the customer. The segment is one of the group's most international business areas and combines the ability to achieve high turnover with an above-average return on investment.

The **Technologies** Segment consists Thyssen Krupp's combined activities in civil engineering and systems technology, in which the group already occupies strong positions in the domestic and overseas markets. These areas include Production Systems and Components as well as ship building and plant manufacturing. By means of a broad range of products the company can offer customers all round the world state of the art and made-to-measure solutions. The know-how competence is comple-mented by a strongly specialised and flexible sales system.

By pursuing a one-stop shopping concept and the integration of the European warehouse and logistics organisation the **Materials** Segment has developed into one of the world's largest one-stop shops for basic and quality flat steel, tubing, stainless and tool steel, non-ferrous metals and plastics.

The **Service** Centres are European and American leaders. Through the continued expansion of customer service the path to a network of materials service companies is being continued. ■

Weltweit Platz 3 der Aufzughersteller.

The 3-largest lift manufacturer in the world.

Wer global denkt und handelt, hat beste Zukunftsperspektiven

Thinking and Acting Globally – a Guarantee of the best Prospects for the Future

Innenansicht der 50 m hohen Print Media Academy direkt am Heidelberger Hauptbahnof.

An inside view of the 50 m high Print Media Academy right across from Heidelberg's railway station.

Bernhard Schreier

Der 1954 in Heidelberg geborene Autor absolvierte ein Maschinenbau-Studium an der Berufsakademie Mannheim in Verbindung mit der Heidelberger Druckmaschinen AG, Abschluss als Dipl.-Ing. (BA). Es folgten Tätigkeiten in verschiedenen Werken der Heidelberger Druckmaschinen AG in Wiesloch, Montataire, Frankreich und Harris S.A. 1996 wurde er Vorstandsvorsitzender der Linotype-Hell AG. Nach der Verschmelzung der Linotype-Hell AG mit der Heidelberger Druckmaschinen AG wurde Schreier Ordentliches Mitglied des Vorstandes der Heidelberger Druckmaschinen AG und Leiter der Business Unit Prepress und 1999 Chief Operating Officer (COO) Heidelberg Digital, Rochester (USA). Seit Oktober 1999 ist Bernhard Schreier Vorstandsvorsitzender der Heidelberger Druckmaschinen AG.

The author, born in 1954, studied mechanical engineering at the Berufsakademie (a sort of degree-granting vocational college) in Mannheim while at the same time acquiring practical experience at Heidelberger Druckmaschinen AG. After taking positions at Heidelberger's various plants in Wiesloch (just south of Heidelberg), Montataire in France and Harris S. A., he became Chairman of the Executive Board of Linotype-Hell AG in 1996. After the merger of this company with Heidelberger Druckmaschinen AG he became a full member of the Executive Board of Heidelberger Druckmaschinen AG and Manager of the Pre-press Business Unit. In 1999 he became Chief operating Officer (COO) of Heidelberg Digital, Rochester (USA). Bernhard Schreier has been Chairman of the Executive Board of Druckmaschinen AG since October 1999.

Die Heidelberger Druckmaschinen AG hat sich in den letzten Jahrzehnten vom Maschinenbaukonzern zu einem globalen Unternehmen der modernen Kommunikationsindustrie entwickelt. Durch innovative Produktentwicklungen und Akquisitionen hat es Heidelberg geschafft, sich als Lösungsanbieter der grafischen Industrie mit dem umfassendsten Produktportfolio zu etablieren.

Heidelberg konnte das Geschäftsjahr 2000/2001 mit einem Rekordumsatz von 5,3 Mrd. Euro abschließen. Dies bestätigt, dass das Unternehmen die Weichen für die Zukunft richtig gestellt hat. Der Auslandsumsatzanteil von 87 Prozent zeigt, dass Heidelberg weltweit der bevorzugte Partner für Hersteller professioneller Printmedien ist.

Das Jahr 2002 könnte eine Herausforderung für die deutsche Druck- und Medienbranche werden. Angesichts der konjunkturelle Abkühlung, sind die Werbeausgaben rückläufig und die Kapazitätsauslastung sinkt. Auch Statistiken der Branche belegen dies. Für 2002 erwartet der VDMA (Verband Deutscher Maschinen- und Anlagenbau e. V.) einen Rückgang der Maschinenproduktion um zwei Prozent. Laut BVDM (Bundesverband Druck und Medien) sanken 2001 die Auslandsumsätze in der Druckindustrie, die in den letzten Jahren immer zweistellig gewachsen waren, um 6,9 Prozent im Vergleich zum Vorjahr. Das prognostizierte Wirtschaftswachstum in Deutschland für 2002 liegt laut Statistischem Bundesamt bei nur 0,7 Prozent.

Die Heidelberger Druckmaschinen AG sieht diese Situation als Chance, ihre führende Rolle weiter auszubauen. Mit einer Drei-Säulen-Strategie will das Unternehmen die Aufgaben und Herausforderungen der kommenden Jahre in der grafischen Industrie angehen. Als führender Anbieter von

In the last few decades Heidelberger Druckmaschinen AG has developed from an engineering company into a global concern in today's communications industry. With innovative products and acquisitions Heidelberg has managed to establish itself as a provider of solutions in the graphics industry with a most comprehensive range of products.

Von Heidelberg in die ganze Welt – 87 Prozent der Produkte werden ins Ausland geliefert.

87per cent of all products are exported from Heidelberg all over the world.

Heidelberg ended the 2000/2001 business year with a record sales of 5.3 billion Euro. This confirms that the company is on the right road to the future. The overseas portion in sales of 87 per cent shows that Heidelberg is the preferred partner for producers of professional print media.

The year 2002 could prove to be a challenge for the German printing and media sector. In view of the economic slowdown, less money is being spent on advertising and plant utilisation is sinking, which statistics from the industry itself prove. For 2002 the VDMA (Verband Deutscher Maschinen- und Anlagenbau e. V., or German Engineering Industry Association) is expecting a 2 per cent reduction in machinery production. According to the Printing and Media section within the BVDM (Bundesverband Druck und Medien, The German Printing and Media Association), overseas turnover in the printing industry, which has always seen two-figure growth, dropped by 6.9 per cent compared with the previous year. According to Germany's Federal Statistics Agency economic growth forecast for the country for 2002 is only about 0.7 per cent.

Oben links: Werk Amstetten der Heidelberger Druckmaschinen AG. Rechts: Die Unternehmenszentrale der Firma in Heidelberg.

Above left: Heidelberger Druckmaschinen AG's Amstetten factory. Right: Company headoffice in Heidelberg.

The Heidelberger Druckmaschinen AG regards this situation as an opportunity to extend its leading role in the industry. With a "three-pillar"

Oben: Heidelberg hat zehn Jahre Erfahrung in Direct Imaging – die Platten werden direkt in der Druckmaschine bebildert.
Rechts: Heidelberg setzt seinen Maschinen-Leitstand CP2000 Center an allen Speedmaster-Modellen ein.

Above: Heidelberg has 10 years of experience with direct imaging – the plates are illustrated directly in the printing machine.
Right: Heidelberg uses its machine-directing stand CP2000 Centre on all Speedmaster-Models.

Offset-Drucklösungen weltweit, möchte Heidelberg diese starke Marktposition ausweiten. Im Digitaldruck will Heidelberg weltweit zu den drei erfolgreichsten Anbietern gehören. Eine führende Rolle bei der Weiterverarbeitung ist das dritte strategische Ziel des Konzerns.

Allgemein gilt, dass sich die gesamte Druck- und Publishingindustrie in Zukunft drei Herausforderungen stellen muss. Das Internet wird als Bedrohung für Printmedien angesehen. Die erfolgverwöhnte US-Wirtschaft erlahmt. Der Wirtschaftsstandort Deutschland gilt als unattraktiv.

Ungeachtet dieser Faktoren wird die Druckbranche auch weiterhin boomen. Dazu muss sie sich offen gegenüber dem World Wide Web zeigen, sich international aufstellen und die Perspektiven des Standortes Deutschland erkennen und nutzen.

Das Internet als Wachstumsmotor

Das World Wide Web bedroht die Druck- und Publishingindustrie nicht. Auch im elektronischen Zeitalter haben Printmedien Zukunft, wenn sie flexibel einsetzbar, schnell, in hoher Qualität sowie kostengünstig hergestellt und verteilt werden können. Das erfordert Lösungen, die ohne Digitalisierung nicht möglich wären. „Personal Printing" ist das Stichwort: Druckaufträge werden über das Internet vergeben und individuell in der Druckerei umgesetzt. Laut einer Untersuchung des Rochester Institutes of Technology (RIT) nimmt das Printvolumen sogar kontinuierlich zu, wenn Synergieeffekte zwischen Print- und Onlinemedien genutzt werden. Allein in den USA wird der Digitaldruck bis zum Jahr 2020 von 24 Prozent auf 60 Prozent Marktanteil steigen. Walter Bender

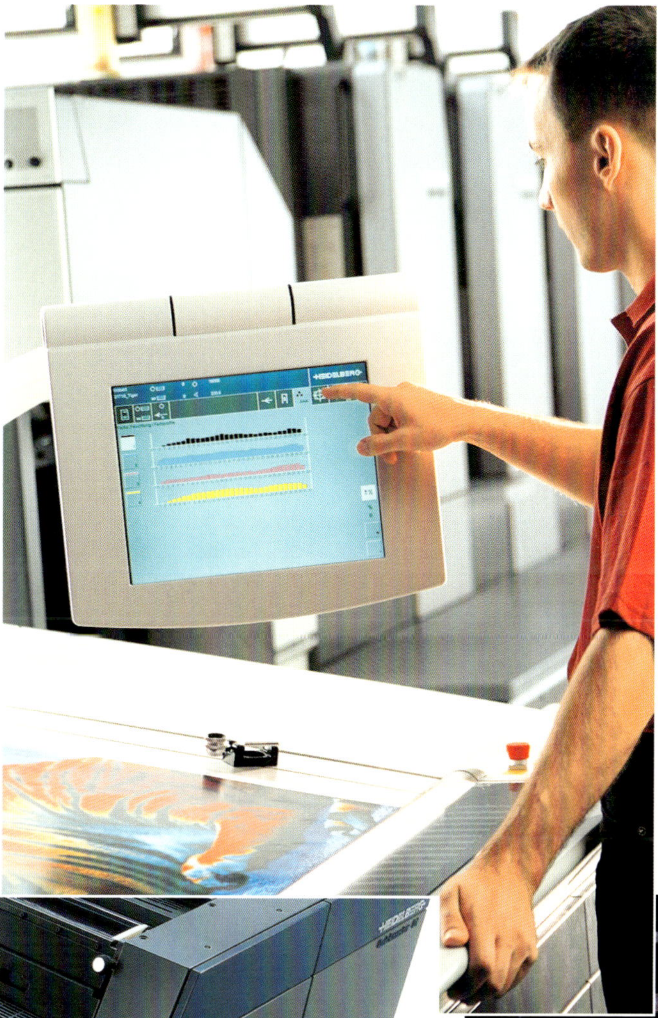

strategy it wants to get to grips with the tasks and challenges of the coming years in the graphic industry. As the world's leading supplier of offset printing solutions, Heidelberg wants to expand its strong market position, and wants to be one of the world's three most successful suppliers of digital printing services. Its third strategic goal is to be one of the world leaders in postpress.

In general, the whole printing and publishing industry must face three challenges in the future. The internet is regarded as a threat to print media. The US economy, spoiled by success, is in a period of slowdown. Germany is considered unattractive as a place to do business.

But regardless of these factors the printing industry will continue to boom. And it must adopt an open attitude to the World Wide Web, position itself on the world market and recognise and make use of the possibilities available in Germany as a place to do business.

The Internet as a Motor for Growth

The World Wide Web is not a threat to the printing and publishing industry. Even in the electronic age print media have a future, if they can be produced and distributed flexibly, fast, with a high standard of quality and at low cost. This requires solutions which would not be possible without digitalisation. The watchword here is "personal printing", which means that printing jobs can be issued via internet and carried out individually at the printing company. According to a study by the Rochester Institutes of Technology (RIT) the volume of printing even increases when synergy effects between print and online media are used. In the USA alone digital printing will increase by 24 per cent to 60 per cent of market share by the year 2020. Walter Bender from Medialab at the Massachusetts Institute of Technology (MIT) explains, "Paper is an ideal means of communication. But the way it is printed is going to change." The internet plays a dominant role in the transmission of data and content.

Heidelberg wants to address market partners from other areas in the media industry and discover the new opportunities in print media production. It is precisely the highly innovative industry sectors of the so-called new economy that have large information deficits, for example, the knowledge that it is possible to be as quick and efficient in printing as it is in the online area, or that information can be personalised in digital printing as well as on a web-site. Heidelberg has accepted the task of equipping its customers for the future and this responsibility is apparent in its job-training and in continuing education. The print- shops require employees who are up-to-date with the latest in the world of computers, particularly in workflow. With a network of eight print

Print Media Academy, das internationale Schulungszentrum der Heidelberger Druckmaschinen AG.

Print Media Academy, Heidelberger Druckmaschinen AG's international training centre.

vom Medialab am Massachusetts Institute of Technology (MIT) erklärt: „Papier ist ein ideales Mittel für Kommunikation. Aber der Weg, es zu bedrucken, wird sich verändern." Das Internet spielt eine tragende Rolle bei der Übertragung von Daten und Inhalten.

Heidelberg wird verstärkt Marktpartner aus anderen Medienbereichen ansprechen und über die neuen Möglichkeiten der digitalen Printmedien-Herstellung informieren. Gerade die hochinnovativen Brachen der so genannten New Economy haben häufig starke Informationsdefizite darüber, dass man beispielsweise im Druck genauso schnell und effizient sein kann wie im Online-Bereich oder dass man beim Digitaldruck Informationen ebenso personalisieren kann wie auf Websites. Heidelberg hat es sich zur Aufgabe gemacht, seine Kunden für die Zukunft zu rüsten. Diese Verantwortung zeigt sich auch in der Aus- und Weiterbildung. Die Druckereien von heute brauchen Mitarbeiter, die sich in der Computerwelt und besonders im Workflow bestens auskennen. Mit einem Netz von weltweit acht Print Media Academies leistet Heidelberg einen Beitrag zur Aus- und Weiterbildung. Ein neuer Aufbaustudiengang „Printmanager", der mit einem MBA abschließt, bereitet Führungskräfte von morgen auf die Herausforderungen der grafischen Industrie vor.

Auch Befürchtungen, das elektronische Buch (eBook), mit dem sich theoretisch jedes Buch der Welt aus dem Internet herunterladen lässt, löse sinkende Umsatzzahlen aus, lassen sich nicht bestätigen. Das US Marktforschungsunternehmen Forrester Research erwartet im Bereich Elektronic Publishing innerhalb der nächsten fünf Jahre insgesamt einen Umsatz von 7,8 Milliarden Dollar. Das entspricht knapp 17,8 Prozent des Gesamtumsatzes der Verlags- und Druckindustrie in den USA. Davon wird das eBook lediglich 251 Millionen Dollar verbuchen können. „Das Lesen am Bildschirm schreckt auch den motiviertesten Leser weiterhin ab", so erklärt Daniel P. O'Brian, Senior-Analyst von Forrester Research.

Weiteres Potenzial für die Druckbranche sind die Marktplätze im Internet. Einige Business-to-Business-Plattformen haben sich auf Gebrauchtmaschinen und Industriegüter spezialisiert, wie zum Beispiel NetBid.de oder GoIndustry.com. Das World Wide Web ist also eine zusätzliche Möglichkeit, Druckmaschinen international zu verkaufen. Heidelberger Druckmaschinen AG sieht hier einen wachsenden Markt und wird in diesem Jahr über eine Internet-Plattform gebrauchte Druckmaschinen anbieten. Der Kunde kann sich bei Kaufinteresse per Link mit dem Distributor verbinden lassen.

Print und neue Medien stehen also nicht im Wettstreit sondern ergänzen sich. Das Internet bietet für Druckindustrie eine aussichtsreiche Grundlage, neue Geschäftsfelder aufzubauen. Heidelberg wird sich auch in Zukunft dafür stark machen, dass Printprodukt im Wettbewerb mit anderen Kommunikationsmitteln gewinnt.

Globale Märkte – global positionieren

Nach den Ereignissen im September 2001, wirkt sich der schwächere US-Markt auch auf deutsche Unternehmen aus. Ein Patentrezept gegen wirtschaftliche Krisen oder Währungsschwankungen gibt es sicher nicht. Aber Unternehmen, die Produktionsstandorte in den USA, Europa und Asien errichten, machen sich unabhängiger von regionalen Entwicklungen. Bricht zum Beispiel der Absatz in den USA ein, kann der Verlust in europäischen oder asiatischen Märkten aufgefangen werden und umgekehrt. Im asiatischpazifischen Raum erzielte die Heidelberger Druckmaschinen AG im Geschäftsjahr 2000/2001 ein Umsatzplus von 35 Prozent. China ist für das Unternehmen der am schnellsten wachsende Einzelmarkt.

Zuverlässige Produkte, weltweiter Vertrieb und Service sind weitere Garanten für den Wachstumskurs eines internationalen Unternehmens. Heidelberger Druckmaschinen AG hat 18 Produktionsstandorte weltweit, davon befinden sich allein fünf in den USA. Das verdeutlicht, wie wichtig der amerikanische Markt für das Unternehmen ist. Insgesamt ist das Druckunternehmen mit über 250 Stützpunkten in 170 Ländern präsent und verfügt mit mehr als 4.000 Technikern über das dichteste Servicenetz der Branche. Für die Kunden ist das ein klarer Wettbewerbsvorteil, für das Unternehmen ein Stabilitätsfaktor in Zeiten von globalen Konjunkturschwankungen.

Wirtschaftsstandort Deutschland – besser als sein Ruf

Deutschland wird von internationalen Experten besser eingeschätzt als von den Deutschen selbst – so der Tenor einer Untersuchung des Lehrstuhls für Unternehmensführung an der Universität Erlangen-Nürnberg. 257 Politiker, Spitzenmanager und Professoren aus 34 Ländern wurden befragt. Im Wettbewerb um Zukunftsbranchen nimmt Deutschland danach eine führende Position ein. Spitzenreiter sind die USA vor Großbritannien und Deutschland. Bildung, soziale und politische Rahmenbedingungen und hohe Mitarbeitermotivation brachten Deutschland auf diesen Spitzenplatz. Für das Institut für Managemententwicklung in Lausanne zeichnen auch wachsende Flexibilität der Manager und zunehmende Internationalisierung der Unternehmen den Wirtschaftsstandort Deutschland aus.

Die Heidelberger Druckmaschinen AG gehört zu jenen Unternehmen, die sich für den Wirtschaftsstandort Deutschland entschieden haben: mit weltweit 26.000 Mitarbeitern, von denen 60 Prozent hierzulande arbeiten. Deutschland ist als Wirtschaftsstandort attraktiv und auch der europäische Binnenmarkt mit der einheitlichen Währung.

Fazit: Wer sich international aufstellt, das Internet als Chance für Kundenbindung und Absatzverbesserung erkennt, den Wirtschaftsstandort Deutschland zu nutzen weiß, der ist auch gegen Konjunktureinbrüche gewappnet. Die Druck- und Publishingindustrie wird auch weiterhin boomen. ■

Das World Logistics Center von Heidelberg beliefert seine Kunden in mehr als 170 Ländern mit Serviceteilen. Modernste Logistik ermöglicht Serviceteilelieferungen europaweit in maximal 24 Stunden. In diesem größten und modernsten Logistikzentrum der grafischen Industrie werden bis zu 130.000 Teile aus den Bereichen Vorstufe, Bogenoffset, Rollenoffset und Weiterverarbeitung gelagert.

The Heidelberg's World Logistics Centre delivers spare parts to its customers in more than 170 countries. The latest logistics enable the delivery of spares all over Europe in a maximum of 24 hours. Up to 130,000 parts from the pre-production stage, sheetfed, web and further processing are stored in the graphics industry's largest and state-of-the-art logistics centre.

media academies throughout the world Heidelberg is making a contribution to training and continuing education in the IT field. A new course – that of "Print Manager", which culminates in an MBA, prepares the managers of tomorrow for the challenges of the graphics industry.
Even fears that the electronic book (E-Book), with which every book in the world can be theoretically down-loaded from the internet, unleashes sinking turnover figures. The US market research company Forrester Research expects turnover totalling 7.8 billion dollars in the field of electronic publishing in the next five years. The E-Book will only capture 251 million dollars of that total. "Reading at the computer screen scares off even the motivated reader", explains Daniel P. O'Brian, senior analyst at Forrester Research.

There is additional potential for the printing sector in internet-based markets. Some business-to-business platforms have specialised in used machinery and capital goods, such as NetBid.de or GoIndustry.com. So the World Wide Web is another way of selling printing machines all over the world. Heidelberger Druckmaschinen AG sees a growing market here and wants to offer used printing machines for sale via an internet platform. Potential customers can get in touch with the distributor if they are interested.

So print and new media are not competing with each other; rather they complement each other. The internet offers a promising basis on which to build new businesses. Heidelberg will also support efforts to ensure that printed products win out against other means of communication.

Global Markets require Global Positioning

After the events in September 2001 the weaker US market is having an adverse effect on German companies. There is no patent cure against economic crises or currency fluctuations. But companies establishing production plants in the USA, Europe and Asia are making themselves more independent of regional developments. For example, if sales in the USA collapse, the loss can be caught up unnoticed in European or Asian markets, and vice versa. In the Asian-Pacific region Heidelberger Druckmaschinen AG achieved an increase in sales of 35 %. The company has found that China is the market that is growing the fastest.

Reliable products, international sales and service are further guarantees for the growth in an international company. Heidelberger Druckmaschinen AG has 18 production plants all over the world, including five in the USA alone. This illustrates how important the company is for the American market. Overall the company is represented by more than 250 bases in 170 countries and with more than 4,000 technicians, has the densest service network in the sector. For the customers that is an unmistakable competitive advantage, and for the company it is a stability factor in times of global economic fluctuation.

Germany as a Place to do Business – better than its Reputation

Germany is considered by international experts to be better than the Germans themselves think – this is the outcome of a survey by the Chair of Company Management at the University of Erlangen-Nürnberg, which surveyed 257 politicians, top mamagers and professors from 34 countries. Germany is one of the leaders in the competition for the industries of the future. The leader was the USA, followed by Germany and the United Kingdom at second equal. Education, social and political conditions and a high degree of employee motivation brought Germany to this position. For the Institute of Management Development in Lausanne (Switzerland) it is the growing flexibility of managers and increasing internationalisation of its companies that distinguish Germany. Heidelberger Druckmaschinen AG is one of those companies that have decided in favour of Germany as a place to do business. It has 26,000 employees world wide, of whom 60 % work in Germany. Germany is attractive as a place to do business and the European market with its single currency is now at the door.
Conclusion: Any company that goes international, recognises the internet as an opportunity to retain customers and increase sales and who knows how to use Germany as a place to do business, also has a weapon against economic downturn. The printing and publishing industry will continue to boom. ■

RICOH
Image Communication

RICOH Deutschland GmbH

Geschäftsführung/Management:
Nobuaki Majima

Gründungsjahr/Year of Foundation:
1978

Mitarbeiter/Employees:
227 (2000)

Umsatz/Turnover:
261,4 Mio. DM

Vertrieb durch/
Sales and distribution through:

- Fachhandel und Distributoren
- Niederlassungen: Hannover, München, West
- RICOH Digitale Lösungen, Köln
- dealerships and distributors
- branches: Hanover, Munich, West
- RICOH Digital Solutions, Cologne

Geschäftstätigkeit/Business Activity:
Lösungen für die Bürokommunikation
Office communications solutions

Niederlassungen/Branches:
NL Hannover
NL München
NL West

Anschrift/Address:
Mergenthalerallee 38-40
D-65760 Eschborn
Telefon +49 (6196) 906-0
Telefax +49 (6196) 906-295
e-mail info@ricoh.de
http:// www.ricoh.de

RICOH – Closer to the customer!

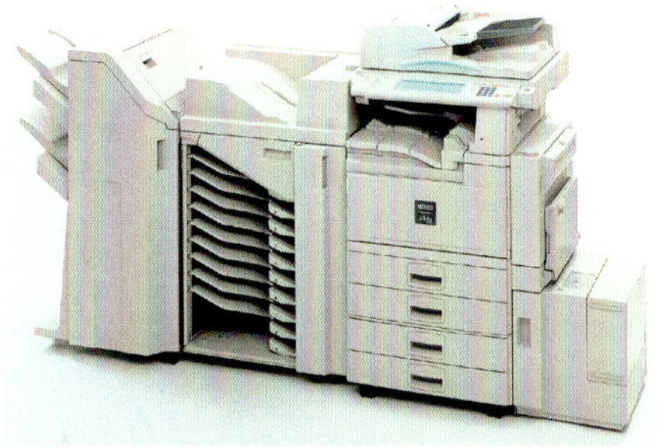

Aficio™ 1035/1045 mit allen Optionen.
The Aficio™ 1035/1045 with all the options.

Die Interessen der Kunden bestimmen RICOH's Denken und Handeln. Weltweit. Inbegriff der Marke RICOH sind digitale Lösungen für die Bürokommunikation, die zu jeder Zeit das technologisch und wirtschaftlich Beste bieten – individuell zugeschnittene Lösungen sind selbstverständlich.

Im Focus der RICOH-Lösungen des neuen Jahrtausends stehen innovative und netzwerkfähige Systeme und Dienstleistungen rund um das Bild und die Bildverarbeitung (Druck-, Scan-, Kopier- und Faxlösungen). Solutions bestimmen künftig die Geschäftsfelder: von Multifunktionsprodukten bis hin zu netzwerkfähigen Druckerlösungen. Als Innovator und Qualitätsführer der Branche definiert RICOH eine neue Dimension für das Büro der Zukunft: Image Communication – ganzheitlich optimiertes Dokumentenmanagement und beschleunigter Informationsfluss im Unternehmen.

Aktuelles Beispiel ist RICOH's neueste Entwicklung: Der neue Aficio™ AP3800C revolutioniert den Farbdruck im Büro. Das Hochleistungssystem erstellt 28 Vollfarbdrucke bzw. 38 Schwarzweißdrucke pro Minute und bietet einen einzigartigen Funktionsumfang.

Kompetente Partnerschaft und Kundennähe zeichnen RICOH's Geschäftspolitik aus. Durch das bundesweite RICOH-Service-Netz erhalten RICOH's Kunden überall in Deutschland ein gleichmäßig hohes Service-Niveau.

Darüber hinaus zählt das ökologische Engagement zu den traditionellen Aufgaben des Unternehmens.
Das Ergebnis: RICOH-Lösungen werden höchsten Umweltanforderungen gerecht. ■

RICOH's philosophy and actions are determined by its customers – all over the world. The essence of the RICOH-brand products is digital solutions for office communications that always offer the best, technologically and commercially, and where individually tailored solutions are a matter of course.
At the beginning of the new millennium the emphasis is on innovative, network-capable systems and services for images and image-processing (printing, scanning-, photocopying- and fax solutions). In future solutions will determine the nature of business fields, from multi-function products to network-capable printers. As an innovative company that is know in the sector for its top quality products, RICOH is defining a new dimension for the office of the future: Image Communication – holistically optimised document management and accelerated information flow in commercial organisations.
A current example is RICOH's latest product, the new Aficio™ AP3800C, which is revolutionising colour-printing in the office. This high-performance system produces 28 full-colour sheets and 38 black-and-white sheets per minute and offers a unique range of additional features.
Competent partnership and closeness to the customer distinguish RICOH's business policies. By means of its nation-wide service network customers receive a uniformly high level of customer service.
Over and above this RICOH's involvement inecological matters is also one of the company's traditional tasks. The result: RICOH solutions do justice to the highest standards of environmental friendliness. ■

Aficio™ 1015/1018 mit allen Optionen.
The Aficio™ 1015/1018 with all the options.

Aficio™ AP3800C

Beste Papiere und engagierter Service

Top-Quality Papers and committed Service

Classen-Papier ist ein Papiergroßhändler mit zwei Leidenschaften: Geboten werden die besten Papiere, die der Markt bietet. Und dazu ein engagierter und durchdachter Service. Diese beiden Leidenschaften sind die Grundlage für Classen-Papier. Sachlichkeit und Geradlinigkeit auf der einen Seite, Menschlichkeit und Wärme auf der anderen Seite.

Die Leidenschaft für Papier wird seit langem gelebt. Seit das Unternehmen 1919 gegründet wurde, kennt man den Papiermarkt genau. Die 700 Mitarbeiter, die heute in der Classen-Gruppe arbeiten, engagieren sich für alle Fragen in diesem Bereich, zum Beispiel welches Papier sich für welches Druckverfahren und welche Verarbeitung besonders eignet. Man weiß, wie Papier gelagert, transportiert und bedruckt werden muss. Werbeagenturen und Kunden der grafischen Industrie finden bei der unglaublichen Vielfalt von über 9.000 Sorten genau ihr Wunschpapier. Darüber hinaus bietet der Bereich Office Papers alles für den Papierbedarf im modernen Büro. Der Bereich Mediatronics versteht sich als Systemhaus, das mit seinem Know-how den gesamten digitalen Workflow bis hin zur Netzworkintegration abdeckt.

Die Serviceprodukte werden unter dem Oberbegriff „MasterCLASS“ zusammengefasst. Hier findet man Ideen und Angebote, die dazu beitragen, die Arbeit spürbar zu erleichtern. Der Name ist Programm. Ebenso wie die Papierprodukte werden auch die Serviceleistungen ständig weiterentwickelt und verbessert. Alle Serviceprodukte haben Markennamen, die garantieren, dass die Leistung, die dahinter steht, stets konstant und gleichbleibend hochwertig ist. Selbstsprechende Produkte wie „Blitzreklamation“, „Musterexpress“ oder „Ready to Print“ versprechen nicht zu viel.

So oder so: Kunden von Classen-Papier profitieren von der Begeisterung. ■

Geschäftsführer Dr. C. Hendrik Classen.

General Manager Dr C. Hendrik Classen.

Classen-Papier is a paper wholesaler with two passions: they offer the best papers on the market and committed, well-thought out service. Both these passions are the basis on which Classen-Papier works. Neutrality and rectitude on the one hand, and humanity and warmth on the other.

Classen has always had this passion for paper. They have been well-acquainted with the market since the company was founded in 1919. The 700 employees that work there today are involved in all aspects, for example, which papers are suitable for which printing process and processing. They know how paper has to be stored, transported and printed. Advertising agencies and customers in the graphics industry always find the type of paper they want out of the over 9,000 types available. In addition the Office Papers area offers all modern office paper requirements. The mediatronics area sees itself as a system house covering all areas of digital workflow such right up to network integration with its know-how.

The service products are all categorised under the heading of "MasterCLASS". Here the customer can find ideas and products that make work noticeably easier. The name says it all. Just like the paper products, all services have brand-names, that guarantee that the service that stands behind it is constantly and consistently high. Names like "Lightening Advertising", "Model Express" or "Ready-to-Print" are no exaggerations.

One way or the other, the customers of Classen-Papier profit from this enthusiasm. ■

CLASSEN-PAPIER

Classen-Papier GmbH

Geschäftsführer/Manager:
Dr. C. Hendrik Classen
Dr. Dieter Classen

Gründungsjahr/Year of Foundation:
1919

Mitarbeiter/Employees:
700

Geschäftstätigkeit/Business Activity:
Papiergroßhandel/Paper wholesalers

Geschäftsfelder/Business areas:
Grafische Papiere und Kartons
Office Papiere
Digitale Drucksysteme und Zubehör
Graphic papers and cardboards
Office papers
Digital printing systems and accessories

Deutschlandweit 16 Niederlassungen, weitere Niederlassungen in den Niederlanden, Luxemburg, USA und Brasilien
16 branches in Germany, with other branches in the Netherlands, Luxemburg, the USA and Brazil

Anschrift/Address:
Landsberger Straße 80
D-45219 Essen
Telefon +49 (20 54) 13-0
Telefax +49 (20 54) 13-12 95
E-Mail servicecenter@classen-papier.de
Internet http://www.classen-papier.de

Eins von über 9.000 Papieren.

One of over 9,000 papers.

Wissenschaftsstandort Deutschland – Rahmenbedingungen für die Forschung

Science Location Germany – the Basic Conditions for Research

Edelgard Bulmahn

Die Autorin, 1951 in Minden geboren, absolvierte ein Studium der Politischen Wissenschaften und der Anglistik an der Universität Hannover. Danach war sie als Studienrätin tätig. Seit 1987 ist Edelgard Bulmahn Mitglied des Bundestags, 1991–1998 war sie Mitglied des Fraktionsvorstandes der SPD-Bundestagsfraktion, seit 1993 Mitglied des Parteivorstandes der SPD, seit Oktober 1998 Landesvorsitzende der SPD in Niedersachsen. In den Jahren 1990–1994 war sie stv. Sprecherin für Forschungs- und Technologiepolitik der SPD-Fraktion, 1995–1996 Vorsitzende des Ausschusses für Bildung, Forschung, Technologie und Technikfolgenabschätzung und 1996–1998 Sprecherin für Bildung und Forschung der SPD-Bundesfraktion. Seit 27. Oktober 1998 ist sie Bundesministerin für Bildung und Forschung.

The author, born in Minden in 1951, graduated with a degree in Political Science and English from the University of Hanover. She then went teaching. Edelgard Bulmahn has been a Member of the German Bundestag since 1987. From 1991 to 1998 she was a member of the parliamentary party of the SPD, has been member of the Party leadership since 1993 and President of the SPD's state leadership in Lower Saxony since October 1998. From 1990 to 1994 she was the parliamentary party's Deputy Spokeswoman on Research and Technology, from 1995 to 1996 Chairwoman of the Committee on Education, Research, Technology and the Assessment of the Consequences of Technology and from 1996 to 1998 the parliamentary party's Spokeswoman for Education and Research. She has been Federal Minister of Education and Research since 27th October 1998.

Wissen ist zu Beginn des 21. Jahrhunderts zum wichtigsten Rohstoff geworden. Der Erfolg einer modernen Industrienation wie der Bundesrepublik Deutschland im internationalen Wettbewerb bemisst sich immer mehr daran, wie schnell es gelingt, Wissen in neue Produkte und Verfahren umzusetzen.

Schlüsselfaktor für erfolgreiche Innovationen ist das effiziente Zusammenspiel der Partner in Wissenschaft und Wirtschaft, zwischen Forschung, Entwicklung und Produktion. Nicht umsonst stellt die OECD in einer jüngeren Analyse heraus: „Die sehr unterschiedlichen wirtschaftlich-technologischen Erfolge von Nationen im vergangenen Jahrzehnt hängen eng damit zusammen, wie gut öffentliche und private Forschung und Entwicklung interagieren".

Deutschland hat ausgezeichnete Voraussetzungen, die Chancen einer neuen wissensintensiven Wirtschaft für sich zu nutzen. Die Kompetenzen in der öffentlichen Forschung und in Unternehmen sind hoch. Die Außenhandelsstärke der vergangenen Jahre wurde nicht nur durch wechselkursbedingte Preisvorteile, sondern auch durch die Integration von Spitzentechnologien in traditionelle Märkte – wie etwa der Automobilindustrie – getragen. Gleichzeitig beschleunigen eine große Zahl junger leistungsstarker Unternehmen – zurzeit vor allem in der Informations- und Biotechnologie – den Strukturwandel. Hervorzuheben ist zugleich die Bereitschaft in Wissenschaft, Wirtschaft und Gesellschaft, neuen technologischen und organisatorischen Lösungen zum Durchbruch zu verhelfen.

At the beginning of the 21st century knowledge has become a valuable raw material. The success of a modern industrial nation such as the Federal Republic of Germany is being measured more and more by how fast it succeeds in converting knowledge into new products and processes. A key factor for successful innovation is the efficient interplay of partners in science and business, between research, development and production. It was not surprising that the OECD found out in a recent study that the very different commercial-scientific successes of nations in the last decade are closely related to how well public and private research and development interact.

Germany has excellent conditions for using the opportunities of a new knowledge-intensive economy for its own benefit. The competence in public research and in the commercial sector are of a high level. The strong overseas trade figures in the last few years was not only due to good prices based on a strong exchange rate but through the integration of top technologies into traditional markets such as the automobile industry, for example. In addition, a large number of young, efficient companies are currently accelerating structural change, especially in information- and bio-technology. Emphasis should also be given to the fact that the world of science, commerce and society at large are prepared to bring new technologies and organisational solutions to fruition. Since taking office the German Federal Government has set course on this important route. It has heavily increased public funding for education and research, thus strengthening universities and research institutes as partners of the commercial sector. The total education and research budget is 8.4 thousand million Euro for 2002. This represents an increase of 15.5 % compared to 1998. No German government has ever spent so much for education and research as this one has today.

The increases in expenditure are being supplemented by a series of structural reforms. For example, the Federal Government is shaping a lively and creative commercial and research landscape in which young people will receive an excellent education and where it will be possible to carry out exciting research. This will become particularly clear in seven areas:

1. The quality of universities and research institutes in education and research has been supported by more competition, cooperation and favourable basic conditions. As well, support for projects increasing the effectiveness and efficiency of research has been expanded to an over-proportion extent since 1998. In comparison to 1998 funding has increased by 43.7 %. With the reform of public service legislation relating to our universities (professors are also permanent public servants) new academic staff in Germany as well as professors have been liberated from a rigid and bureaucratic corset. This creates conditions in which young academics in their late 20s and early 30s can teach and carry out independent research while still in the most creative phase of their lives, and not from the age of 40, as happens now.
2. Emphasis is being given to those future fields of interest that will distinguish economic development in the coming decades. The establishment of genome research legislation gave a clear signal for an efficient and affordable health system, for more basic research, better prevention of illnesses and for new therapy and treatment. In 2002 new programmes in promising fields of research such as nanotechnology, optical technologies and information- and communications technologies will be started, which are expected to give the German economy incentives to

Die Bundesregierung hat hierzu seit ihrem Amtsantritt wichtige Weichen gestellt. Sie hat die öffentlichen Mittel für Bildung und Forschung kräftig erhöht und damit Hochschulen und Forschungseinrichtungen als Partner der Wirtschaft den Rücken gestärkt. Das Gesamtvolumen des Bildungs- und Forschungsetats beträgt im Jahr 2002 8,4 Mrd. € (rd. 16,4 Mrd. DM). Das ist gegenüber 1998 eine Steigerung von 15,5 %. Noch nie hat eine Bundesregierung so viel für Bildung und Forschung aufgewendet wie heute.

Die Ausgabenzuwächse werden dabei durch eine Reihe struktureller Reformen ergänzt. So gestaltet die Bundesregierung eine Wirtschafts- und Forschungslandschaft, die lebendig und kreativ ist, in der junge Menschen hervorragend ausgebildet werden und in der spannende Forschung möglich ist. Auf sieben Feldern wird dieses besonders deutlich:

1. Die Qualität der Hochschulen und Forschungseinrichtungen in Bildung und Forschung wurde durch mehr Wettbewerb, Kooperation und günstige Rahmenbedingungen gefördert. Hierzu wurde u. a. die Projektförderung, die die Effektivität und die Effizienz der Forschung erhöht, seit 1998 überproportional ausgebaut. Im Vergleich zu 1998 sind hier die Mittel um 43,7 % gestiegen. Mit der Reform des öffentlichen Dienstrechts an unseren Hochschulen wird der wissenschaftlich Nachwuchs in Deutschland – aber auch Professorinnen und Professoren – von einem starren und bürokratischen Korsett befreit. Damit werden Voraussetzungen dafür geschaffen, dass junge Wissenschaftlerinnen und Wissenschaftler schon in ihrer kreativsten Lebensphase mit Ende 20 oder Anfang 30 – und nicht erst mit über 40 wie bisher – selbstständig unabhängig forschen und lehren können.

2. Schwerpunkte werden auf Zukunftsfeldern gesetzt, die die wirtschaftliche Entwicklung in den kommenden Jahrzehnten prägen. Mit dem Aufbau eines nationalen Genomforschungsnetzes, wurde ein deutliches Signal für ein leistungsfähiges und bezahlbares Gesundheitswesen, für mehr Ursachenforschung, eine bessere Vorbeugung gegen Krankheiten und für neue Therapie- und Behandlungsmöglichkeiten geschaffen. In zukunftsträchtigen Forschungsbereichen wie der Nanotechnologie, den Optischen Technologien und Informations- und Kommunikationstechnologien werden 2002 neue Programme gestartet, von denen wichtige Impulse für die Innovationsfähigkeit der deutschen Wirtschaft und für neue Arbeitsplätze erwartet werden. Durch die Kopplung von langfristig angelegter Grundlagenforschung mit schneller Anwendung bei gleichzeitiger Vereinfachung und Beschleunigung der Förderprozesse sollen starke Positionen in neuen Märkten aufgebaut werden. Neben klassischen Fachprogrammen und generischen Technologieprogrammen werden immer stärker zielorientierte, interdisziplinäre Leitvisionen in den Vordergrund gerückt, denn Innovationen finden zunehmend an den Schnittstellen von Fachgebieten oder Disziplinen statt.

3. Umfangreiche Systemevaluationen der großen Forschungsorganisationen – Max-Planck-Gesellschaft, Fraunhofer-Gesellschaft, Deutsche Forschungsgemeinschaft, Helmholtz- und Leibnizgemeinschaft – haben dem deutschen Wissenschaftssystem in den vergangenen Jahren eine hohe Leistungsstärke bescheinigt. Sie haben gleichwohl auch Wege aufgezeigt, wie die deutsche Forschung insgesamt effektiver gestaltet werden kann. Mit der Einführung der Programmsteuerung bei den Helmholtz-Zentren und der stärkeren Vernetzung von Forschungseinrichtungen untereinander sowie mit der Wirtschaft wird dieser Weg konsequent gegangen.

4. Mit einer Verwertungsoffensive wird das Know-how der öffentlichen Forschung Unternehmen besser verfügbar gemacht. Die öffentliche Forschung besitzt ein breites und leistungsstarkes Kompetenzangebot. Doch gelingt es bislang noch zu wenig, neue Forschungsergebnisse rasch in Wertschöpfung am Markt umzusetzen. Durch den Aufbau einer unabhängigen Verwertungsinfrastruktur, durch Training und Beratung werden diese Defizite nun systematisch angegangen.

5. Mit einem Bündel neuer Maßnahmen zur Förderung von Ausgründungen aus Forschungseinrichtungen und Hochschulen – wie dem Ausbau des erfolgreichen Programms EXIST – wird die Gründungsdynamik in Deutschland gestärkt. Denn: Unternehmensgründungen beschleunigen den Strukturwandel. Jede technologieorientierte Unternehmensgründung bringt im Regelfall fünf neue Beschäftigungsverhältnisse mit sich, Ausgründung aus dem Wissenschaftsbereich mitunter ein Vielfaches davon. So wurden in den Unternehmen, die aus den Instituten der Max-Planck-Gesellschaft ausgegründet wurden, im Schnitt fast 30 Arbeitsplätze geschaffen. Viele der neu entstandenen Unternehmen notieren erfolgreich am Neuen Markt. Ausgründungen sind zugleich häufig der schnellste Weg, Wissen

*Rechte Seite und unten:
Solarzellenfabrik der Shell Solar Deutschland GmbH in Gelsenkirchen.
In der weltweit modernsten Anlage zur Herstellung von Solarzellen werden in der Endausbaustufe jährlich13 Millionen multikristalline Zellen mit einer Leistung von 25 Megawatt hergestellt.
Photovoltaik-Sondermodule sind auch in der Fassade der Solarzellenfabrik integriert.
Die Solarzellen wurden bei Shell Solar Energy B. V. im niederländischen Helmond hergestellt, die Module bei Pilkington Solar International in Gelsenkirchen.*

*Right and below:
A solar cell plant belonging to Shell Germany Gelsenkirchen.
In the most modern solar-cell manufacturing plant in the world 13 million multi-crystalline cells with a performance of 25 megawatts are produced every year. Special photo-voltaic modules were produced at Shell Solar Energy B. V. Helmond in the Netherlands, the module by Pilkington Solar International in Gelsenkirchen.*

Solarzellenfabrik
Gelsenkirchen

von Forschern kommerziell zu nutzen. Vor allem in wissensbasierten Technologiefeldern wie der Biotechnologie oder im Iuk-Bereich sind Ausgründungen inzwischen zum effektivsten Mittel der Ergebnisverwertung avanciert.

6. Durch die internationale Zusammenarbeit in Bildung und Forschung baut die Bundesregierung Deutschlands Position als geachteter Partner für Spitzenforschung aus. Sie hat hierzu die Vorbereitung zum neuen Rahmenprogramm der für Forschung und Entwicklung der EU aktiv unterstützt. Dieses 6. EU-Forschungsprogramm wird der Integration des Europäischen Forschungsraumes neue Impulse geben. Sie erhöht gleichzeitig durch zahlreiche Einzelmaßnahmen und Aktivitäten die Attraktivität des Bildungs- und Forschungsstandorts für ausländische Studierende, Studienabsolventen und Gastwissenschaftler. Bisher hat Deutschland nur einen Anteil von 7 % Studierenden aus dem Ausland – das ist im Vergleich mit den USA und Großbritannien sehr wenig. Dieser Anteil soll um 50 % steigern. Auch deshalb wird die Qualität von Bildung und Forschung in Deutschland durch gebündelte Maßnahmen zum Standortmarketing international besser vermittelt. Eine besondere Bedeutung kommt – auch vor dem Hintergrund eines wachsenden Bedarfs an hoch qualifizierten Fachkräften – dem Gesetzentwurf der Bundesregierung zum Zuwanderungsrecht zu.

7. Schließlich wird ein breiter Dialog zwischen Wissenschaft und Gesellschaft vorangetrieben. Im 21. Jahrhundert stehen Forschung und Gesellschaft vor großen wissenschaftlichen und ethischen Herausforderungen. Antriebsfeder für Forschung ist die Neugier, Neues zu entdecken und damit den wissenschaftlichen und kulturellen Horizont zu erweitern.

Forschung darf dabei aber nicht aus den Augen verlieren, dass ihre Ergebnisse der Gesellschaft zugute kommen sollen. Sorgfältig gesetzte ethische Grenzen sind zu respektieren. Die Debatte über Chancen und Risiken der Gen- und Biotechnologie zeigt, wie aufmerksam die Öffentlichkeit die Entwicklung im Bereich der Lebenswissenschaften verfolgt. Die Forschungsförderung hat die Aufgabe, die Menschen zum Gespräch einzuladen und Kenntnisse anzubieten. Das Jahr 2001 wurde deshalb zum „Jahr der Lebenswissenschaften" ausgerufen. Gemeinsam mit der Initiative „Wissenschaft im Dialog" wurden in einer beispielhaften Reihe von Veranstaltungen zwischen der Wissenschaft und einer breiten Öffentlichkeit Informationen ausgetauscht und Argumente gewogen.

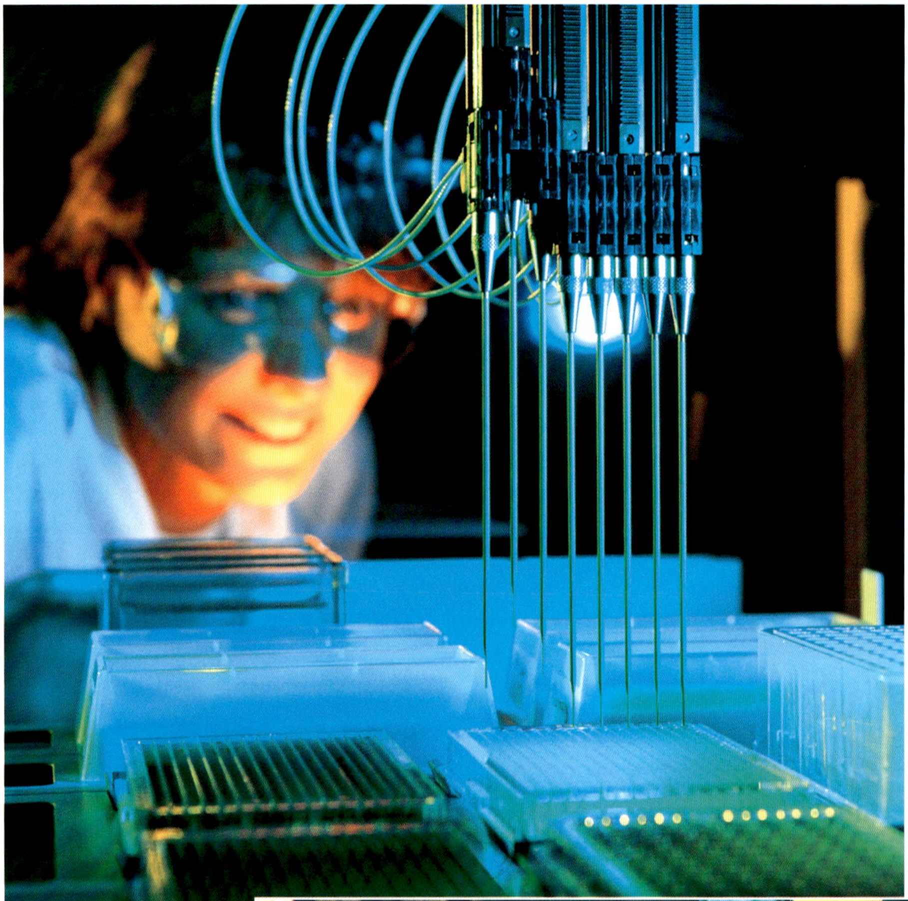

Die Bundesregierung wird die Modernisierung von Bildung und Forschung in Deutschland konsequent fortsetzen. Die Einsicht in die Rolle von Forschung und Wissenschaft als Grundlagen unseres Wohlstands, aber auch als Mittel zur Lösung ökologischer und sozialer Herausforderungen ist in den vergangenen Jahren in Deutschland ständig gewachsen. Zukunftsorientierte Politik kann hierauf bauen. ■

innovate and to create new jobs. Through the combination of long-term basic research which can be rapidly applied while it simultaneously simplifies and accelerates the support processes, the Federal Government will build up a strong position for Germany in new markets. Besides classical specialist programmes and generic technology programmes, stronger and stronger, goal-oriented, interdisciplinary leading goals are put into the foreground, because innovations take place increasingly at the interface between specialist areas or disciplines

3. Comprehensive systems-evaluations of the larger research organisations such as the Max Planck Society, Fraunhofer Society, the German Research Society, the Helmholtz Society and the Leibniz Society testify to the competence of the German scientific system over the last few years. At the same time they have also showed ways in which German research can be shaped more effectively. With the introduction of programme control at the Helmholtz Centres and the strong networking of research institutes between one another as well as with the commercial sector, this work is being accomplished in a more consistent fashion.

4. With a utilisation campaign know-how from public research institutes is being made more widely available. Public research is broad and efficient, but thus far it has succeeded too little in converting new research results into marketable value. Through the establishment of an independent utilisation infrastructure, training and advice, these deficiencies are being tackled resolutely.

5. A combination of measures to support the founding of university- and research institute-based companies such as the establishment of the successful EXIST programme is reinforcing the start-up dynamism in Germany since these accelerate structural change. Every technology-oriented company start-up usually creates five new jobs, start-ups from universities or research institutes create a lot more. For example 30 jobs were created in the companies that were established from research organisations formerly belonging to the Max Planck Society. Many of the new companies went straight onto the New Market. Such start-ups are also the quickest way to make commercial use of knowledge. In knowledge-based areas of technology such as bio-technology such start-ups are the most effective means of using research results.

6. Through international cooperation in education and research the German Federal Government is expanding Germany's position as a respected partner in top research. It has actively supported the preparation for a new basic EU programme on research and development. This sixth EU research programme will provide new incentives for the integration of the European Research Programme. At the same time it is using countless individual measures and activities to make Germany more attractive for foreign students, graduates and guest scientists as a provider of education and a place to carry out research. So far the number of foreign students in Germany is 7 % of the total – a very small figure compared with the USA and the UK. This number will be increased by 50 %. It is also the reason that the quality of education and research in Germany will be made better-known abroad by means of combined location-marketing measures. The Federal Governmen's proposed Immigration Bill (2002) will gain special significance in terms of the growing need for highly-qualified specialists.

7. Finally there will be a broad dialogue between science and society. Research and society in the 21st century are faced with great scientific and ethical challenges. It is the curiosity of discovering new things that acts as an incentive for research and extends our scientific and cultural horizons.

Research must not lose sight of the fact that its results are for the benefit of society. Carefully designed ethical limits must be respected. The debate over opportunities and risks in genetic and biotechnology shows how much attention the public is paying to development in the field of the life sciences. Support for research has the task of inviting people to talk to them and of offering them its knowledge. This is the reason that 2001 was proclaimed the Year of the Life Sciences. Together with the Science in Dialogue campaign an exemplary series of events between the scientific community and a cross-section of the public information was exchanged and arguments weighed up.

The German Government wants to continue the modernisation of education and research in Germany in a consistent fashion. The insight into the role of research and science as the basis of our prosperity and as a means of solving ecological and social challenges has grown constantly in Germany in the last few years. Future-oriented policies can build on this. ■

Die Bundesregierung gestaltet eine lebendige und kreative Wirtschafts- und Forschungslandschaft.

The German Federal Government is shaping a lively and creative economic and scientific landscape.

IXOS SOFTWARE AG

Vorstand/Executive Board:
Robert Hoog, CEO
Peter Rau, CFO
Hartmut Schaper, CTO

Gründungsjahr/Year of Foundation: Mai 1988

Hauptsitz/Headquarter:
Grasbrunn/München

Niederlassungen/Branches:
32 Niederlassungen in 17 Ländern
Europa Zentrale – Biel, Schweiz
US Zentrale – San Mateo, Kalifornien
Asien Zentrale – Singapur, Singapur
32 branches in 17 countries
European headquarters: Biel/Bienne, Switzerland
US headquarters: San Mateo, California
Asian headquarters: Singapore, Singapore

Börsennotierung/Stock Exchange listing:
Seit Oktober 1998: Neuer Markt
(WKN: 506 150, „XOS")
Nasdaq („XOSY")
Since October 1998: New Market (WKN: 506150, "XOS")
NASDAQ "XOSY")

Mitarbeiter/Employees:
weltweit 740 (31.12.2001)
world wide: 740 (12/31/2001)

Umsatz/Turnover:
99/00 (30.06.00): 107,7 Mio. Euro
00/01 (30.06.01): 116,99 Mio. Euro

Geschäftsfelder/Business areas:
- eBusiness Dokumenten Systeme
- Dokumentenmanagement für den Knowledge Worker
- Inter-Enterprise Dokumenten-Management
- Web-basierte Dokumenten-Portale
- e-business document system
- document management for knowledge workers
- Inter-enterprise document portals
- web-based document portals

Kunden/Clients:
Führende Großkonzerne aus unterschiedlichen Branchen haben sich für die IXOS SOFTWARE AG als strategischen Partner entschieden. Weltweit hat IXOS mehr als 1.800 Installationen erfolgreich realisiert. Über 1,3 Mio. Anwender arbeiten bereits mit eBusiness-Dokumenten-Lösungen der IXOS.
Leading major industrial companies from various sectors have decided to use IXOS SOFTWARE AG as their strategic partner. All over the world IXOS has implemented more than 1,800 software installations. More than 1.3 mio. users are already working with IXOS e-business document solutions.

Anschrift/Address:
Bretonischer Ring 12
D-85630 Grasbrunn/München
Telefon +49 (89) 46 29-0
Telefax +49 (89) 46 29-13 99
E-Mail office@ixos.de
Internet www.ixos.com

Perfektes Management von eBusiness-Dokumenten

Perfect Management of e-Business Documents

Das internationale Anzeigenmotiv von IXOS.
IXOS' international advertising motif.

IXOS ist ein weltweit führender Anbieter von Lösungen für das Management von eBusiness-Dokumenten in Inter-Enterprise Systemumgebungen. IXOS-Lösungen ermöglichen die Verwaltung aller eBusiness-Dokumente und ihre nahtlose Integration in digitale Geschäftsprozesse.

Im Mai 1988 in München gegründet, hat sich das Software-Unternehmen erfolgreich im internationalen Markt etabliert. Zur Zeit ist IXOS mit rund 750 Mitarbeitern und 32 Vertriebsbüros in 17 Ländern auf sechs Kontinenten vertreten.

Führende Großunternehmen aus unterschiedlichen Branchen haben sich für die IXOS SOFTWARE AG als strategischen Partner entschieden. Weltweit hat IXOS mehr als 1.800 Installationen erfolgreich realisiert. Über 1,3 Mio. Anwender arbeiten bereits mit eBusiness-Dokumenten-Lösungen von IXOS. Ergänzend zum Produkt-Portfolio bietet IXOS ein unternehmensweites Lösungsangebot - von Beratung über Implementierung bis zu Service und Training sowie einem weltweiten 7 x 24 Stunden Support - und verfügt über ein globales Team von hochqualifizierten Beratern.

Seit Oktober 1998 werden die Aktien der IXOS SOFTWARE AG am Neuen Markt der Frankfurter Wertpapierbörse („XOS", WKN 506150) sowie an der NASDAQ („XOSY") gehandelt. Damit ist IXOS der erste Softwarehersteller, der ein Dual Listing durchgeführt hat. ■

Firmensitz in Grasbrunn bei München.
Oben: Robert Hoog, CEO.
Headquarters in Grasbrunn near Munich.
Above: Robert Hoog, CEO.

IXOS is a leading international provider of solutions for the management of e-business documents in inter-enterprise system environments. IXOS solutions enable the administration of all of e-business documents and their seamless integration into digital business processes.

Founded in May 1988 the software company has successfully established itself in the international market. At the moment IXOS is represented with some 750 employees and 32 sales offices in 17 countries on six continents. Leading companies from various sectors of business have decided in favour of IXOS SOFTWARE AG as a strategic partner. All over the world IXOS has successfully implemented more than 1,800 software installations. Over 1.3 mio. users already work with e-business document solutions from IXOS. IXOS supplements its product range with company-wide solutions from consulting and implementation to service and training as well as 7 x 24 support (seven days a week 24 hours a day) all over the world – and has an international team of highly qualified consultants. Since October 1998 IXOS shares have been traded on the New Market of the Frankfurt Stock Exchange ("XOS", security identification code no. 506150) and the NASDAQ ("XOSY"). IXOS is thus the first software developer to achieve dual listing. ■

Bosch – Kompetenz, die Vertrauen schafft

Bosch – Competence that Breeds Trust

Bosch Telecom GmbH
Geschäftsbereich Sicherheitstechnik

Geschäftsführer/Manager:
Uwe Glock

Mitarbeiter/Employees:
4.500

Kunden/Clients:
80.000

Umsatz/Turnover:
ca. 615 Mio. Euro

Geschäftstätigkeit/Business Activity:
Entwicklung, Herstellung und Vertrieb von Sicherheitssystemen für Industrie, Handel, Banken/Sparkassen, Behörden und den privaten Bereich

Anschrift/Address:
Ludwig-Bölkow-Allee
D-85521 Ottobrunn
Info-Service:
Telefon 0800/7000 444
Telefax 0800/7000 888
Telefon +49.89.6290.1036
Telefax +49.89.6290.1039
Internet www.bosch-sicherheitssysteme.de
www.bosch-security-systems.com

Sicherheitslösungen von Bosch werden individuell auf den Kunden zugeschnitten.

Bosch provides its clients with made-to-meausure security solutions.

Ob Bank, Industrieanlage, Büro, Flughafen, Messe, Museum, Lager oder Privathaushalt – der Sicherheit von Objekten und Personen wird ein immer höherer Stellenwert beigemessen. Das rechtzeitige Erkennen und Melden von Gefahren ermöglicht ein zielgerichtetes Einschreiten. So können Risiken minimiert und Schäden verhindert werden. Als Sicherheitsspezialist mit langjähriger Erfahrung entwickelt Bosch branchenspezifische Sicherheitskonzepte, die sich nach den individuellen Anforderungen der Kunden richten und ein Höchstmaß an Sicherheit und Wirtschaftlichkeit garantieren. Über ein Alarmmanagementsystem können problemlos Einbruchmelde-, Brandmelde-, Videoüberwachungs-, Zutrittskontroll- und Zeitwirtschaftssysteme gesteuert werden. Die Leitstellen des Bosch Communication Centers bieten als Sicherheitsdienstleistungen neben der Fernüberwachung die Sicherheitsbegehung und Objektüberwachung vor Ort sowie die Hilfeleistung im Alarmfall an.
Europaweite Call Center Dienstleistungen für den In- und Outbound sowie ein Trustcenter für die sichere Kommunikation im Intranet und Internet runden das Programm ab. Service wird bei Bosch erfahrungsgemäß groß geschrieben – die Kunden haben jederzeit einen Experten an ihrer Seite. ■

Whether a bank, an industrial site, an airport, a trade fair, a museum, a warehouse or a private household – there is more and more importance being attached to the security of people and property. The timely detection and reporting of danger enables the appropriate intervention, thus minimising risks and preventing damage. As a security specialist with many years of experience, Bosch develops security concepts suitable for each individual industry which are tailored to the demands of the client and which guarantee a high standard of security and efficiency. Burglar and fire alarms, video surveillance, entry-control and employee time-systems can be controlled by means of an alarm management system. Besides remote-control security services, the security operations centre of the Bosch Communication Center offers on-the-spot security patrols and property surveillance and assistance in case of an alarm.

Inbound and outbound Europe-wide call-centre services as well as a Trustcenter for secure communications in Intranet and Internet complete the range of services. Experience shows that customer service is paramount – clients have an expert at their side all the time. ■

Noch Spitzenplätze – Deutschland im internationalen Technologiewettbewerb

Still in Front – Germany's Position in the International Technology Race

Die Formel „Forschung macht aus Geld Wissen – Innovationen machen aus Wissen Geld" beschreibt, welche Bedeutung Forschung und Entwicklung für die Zukunft des Standorts Deutschland hat. Wissen ist heute weltweit verfügbar. Aber nur derjenige, der als erster das weltweite Wissen in Innovationen umsetzt, kann Wohlstand und Beschäftigung schaffen. Für Deutschland ist die gesamtwirtschaftliche Bedeutung der Technologie für Produktion und Beschäftigung größer als etwa für die USA und Japan, das hat das Fraunhofer-Institut für Systemtechnik und Innovationsforschung ISI aus vergleichenden Untersuchungen der Wirtschaftstruktur erkannt.

Wo sich Deutschland im internationalen Vergleich befindet, beleuchten am besten die Delphi-Studie, eine Umfrage zur globalen Entwicklung von Wissenschaft und Technik, und das Gutachten „Zur technologischen Leistungsfähigkeit Deutschlands". An beiden Untersuchungen, die im Auftrag des Bundesforschungsministeriums entstanden, war das Fraunhofer-Institut für Systemtechnik und Innovationsforschung ISI maßgeblich beteiligt. Der Bericht zur technologischen Leistungsfähigkeit der Bundesrepublik stellte Stärken und Schwächen in den verschiedenen Technologiefeldern dar:
Zur Ausgangslage: Betrachtet man die Wachstumsraten des Bruttoinlandsprodukts in den neunziger Jahren, ergeben sich Zweifel, ob das deutsche Innovationssystem den Herausforderungen der globalen Wissensgesellschaft gewachsen ist. Beim gesamtwirtschaftlichen Wachstums liegt Deutschland unter den zwanzig größten Industrienationen nur an viertletzter Stelle – deutlich hinter den Vereinigten Staaten, aber auch hinter Ländern wie Frankreich, Dänemark oder Belgien.

Eine Aufgabe mit wachsender Bedeutung: Sicherheit im Datennetz.

A task with growing importance – security in the internet.

Prof. Dr.-Ing. Dr. h.c. mult. Dr.-Ing. E.h. Hans-Jürgen Warnecke

Der Autor, 1934 in Braunschweig geboren, studierte Maschinenbau an der TH Braunschweig, 1963 Promotion zum Dr.-Ing. Von 1965 bis 1970 Direktor der Hauptabteilung „Zentrale Fertigungsvorbereitung" der Rollei-Werke Franke & Heidecke. Seit 1971 ordentlicher Professor und Inhaber des Lehrstuhls für Industrielle Fertigung und Fabrikbetrieb der Universität Stuttgart sowie Leiter des Fraunhofer-Instituts für Produktionstechnik und Automatisierung IPA. Seit 1993 ist Warnecke Präsident der Fraunhofer-Gesellschaft zur Förderung der angewandten Forschung e. V. in München. Er erhielt eine Reihe von Ehrungen, so die Ehrendoktorwürde der Universitäten Magdeburg, Ljubljana und Timisoara. Ferner erhielt er eine Ehrenprofessur der Jiao Tong Universität Shanghai, der Baotou Universität für Eisen- & Stahl-Technologie.

The author was born in Braunschweig in 1934. He studied Mechanical Engineering at the Technical University of Braunschweig, completing his studies with a doctorate in that subject in 1963. From 1965 to 1970 he was director of the Main Department of "Central Pre-Production" at the Rollei works of Franke & Heidecke. Since 1971 he has occupied the Chair of Industrial Production and Manufacturing at the University of Stuttgart and Head of the Fraunhofer Institute for Production Technology and Automation (IPA). Professor Warnecke has been President of the Fraunhofer Society for the Promotion of Applied Research e. V. in Munich since 1993. He has been awarded a series of honours such as honorary doctorates from the Universities of Magdeburg, Ljubljana and Timisoara and an Honorary Professorship of the Jiao Tong University in Shanghai and of the Baotou University of Iron & Steel-Technology.

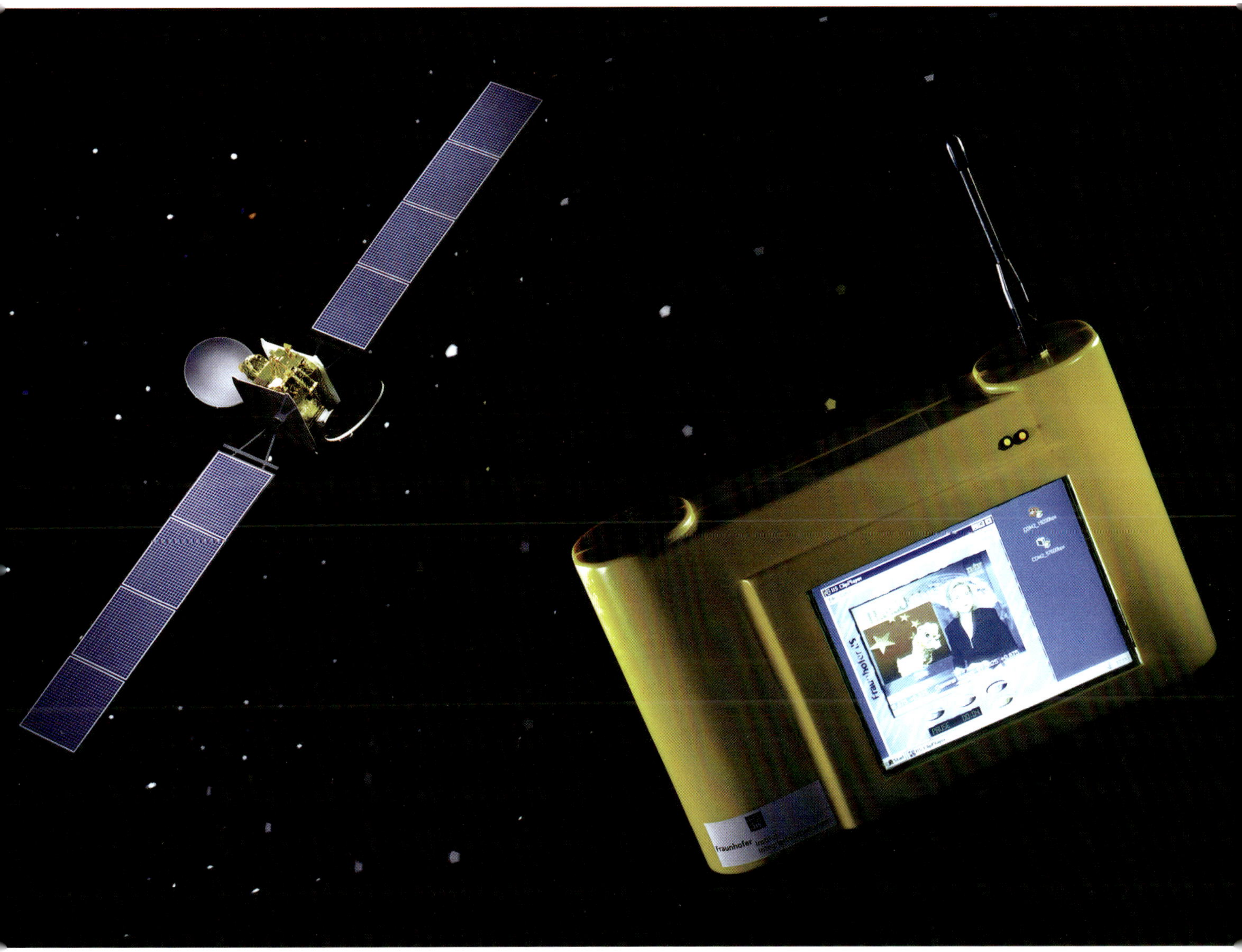

Digitales Radio für die Welt. (In vielen Regionen Afrikas, Asiens, Mittel- und Südamerikas ist es schwierig, Radiosender zu empfangen – sie liegen außerhalb der Reichweite von UKW-Sendern. Mit einem digitalen Satellitenrundfunksystem können die Menschen dort jetzt auch Radio hören.)

Digital radio for the world. (In many regions of Africa, Asia, Central and South America it is difficult to receive radio stations – they are out of range of UHF transmitters. With a digital satellite broadcasting system the people there can now also listen to the radio.)

The formula "Research Turns Money into Knowledge – Innovation Turns Knowledge into Money" describes how important research and development are for Germany. Nowadays knowledge is available all over the world. But only those that turn this world-wide knowledge into innovation can create prosperity and employment. For Germany the macro-economic significance of technology for production and employment is larger than for the USA and Japan. The Fraunhofer Institute for Systems Technology and Innovation Research (ISI) has recognised this from various comparative studies. Germany's position in an international comparison is best seen in the Delphi Studies, a questionnaire on the global development of science and technology, and the investigation into "Germany's Technological Capability". The Fraunhofer Institute for Systems Technology (ISI) was substantially involved in both investigations, commissioned by the German Ministry of Research.

The report on Germany's technological capability showed strengths and weaknesses in the various fields of technology. Firstly, if one looks at the increase in GDP in the 1990s there is doubt that the German innovation system is equal to the challenges of the global knowledge society. Of the 20 largest industrial nations Germany's macro-economic growth is in 4th place – noticeably behind the USA, but also behind France, Denmark or Belgium.
The basis of Germany's technological capability is still good, according to the report, which says that Germany has a high potential of knowledge, it is one of the countries with the highest level of R&D capacity and, of the large industrial nations, has the most internationally significant patent applications per head. On average German companies have high productivity and potential for innovation.

Germany leads Europe in technology. This can be seen from the comparison of patents, innovations, R&D applications and share of research-intensive goods on the world market. Out of every German 100 companies, 65 are innovative. Even here Germany is at the upper group. The same applies to company turnover in new or improved products. Particularly noticeable is the strong involvement of the German medium-sized sector

Noch ist die Ausgangsbasis für Deutschlands technologische Leistungsfähigkeit gut, heißt es in dem Bericht: „Deutschland verfügt über ein hohes Wissenspotenzial, es gehört zu den Ländern mit dem höchsten Bestand an FuE-Kapazitäten und weist unter den großen Industrieländern die meisten Anmeldungen von weltmarktrelevanten Patenten pro Kopf auf. Deutsche Unternehmen verfügen im Durchschnitt über eine hohe Produktivität und ein hohes Innovationspotenzial." Deutschland ist Technologieführer in Europa. Das geht aus dem Vergleich von Patenten, Innovationen, FuE-Aufwendungen und Weltmarktanteilen forschungsintensiver Güter hervor. Von 100 Unternehmen sind in Deutschland 65 innovativ. Auch hiermit liegt Deutschland in der Spitzengruppe. Gleiches gilt für den Umsatz der Unternehmen mit neuen oder verbesserten Produkten. Besonders markant ist die starke Einbindung des Mittelstandes ins Innovationsgeschehen in Deutschland. Bei der Ausfuhr forschungsintensiver Güter belegt Deutschland gleich auf mit Japan den zweiten Platz hinter den USA.

Doch diese positiven Zahlen sollten nicht darüber hinwegtäuschen, dass Deutschlands gegenwärtig noch starke Position weitgehend den Investitionen der Vergangenheit zu verdanken sind. Wir spüren bereits die Folgen des Investitionsrückgangs in den neunziger Jahren, als nach der Wiedervereinigung andere Prioritäten gesetzt wurden. Lücken

in innovation. Germany is second-equal with Japan after the USA in the export of research-intensive goods.

But these positive figures should not delude us into thinking that Germany's current, still strong position is to a large extent due to the investments of the past. We are already feeling the consequences of the drop in investment in the 1990s when reunification with former East Germany dictated other priorities. Gaps in various fields of technology are the result. At the same time other nations have caught up. So today we live in a highly-developed substance which can no longer be renewed as quickly as in the 1980s and as in other countries. Even the latest stimulation of R&D, patent activities and investment is qualified in comparison to similar activities in other countries. Germany has clearly dropped back a lot on the list of countries with the highest level of investments for the future.

Mit Solarzellen frei vom Stromnetz. Batterien und nachladbare Akkus versorgen mobile Elektrogeräte mit Energie. Solarzellen auf dem Gehäuse können ihre Betriebszeit deutlich verlängern. Der Prototyp eines Palmtops mit seinem Hochleistungs-Solarmodul ist sogar völlig vom Stromnetz unabhängig.

Solar cells make independence from the power supply system possible. Batteries and rechargeable accumulators provide mobile electrical appliances with energy. Solar cells mounted on the outside of such appliances can considerably extend the appliances' effective working period. The prototype of a palmtop with its high-performance solar module is even completely independent of the power supply system.

Gerhard Schröder's SPD government has gone to a lot of trouble to introduce a reversal in the trend of the last few years. But the previous increases in investment in research and development are not enough to catch up with the leaders. While Germany invested the most in research and development of all OECD members in the 1980s from a relative point of view, six countries are now investing more in R&D than Germany. While Germany's R&D investments are now some 2.3 % of GDP, as in previous years, the gap between the countries with the most R&D investment has increased.

Companies in both the USA and Japan and some of the smaller European countries have considerably increased their R&D investment. Germany has dropped back in the group of companies with the most R&D investment and is now in seventh place behind Sweden. These countries have concentrated increasingly on modern communications and information technology (Sweden, Finland, USA) and are investing considerably more in research and development, thus achieving distinctly higher growth rates.

Only in the short-term does the future look rosy. The German innovation system will display discernible weaknesses in the mid-term and even more in the long-term. Germany is only in midfield in investment and expenditure in education and vocational training compared to GDP. Generally, Germany's fall from the top position would not be so bad if invested massively in new technology. The cause for concern is the fact that it is lagging behind in the commercially important areas such as information technology and bio-technology. What is also frightening is the strong decrease in new blood in scientific and technical areas in the last few years.

Overall the German innovation system must orient itself more strongly towards genuine technological innovations than in the past. This applies to the government as much as to the commercial world. The R&D-intensive branches of industry also performed better in the economic downturn than other sectors. Top technology performs better than those sectors of the economy in the "higher value" sectors. Competition there is making itself increasingly noticeable in countries with lower labour costs. Competitors from the newly industrialising countries, especially in South-east Asia, are conducting a very fierce price war in Germany's traditional markets. Companies

Den Übergang zur Dienstleistungsgesellschaft läutet eine neue Gattung dienender Maschinen ein: Serviceroboter. Sie entlasten Menschen bei allen Tätigkeiten, die schwer, schmutzig, gefährlich oder langweilig sind. Das weltweit erste vollautomatische Reinigungssystem für gewölbte Glashallen arbeitet auf dem Glasdach der Leipziger Messe.

The transition to the service society is ringing in a new species of machines that work for us: service robots. They relieve us of the workload in all activities which are heavy, dirty, dangerous or boring. Here we see the first fully automatic cleaning system in the world for curved glass surfaces. It works on the glass roof of the Leipzig Trade Fair grounds.

in unterschiedlichen Technologiefeldern sind die Folge. Gleichzeitig haben andere Nationen aufgeholt. So leben wir heute von einer hochentwickelten Substanz, die sich nicht mehr so schnell erneuert wie noch in den 80er-Jahren und wie in anderen Ländern. Auch die jüngste Belebung der FuE-, Patentaktivitäten und Investitionen relativiert sich im internationalen Vergleich. In der Rangliste der Länder mit den höchsten Zukunftsinvestitionen ist Deutschland zurückgefallen.

Mit erheblichen Anstrengungen hat die neue Regierung in den letzten Jahren eine Trendwende eingeleitet. Doch um den Anschluss an die Spitzenreiter zu schaffen, reichen die bisherigen Steigerungen der Investitionen in Forschung und Entwicklung nicht aus. Hatte Deutschland zu Beginn der 80er-Jahre innerhalb der OECD noch relativ die größten Ressourcen in Forschung und Entwicklung investiert, liegen inzwischen gleich sechs Länder in ihrer FuE-Intensität vor Deutschland. Zwar belaufen sich die FuE-Aufwendungen wie in den Vorjahren auf rund 2,3 Prozent des Bruttoinlandsprodukts. Doch der Abstand zu den FuE-intensivsten Ländern ist gewachsen. Sowohl die Unternehmen der USA und Japans aber auch einiger kleinerer Länder Europas haben ihre FuE-Aufwendungen erheblich stärker ausgeweitet. Deutschland ist daher in der Rangliste der FuE-intensivsten Länder zurückgefallen und liegt jetzt hinter Schweden, Finnland, Korea, USA, Japan und der Schweiz auf dem siebten Rang. Gerade solche Länder, die sich in den vergangenen Jahren verstärkt den modernen Informations- und Kommunikationstechniken zugewandt haben (Schweden, Finnland, USA), investieren deutlich mehr in Forschung und Entwicklung und realisieren auch deutlich höhere Wachstumsraten.

Nur kurzfristig erscheint die Zukunft noch rosig, schon in der mittel- und noch stärker in der langfristigen Perspektive weist das deutsche Innovationssystem erkennbare Schwächen auf. Trotz des jüngsten Anstiegs bei den Ausgaben für Forschung und Entwicklung bleibt Deutschland im internationalen Vergleich zurück. Auch bei den Investitionen und Ausgaben für Bildung und Ausbildung, gemessen am Anteil vom BIP, liegt Deutschland nur noch im Mittelfeld. Im Gesamten betrachtet wäre das Abbröckeln von der Spitze nicht einmal so schlimm, wenn gleichzeitig massiv in neue Technologien investiert würde. Besorgniserregend ist daher vor allem der Rückstand in den wirtschaftlich bedeutenden zukünftigen Wachstumsfeldern: der Informationstechnik und der Biotechnologie. Erschreckend ist zudem der starke Rückgang an Nachwuchs in naturwissenschaftlich-technischen Gebieten in den letzten Jahren.

Insgesamt muss sich das deutsche Innovationssystem deutlich stärker als bisher in Richtung echter technologischer Neuerungen orientieren. Die gilt für die Politik ebenso wie für die Wirtschaft. Die FuE-intensiven Industriezweige schnitten auch in der Flaute deutlich besser ab als die anderen Branchen. Die Spitzentechnik schneidet besser ab als die Wirtschaftszweige der „Höherwertigen Technik". Dort macht sich zunehmend der Preiswettbewerb aus Ländern mit niedrigeren Arbeitskosten bemerkbar. Wettbewerber aus Schwellenländern vor allem aus Südostasien führen in den traditionellen deutschen Absatzmärkten einen scharfen Preiswettbewerb. Diesen können Unternehmen – beheimatet in einem Hochlohnland wie Deutschland – nicht bestehen. Sie müssen ihre Chancen im Technologiewettbewerb suchen.

Von 1994 bis 1997 stiegen die Exporte FuE-intensiver Waren jahresdurchschnittlich um 10 Prozent, die Exporte von nicht FuE-intensiven Waren lediglich um 8 Prozent. In der Spitzentechnik lag das Wachstum noch erheblich höher. 1998 erzielten die FuE-intensiven Industrien knapp die Hälfte der Umsätze im Ausland.

Nach wie vor sind die Vereinigten Staaten der größte Exporteur FuE-intensiver Güter, gefolgt von den gleichauf liegenden Ländern Deutschland und Japan. Deutschland ist besonders stark bei Gütern, die anspruchsvolle und überdurchschnittlich hohe FuE-Anstrengungen („Höherwertige Technik") erfordern. Deutschlands Defizite in der Spitzentechnik rühren wesentlich aus dem Warenaustausch mit den USA und Japan her. Auf europäischer Ebene ist Deutschland dagegen auch in der Spitzentechnik Technologieführer.

Die deutsche Wirtschaft hat ihre Kernkompetenzen eher in komplexen „reiferen Technologien" wie dem Automobilbau und dem Maschinenbau. Sie tut sich bisher schwer, grundlegend neue Technologien wie die Informations- und Kommunikationstechnologie oder die Biotechnologie frühzeitig aufzugreifen. Sie muss sich partielle Vorsprünge herausarbeiten und wenigstens auf einigen Feldern selbst die Rolle eines Technologieführers übernehmen.

based in high-wage countries such as Germany cannot compete. They must look for opportunities in technological competition.

From 1994 to 1997 the exports of R&D-intensive goods grew by an average 10 % annually, while export of non-R&D-intensive goods grew by only 8 %. In top technology growth was considerably higher. In 1998 R&D-intensive industries achieved just under half their sales abroad. The USA is still the biggest exporter of R&D-intensive goods, followed by Germany and Japan in second-equal position. Germany's particular strengths are in making goods requiring demanding and above-average effort "top technology". Germany's shortcomings in top technology spring from the exchange of goods between the USA and Japan. On the other hand Germany is the leader in top technology at European level.

The German economy has its core competences more in complex, "more mature" technologies such as motor vehicle manufacturing and mechanical engineering. To date it is having difficulty taking up new technologies such as information and communications technology or biotechnology. It must work at gaining partial leads and at least assume the role as a technological leader in some fields.

After some serious body blows the motor vehicle industry succeeded in doing this. It required a continuous increase in investment for research and development and today almost every fourth Euro goes into R&D. This pays dividends in export successes and ultimately in employment as well. The whole automotive component manufacturing industry has profited from this leap in innovation on the coat-tails of the motor vehicle manufacturers. On the other hand we have lost ground in the chemical industry, especially in pharmaceuticals, where Germany was still leading as late as the 1970s.

Meanwhile only just under 6 % of the world's expenditure into research and development goes to Germany. Even Germany export's of pharmaceutical ingredients have dropped in the last few years. Biotechnology, whose products are competing more and more with the usual drugs, promises new stimulus. Germany's theoretical basis in biotechnology is good, and even excellent in some fields. In the last few years Germany has been able to catch up quite considerably. The BioRegio Competition has provided a major stimulus here. Now it is important to develop the present potential quickly to suit market conditions in order to be able to use it economically.

The liberalisation of the telecommunications market has let loose a powerful dynamism in Germany. As late as 1991 Germany was a net importer of telecommunications equipment; today it is gaining considerable success in overseas trade. These successes must now be transferred to other branches of information and telecommunications technology. For example, Germany is still the world leader in micro-systems technology.

Global structural change from the industrial society to the knowledge society is linked to a progressive "intensification of knowledge". "Knowledge-based technological progress" is the essential stimulus of growth and prosperity of

Ein Molch prüft die Pipeline auf feinste Risse. Schäden an Öl- oder Gas-Pipelines können zu Umweltkatastrophen und erheblichen wirtschaftlichen Verlusten führen. Echte Prävention war bisher nicht möglich, weil kleine Risse nicht erkannt werden konnten. Ein neuer Rissprüfmolch sorgt nun für höchste Sicherheit.

A newt checks a pipeline for fine cracks. Damage to oil or gas pipelines can lead to environmental disasters and considerable economic loss. Genuine prevention was not possible formerly because fine cracks could not be detected. A new newt that checks for cracks ensures the highest possible safety.

Der Automobilindustrie ist das nach schweren Rückschlägen gelungen. Die Voraussetzung dafür war eine kontinuierliche Steigerung der Investitionen für Forschung und Entwicklung. Heute wird fast jede vierte FuE-Mark in diesem Bereich ausgegeben. Dies zahlt sich in Exporterfolgen und letztlich auch bei der Beschäftigung aus. Im Schlepptau der Automobilbauer profitiert die ganze Zulieferindustrie von diesem Innovationsschub.
Boden verloren haben wir dagegen in der Chemischen Industrie, vor allem in der Pharmazie. Noch in den 70er-Jahren war Deutschland hier führend.

Inzwischen fließen nur noch knapp 6 % der weltweiten Aufwendungen für Forschung und Entwicklung nach Deutschland. Auch im Export von pharmazeutischen Wirkstoffen hat Deutschland in den letzten Jahren eingebüßt. Neue Impulse verspricht die Biotechnologie, deren Produkte mehr und mehr in Konkurrenz zu herkömmlichen Medikamenten treten. Die wissenschaftlichen Grundlagen Deutschlands in der Biotechnologie sind gut, in einigen Gebieten sogar excellent. In den letzten Jahren konnte Deutschland hier erheblich aufholen. Hier hat nicht zuletzt der BioRegio-Wettbewerb deutliche Impulse gesetzt. Wichtig ist nun, die vorhandenen Potenziale schnell und marktorientiert zu entwickeln, um sie wirtschaftlich nutzen zu können.

Die Liberalisierung der Telekommunikationsmärkte hat in Deutschland eine gewaltige Dynamik freigesetzt. Noch 1991 war Deutschland Nettoimporteur in der Telekommunikation, heute erzielt es beachtliche Außenhandelserfolge. Es gilt nun, diese Erfolge auch in andere Zweige der IuK-Technologien zu übertragen. Noch ist Deutschland beispielsweise weltweit führend in der Mikrosystemtechnik.
Der globale Strukturwandel von der Industrie- zur Wissensgesellschaft ist verbunden mit einer fortschreitenden „Wissensintensivierung". Der „wissensbasierte technische Fortschritt" ist der wesentliche Antrieb für Wachstum und Wohlstand von Gesellschaften. Die Informations- und Kommunikationstechniken treiben Umbauprozesse voran, die vor kurzem noch undenkbar schienen. Sie beeinflussen mit ihren Produkten den gesamten Produktions- und Dienstleistungsbereich und letztlich alle Lebensbereiche. Sie führen zu völlig neuen Branchen mit großen Wachstums- und Beschäftigungspotenzialen.

Für Deutschlands Wettbewerbsfähigkeit ist entscheidend, an diesem Fortschritt zu partizipieren und das Potential der IuK-Technologien möglichst schnell und möglichst breit zu nutzen. Die vergleichsweise schwache Position Deutschlands bei modernen Informations- und Kommunikationstechniken ist die Achillesferse des deutschen Innovationssystems. Denn gerade von hier geht derzeit die größte wirt-

Damit Deutschland auf dem internationalen Halbleitermarkt konkurrenzfähig bleibt, fördert das Bundesministerium für Bildung, Wissenschaft, Forschung und Technologie BMBF ein ehrgeiziges Vorhaben: Prozesse und Equipment für 300 Millimeter Siliciumscheiben. Auf den pizzagroßen Platten können – im Vergleich zu den 200 Millimeter-Wafern – mehr als doppelt soviele Chips gefertigt werden. Die Größen der Siliciumscheiben im Vergleich: 100 mm (ab 1980), 150 mm (1988) und zukünftig 300 mm.
Links ist ein flexibler Wafer zu sehen.

In order for Germany to remain competitive in the international semiconductor market the German Ministry of Education, Science and Research is promoting an ambitious plan: processes and equipment for 300 millimetre discs. Compared to the 200 millimetre wafers more than twice as many chips can be produced on sheets the size of a pizza.
A comparison of the silicon sheets: 100 mm (as from 1980), 150 mm (1988) and in future 300 mm.
Left is a flexible wafer.

schaftliche Dynamik aus. Mit der Integration der GMD in die Fraunhofer-Gesellschaft werden nun die Kräfte zum größten Forschungspotenzial in Europa gebündelt. Die Fraunhofer-Gesellschaft mit ihren nun fast 60 Instituten bietet die ideale Plattform für den schnellen Transfer der Fortschritte der IuK-Techniken in alle Bereiche der Wirtschaft: Denn sie hat Erfahrung in der Vernetzung unterschiedlicher Fachgebiete und sie verfügt über tiefgehende Beziehungen zu allen Branchen.

Deutschlands technologischer Schwerpunkt liegt auf der höherwertigen Technik. Trotz jüngster Erfolge hinkt Deutschland bei Spitzentechnologien noch hinterher. Seit der Rezession 1993 haben die Industriezweige der Höherwertigen Technik (4 % jährlich) und der Spitzentechnik (5 % jährlich) einen besonders dynamischen Zuwachs erlebt. Wachstumsträger Nr. 1 ist die Kfz-Industrie, die zugleich auch ihre Zulieferer aus Chemie, Elektrotechnik und Elektronik in die dynamische Entwicklung einbindet.

Weltmarktreife Patente gelten als „Frühindikator" zur Messung der technologischen Stärke von Volkswirtschaften. Außerdem dienen Patente zunehmend als „strategische Waffe" im internationalen Technologiewettbewerb. Deutschland gehört gemeinsam mit Japan und den USA zu den patentintensivsten Ländern der Welt und kann seit 1993 wieder das von den USA erhöhte Wachstumstempo bei weltmarktrelevanten Patenten mithalten.

Grundsätzlich gilt: Spitzentechnik ist vor allem eine Domäne der Vereinigten Staaten, Japans und – seit kurzem – auch Schwedens. Deutschland, Frankreich, Schweiz und Italien haben sich auf die Höherwertige Technik spezialisiert, in traditionellen Industrien wie dem Automobilbau, dem Maschinen- und Anlagenbau.
Deutschland ist auch auf schnell wachsenden Technologiefeldern gut vertreten, insbesondere bei Kraft- und Schienenfahrzeugen und im Maschinenbau. Deutschland besitzt überdurchschnittlich hohe Patentanteile im Umweltschutz (Polmerrecycling, Verbesserung der Wiederverwertbarkeit von Autos, biologische Wasserreigung und Hausmüllbehandlung) sowie beim Leichtbau mit Aluminium- und Magnesiumbauteilen. Vergleichsweise schwach ist Deutschland aber in anderen Wachstumsfeldern wie Telekommunikation (Breitbandkommunikation und intelligente Netzwerktechnologie, Flachschirme), Medizintechnik und Biotechnologie (DNS Sequenzierung, genetisch modifizierte Pflanzen, Impfstoffe aus genetischer Produktion und rekombinante Medikamente). In neuen, wissensbasierten Technologiefeldern wie der Biotechnologie, Mikroelektronik oder neue Materialien hat sich der zeitliche Abstand zwischen Grundlagenforschung und Umsetzung in neue Produkte und Verfahren verkürzt. Daher erhält die frühzeitige Zusammenarbeit zwischen Wissenschaft und Wirtschaft eine steigende Bedeutung.

Eine Analyse der wissenschaftlichen Veröffentlichungen zeigt, dass die deutsche Wissenschaft immer noch überdurchschnittlich stark auf Nukleartechnik und Physik spezialisiert ist; überdurchschnittliche Werte werden auch in Mess- und Regeltechnik, Medizintechnik, organische Chemie, Polymere, Grundstoffchemie, Materialforschung und Mathematik erreicht.

Hervorzuheben ist, dass in den Wachstumsfeldern Datenverarbeitung und Biotechnologie, in denen Deutschland technologisch gesehen im internationalen Vergleich eine schwache Position hat, die Wissenschaft ein hohes Niveau aufweist. Dies gilt auch für die Optik, Medizintechnik und organische Chemie. Das bedeutet: In diesen Feldern steckt ein unausgeschöpftes Potenzial für eine fruchtbare Interaktion zwischen Wissenschaft und Technik.

Die Zusammenarbeit zwischen Wissenschaft und Wirtschaft ist in Deutschland stärker als in anderen europäischen Ländern ausgeprägt. Lücken bestehen in der Umsetzung von Forschungsergebnissen bei neuen wissensintensiven Technologien. Wichtig ist daher auch die Gründung neuer technologieorientierter Unternehmen, die neue zukunftsfähige Arbeitsplätze schaffen. Neue Unternehmen sind häufig die Vorreiter im Einsatz neuer Technologien. Die Verbesserung der Rahmenbedingungen und der Abbau bestehender Regulierungen, schaffen neue Märkte und Marktnischen für junge Unternehmen und beleben die Gründungsdynamik. Seit Mitte der 90er-Jahre wächst die Zahl der Gründungen bei Spitzentechnologien wieder dynamisch. Gleichzeitig entwickelte sich ein rasant wachsender Markt für Beteiligungskapital in Deutschland. Damit hat sich Deutschland eine wichtige Voraussetzung für den notwendigen Aufholprozess auf diesem Gebiet verschafft.

Deutschland verfügt mit seiner differenzierten Forschungslandschaft und seinem Ausbildungssystem über gute Potenziale. Doch auch hier müssen tiefgreifende Veränderungen rasch umgesetzt werden, damit der Anschluß an die internationale Spitze nicht verloren geht. Wesentliche Voraussetzungen sind zeitgemäße und flexiblere Strukturen aller Ausbildungsbereiche. Ein leistungsfähiges Wissenschaftssystem, das offen für eine Zusammenarbeit mit der Wirtschaft ist, hat eine Schlüsselrolle für die künftige technologische Wettbewerbsfähigkeit Deutschlands. Denn dem Wissens- und Technologietransfer in die Unternehmen kommt bei der Neuorientierung des Innovationssystems eine zentrale Bedeutung zu.
Bei aller kritischen Analyse der Schwächen des Innovationssystems entdeckt der Bericht zur Technologischen Leistungsfähigkeit der Bundesrepublik auch eine unerwartete Eigenschaft, die Hoffnung verspricht: „Das deutsche Innovationssystem verfügt über ein hohes Potenzial, auf fahrende Züge aufzuspringen. Diese Fähigkeit gilt es entschlossen zu nutzen, denn in der „neuen Ökonomie" zählt vor allem die Schnelligkeit und die Flexibilität, mit der neue Herausforderungen gemeistert werden". ■

societies. Information and telecommunications technologies drive forward previously unimaginable conversion processes. With their products they influence the whole area of the manufacturing and service sectors and, ultimately, all areas of life. They lead to the development of completely new sectors with great potential for growth and employment.

The deciding factor in Germany's competitiveness is its ability to participate in this progress and to use the potential for information and telecommunications technology as quickly and as broadly as possible. Germany's comparatively weak position in modern information and telecommunications technologies is the Achilles' heel of the German innovation system, since this is currently the source of its greatest economic growth. With the integration of the GMD at the Fraunhofer Society forces are now being bundled which contain the greatest research potential in Europe. The Fraunhofer Society with its now almost 60 institutes offers an ideal platform for the rapid transfer of information and telecommunications technologies in all areas of the economy, because it has experience in networking of various different areas and has solid relations with all of them.

Germany's technological speciality is in high-quality technology but in spite of recent successes Germany is limping behind. Since the 1993 recession the industry sectors involved in high-quality technology and top technology have undergone particularly dynamic growth (4 % and 5 % respectively). The no. 1 vehicle for growth is the motor vehicle industry, including its component suppliers from the chemical, electrical and electronic industries.

Patents which are ready to go onto the international market are considered to be "early indicators" in measuring the technological strength of economies. Patents also serve as "strategic weapons" in international technological competition. Along with Japan and the USA, Germany is one of the most "patent-intensive" countries in the world and since 1993 has been able to keep up with the increased tempo in patents for the international market set by the USA. Top technology is above all a domain of the USA, Japan and – latterly – also of Sweden. Germany, France, Switzerland and Italy have specialised in traditional industries such as making motor vehicles, mechanical and plant engineering.

Germany is also well represented in quickly-growing fields of technology, especially motor vehicles, rail vehicles, and in mechanical engineering. Germany has an above-average high number of patents in environmental protection (polymer recycling, improving the reusability of old cars, biological water purification and the treatment of household refuse), as well as light construction with aluminium and magnesium components. But Germany is comparatively weak in other growth areas such as telecommunications (broadband communication and intelligent network technology, flat-screen technology), medical technology and biotechnology (DNA sequencing, genetically modified plants, genetically-sourced vaccinations and recombinant medications).

In the new, knowledge-based fields of technology such as biotechnology, microelectronics or new materials the time-lapse between basic research and its transformation into new products and processes has shortened. For this reason the early cooperation between science and commerce is becoming increasingly important. An analysis of scientific publications shows that the German scientific community has still over-specialised in nuclear technology and physics. The same applies to organic chemistry, polymers, basic chemistry, materials research and mathematics.

It should be emphasised that in the growth-areas of data processing and biotechnology, where Germany is technologically weak compared to the rest of the world, there is a high level of theoretical knowledge. This applies to optics, medical technology and organic chemistry, and means that there is a lot of unused potential for fruitful cooperation between science and technology in these areas.

The cooperation between science and commerce is stronger in Germany than in other European countries, but there are gaps in commercialising the results of research in new knowledge-intensive technologies. So it is also important to establish new technologically oriented companies which create new, future-oriented jobs. New companies are often the pioneers in the use of new technologies. The improvement of the basic conditions and the doing away of existing regulations create new markets and market niches for young entrepreneurs and enliven the dynamism that engenders the founding of new companies. Since the middle of the 1990s the number of newly-founded companies involved in top technologies has been growing vibrantly. At the same time a rapidly growing market for equity capital has also developed in Germany, which enabled it to secure the important ability to catch up in this area.

With its varied research landscape and vocational training system Germany possesses much potential. Yet here, too, radical changes must be implemented rapidly in order not to miss the connection with the international lead. The essential requirements are timely and flexible structures in all areas of vocational training. An efficient scientific system that is open to cooperation with the commercial sector, has a key role to play in Germany's future technological competitiveness. Then, with the reorientation of the innovation system, the transfer of knowledge and technology to the commercial sector will gain central importance.

With all the critical analyses of the weaknesses of the innovation system the report on Technological Efficiency in the Federal Republic of Germany has also discovered an unexpected characteristic that promises hope: "Potentially The German system has much ability to jump aboard a moving train. This ability must be used resolutely, because what counts more than anything else in the "new economy" are speed and flexibility in order to overcome new challenges". ■

Fujitsu Siemens Computers – das führende europäische Computerunternehmen

Fujitsu Siemens Computers – the leading European Computer Company

Mobility – an jedem Ort, zu jeder Zeit … mit unseren Notebooks.

Mobility – any time, anywhere … with our notebooks.

Fujitsu Siemens Computers ist das führende europäische Computerunternehmen und Marktführer in Deutschland. Mit rund 8.000 Mitarbeitern und modernsten Fertigungsstätten in Deutschland bieten wir unseren Geschäfts- und Privatkunden in Europa, Afrika und dem Mittleren Osten (EMEA) eines der weltweit umfassendsten Produkt- und Lösungsportfolios: Die gesamte Bandbreite des Personal Computing und Enterprise Computing – von Notebooks, PDAs, PCs und Workstations über Intel- und Unix-Server bis zu Großrechnern und unternehmensweiten Speicherlösungen.

Fujitsu Siemens Computer steht für:

- 30 Jahre Erfahrung im Enterprise Computing und umfassende Integrationskompetenz – dies ist im eBusiness-Zeitalter wichtiger denn je.
- Führend bei professionellen PC-Lösungen durch eine einzigartige Kombination von Markterfahrung, best-in-class Logistik, neuester Technologie, eigener Motherboard-Fertigung und der Fähigkeit, kundenspezifische Lösungen anzubieten.
- Europäischer Marktführer im Privatkunden-Markt: Unsere Neuentwicklungen reichen dabei von leistungsfähigen Multimedia-PCs bis hin zu neuen Media Centern.

Fujitsu Siemens Computers in Deutschland: Produkthaus mit Mehrwert

Unsere branchenspezifische Kundenorientierung sieht eine enge Zusammenarbeit mit den Partnern sowie eine intensive Betreuung durch Expertenteams vor.

Großkunden werden direkt von Account-Managern betreut. Zwölf Geschäftsstellen in acht Regionen decken das Bundesgebiet komplett ab und sichern kurze Reaktionszeiten und Präsenz beim Anwender.

Im Segment Small & Medium Enterprise Business wird eng mit Distributoren, Value Added Resellern, Systemhäusern und Systemintegratoren zusammengearbeitet.
Das Consumergeschäft wird indirekt über Partner betrieben.

Mobility und Business Critical Computing

In seiner künftigen strategischen Ausrichtung legt das Unternehmen einen besonderen Schwerpunkt auf die beiden Zukunftsthemen Mobility und Business Critical Computing: Das Internet- und eBusiness-Zeitalter erfordert mehr denn je eine hochleistungsfähige, ständig verfügbare IT-Infrastruktur und die deutlich zunehmende Mobilität der IT-Nutzer wird Fujitsu Siemens Computers auf der Basis verlässlicher Infrastrukturen mit einer Vielzahl neu entstehender Lösungen unterstützen. ■

Führend bei professionellen PC-Lösungen: Scenic D und Scenic L.

Leading in professional PC solutions: Scenic D und Scenic L.

Langjährige Erfahrung mit Servern und Storagelösungen.

Years of experience with servers and storage solutions.

Der neue modulare PDA Pocket LOOX mit Farbdisplay, Bluetooth und GPRS ist die mobile Lösung sowohl für das Business als auch für den Privatanwender.

The new modular PDA Pocket LOOX with colour touchscreen, Bluetooth and GPRS technology is the mobile solution for the professional as well as the demanding private user.

Fujitsu Siemens Computers is the leading European computer company and market leader in Germany. About eight thousand employees and the latest production facilities in Germany provide our business and private customers in Europe, Africa and the Middle East (EMEA) with one of the most complete product and solution portfolios in the world, the whole range of personal and enterprise computing from notebooks, PDA's, PC's and workstations, Intel and Unix servers to large mainframe computers and enterprise storage solutions.

Fujitsu Siemens Computers stands for:

- 30 years of experience in enterprise computing and extensive integration expertise – more important than ever in the e-business age;
- a unique combination of market experience, best-in-class logistic, leading-edge technology, our own motherboard production and the ability to offer customised solutions make us to a leading supplier of professional PC solutions;
- European market leader for home users and small offices: Our latest developments range from high-performance multimedia PC's to new media centers.

Preisgekrönt: JETSON Easy PC

Prize-winning: JETSON Easy PC

Fujitsu Siemens Computers in Germany: Products with added value

Our industry-specific customer orientation is based on a close cooperation with our partners and intensive customer-care by teams of experts. Account Managers look after our corporate customers personally. The German market is served through twelve branches in eight regions to ensure short reaction times and a close presence to the customer. In the Small and Medium Enterprise segment we cooperate with distributors, value-added resellers, system-houses and system integrators. The consumer market is taken care of indirectly by our partners.

Mobility und Business Critical Computing

The company has clearly defined its strategic direction, focusing on Business Critical Computing and Mobility solutions as the key drivers of the eBusiness and Internet ages. Business Critical Computing builds on Fujitsu Siemens Computers core competencies and delivers extremely scalable, secure and always-on IT infrastructures for both current and future eBusiness environments. The Mobility initiative addresses the increasing demand for advanced solutions that support today's generation of mobile users who need anytime access to Internet services and applications – despite their location or device. ■

FUJITSU COMPUTERS SIEMENS

Fujitsu Siemens Computers

Geschäftsführung/Management:
Dr. Adrian v. Hammerstein (President and CEO)

Vertriebsleitung Deutschland/Sales Germany:
Ulrich Kemp, Ludger Siebertz

Presse, Öffentlichkeitsarbeit/
Press, Public Relations: Barbara Schädler

Gründungsjahr/Year of Foundation: 1999

Hauptbranchen-Code: 30030
Main Branch-Code: 30030

Mitarbeiter/Employees: ca./about 8.000

Umsatz/Turnover:
ca. 5,4 Mrd. Euro (2001/2002)
about 5.4 Bill Euro (2001/2002, forecast)

Anschrift/Address:
Fujitsu Siemens Computers
ist in über 20 Ländern Europas mit eigenen Landesgesellschaften vertreten.
Fujitsu Siemens Computers is represented in more than 20 European countries with own legal entities.

Fujitsu Siemens Computers in Deutschland:
Rathausplatz 3–7
D-61352 Bad Homburg
Telefon +49 (6172) 188-00
Telefax +49 (6172) 188-634
E-Mail info@fujitsu-siemens.com
Internet www.fujitsu-siemens.de

Kernkompetenz im Business Critical Computing – PRIMERGY Intel Server.

Core competence in Business Critical Computing – PRIMERGY Intel Server.

Deutscher Zukunftspreis 2001 für Forschung über Künstliche Intelligenz

German Future Prize 2001 for Research about Artificial Intelligence

Bundespräsident Johannes Rau überreicht Prof. Dr. Wolfgang Wahlster den Deutschen Zukunftspreis.

The President of the Federal Republic of Germany, Johannes Rau, presents the German Future Prize to Prof Dr Wolfgang Wahlster.

Prof. Dr. Wolfgang Wahlster

Der Autor studierte Informatik in Hamburg und arbeitet seit 1975 als Forschungsleiter an intelligenten Benutzerschnittstellenprojekten (Promotion 1981). Er ist Geschäftsführer des Deutschen Forschungszentrums für Künstliche Intelligenz (DFKI GmbH) und Professor für Informatik und für Computerlinguistik an der Universität des Saarlandes, Saarbrücken.

Dr. Wolfgang Wahlster received his diploma and doctoral degree (1981) in Computer Science from the University of Hamburg. Since 1975 he has been working in the field as a principal investigator in intelligent user interface projects. He is Director and CEO of the German Research Center for Artificial Intelligence (DFKI GmbH) and a Professor of Computer Science and of Computational Linguistics at the Universität des Saarlandes, Saarbrücken.

Arbeitswelt und Arbeitsalltag ändern sich durch den Einsatz von Informationstechnologie dramatisch. Nicht mehr die Produktion steht im Vordergrund, sondern die Steuerung, nicht der „Blaumann", sondern der Wissensarbeiter. Unternehmen und Märkte sind einem tiefgreifenden Wandel unterworfen. Die Innovationen der Telekommunikationstechnologien eröffnen bisher unbekannte Optionen auf neue Arbeits- und Organisationsformen und erschließen neue Wege für Vertrieb, Marketing und Wartung. Der direkte Kontakt zum Kunden, die Pflege der Kundenbeziehung gewinnen an Bedeutung. In Service Centern werden Telefon, Email, Web gleichberechtigte Kanäle für die Kommunikation mit dem Kunden sein. Paradoxerweise wird der Computer als sichtbare Maschine am Arbeitsplatz verschwinden und ersetzt werden durch intelligente Endgeräte, die einen orts- und zeitungebundenen, breitbandigen Zugriff auf Information ermöglichen. Dabei wird durch die Echtzeitübertragung von Audio- und Videodaten die technische Infrastruktur geschaffen, die die notwendige Basis für den wirtschaftlichen Erfolg der Inhalteanbieter darstellt. Damit der Computer aber zum nützlichen Assistenten in der Arbeitswelt und der Wissensgesellschaft werden kann, muss er den Benutzer verstehen, er muss rasch die Informationen liefern, die in dem spezifischen Verwendungszusammenhang dienlich und hilfreich sind.

Künstliche Intelligenz ist ein Teilgebiet der Informatik, der Computerwissenschaft, in dem daran gearbeitet wird, auf Computern, auf digitalen Maschinen das nachzubilden, was man gemeinhin alltagssprachlich als intelligentes Verhalten bezeichnet. Der Mensch will keine Fehlermeldung auf dem Bildschirm sehen, sondern eine Lösung, keine Nachfrage, sondern eine Antwort. Er will verstanden werden, mit dem Computer reden können, er will sich mimisch und gestisch ausdrücken.

Der Wissensassistent, der den Zugang zu Information ermöglicht, wird die Vorteile sprachlich dialogischer Kommunikation mit den Vorteilen graphischer Bedienoberflächen und taktiler Interaktionsformen zu einem höherwertigen, oft multimodal genannten Bedienparadigma verschmelzen. Die Bedienmetapher ist also nicht mehr der Schreibtisch mit einer Anhäufung von Dateien und Ordnern, in denen man sich zurechtfinden muss, sondern der Assistent oder das Assistententeam, an das Aufgaben delegiert werden.

Through the use of Information Technology, the working world and daily work are changing dramatically. Production is no longer at the forefront, but control, not the man in the "boilersuit", but the knowledge worker. Companies and markets are subject to a profound change. The innovations in telecommunications technology open up hitherto unknown options to new working and organisational forms and offer new channels for sales, marketing and maintenance. The direct contact to customers and care of customer relations is gaining importance. In service centres, telephone, e-mail and web are becoming equally important channels for communication with the customer. Ironically, the computer will disappear as a visible machine at the workplace and be replaced by intelligent devices, which enable a location and time independent, broadband access to information. With real-time transmission of audio and video data the technical infrastructure is created that offers the necessary basis for the economic success of content providers. For the computer however to become a useful assistant in the working world and the knowledge society, it must understand the user. One of its majors tasks is to supply information fast, that is useful and helpful in a specific context.

Artificial Intelligence is a subdivision of computer science. Specialists are working with computers, with digital machines to reproduce what is generally called intelligent behaviour. Humans do not want to see an error message on the screen, but a solution, not a further question, but an answer. We want to be understood, be able to speak with the computer, want to communicate through facial expressions and gesture.

The knowledge assistant that enables access to information will merge the advantages of natural language dialogues with the advantages of graphic user interfaces and tactile forms of interaction into what is often called a multimodal user paradigm. The user metaphor is thus not a desk with an accumulation of files and documents in which one has to find one's way, but the assistant or a team of assistants to which tasks can be delegated.

The present human-computer interaction is characterised by product-specific means of interaction. The user is forced here, to learn the "language" of the machine - machines do not make available an intuitively comprehensible interface and as a consequence, many users are not able to use devices or only a small part of their functionality. Even today, many people have problems for instance with the usage of web browsers, standard office applications or the programming of video recorders. The implementation of Information Technology in the workplace today still requires costly training and introduction phases.

In order to overcome problems of interactions between humans and machines, intelligent communication assistants must be developed that are able to understand and analyse a variety of input modes which are naturally and chronologically coordinated with one another ranging from language, gesture and facial expressions to eye movements. Through user modelling, plan recognition and machine learning procedures, the systems

technology, worldwide access to the entire digitally stored knowledge for everyone, at any time and any place will remain fiction in the age of the Internet. Only if it becomes possible for every person to speak an inquiry or command into computer systems in his mother tongue, human-computer interaction will reach the level that makes the computer an integral component of a universal cultural technology for the knowledge society.

Das Deutsche Forschungszentrum für Künstliche Intelligenz (DFKI) in Saarbrücken.

The German Research Center for Artificial Intelligence (DFKI) in Saarbrücken.

adapt to the individual user and become personal assistants. Through evaluation of the operation and task context, they can even make sense of faulty, incomplete and distorted input. They provide active aid without always having to be prompted to do so explicitly. Since these communication agents use broadband data highways and are able to understand the language of the user and his aims, they can be utilized for mobile situations, for example on the assembly line, on site maintenance, or in a vehicle. Using glasses with an integrated miniature screen, graphic images and repair instructions are made available. A mechanic can thus concentrate on his task, he has all plans, and data at hand and in front of his eye; furthermore, the spoken analysis can be, combined on site with the materials, used for documentation or invoicing purposes.

Language technology forms an essential pillar of the information technology of the future in everyday life and in the working world, since verbal interaction is and will remain the simplest, most expressive and most popular form of communication for humans. Without the use of language

Our aim at Deutsches Forschungszentrum für Künstliche Intelligenz (DFKI)/German Research Center for Artificial Intelligence is to make the use of the Internet as simple as for example the use of a television or a mobile phone. This will be achieved through language technology so that everyone, independent of his educational level, can participate in electronic interaction of the future knowledge society. In the next 20 years intuitive dialogues with "hearing and speaking" computers will render the lengthy study of handbooks obsolete in many cases.

Natural language processing by machines is scientifically one of the most ambitious aims of our age. In the processing of a spoken input one can differentiate three stages: speech recognition, language analysis and language understanding. For simple applications like voice control of devices of every day use (e.g. telephone operation, selection of a radio channel in the car), it is sufficient for the system to recognise correctly, what the speaker has said. Since such speech recognisers for a small vocabulary (20–100 words) can be integrated on a

Die gegenwärtige Mensch-Technik-Interaktion ist gekennzeichnet durch produktspezifische Bedienung. Dabei ist der Benutzer gezwungen, die „Sprache" der Maschine zu erlernen – Maschinen stellen keine intuitiv verständliche Schnittstelle zur Verfügung mit der Konsequenz, dass viele Benutzer die Geräte nicht oder nur einen geringen Teil der Funktionalität nutzen können. Schon heute haben viele Menschen Schwierigkeiten beispielsweise mit der Bedienung von Web-Browsern, Standard-Büroanwendungen oder der Programmierung von Videorecordern. Der Einsatz von Informationstechnologie am Arbeitsplatz ist heute noch mit aufwendigen Schulungen und Einarbeitungsphasen verbunden.
Zur Überwindung des Interaktionsproblems von Mensch und Technik müssen intelligente Kommunikationsassistenten entwickelt werden, die verschiedene natürliche und miteinander zeitlich koordinierte Eingabemodalitäten wie Sprache, Gestik, Mimik bis hin zu Augenbewegungen analysieren und verstehen können. Durch Benutzermodellierung, Planerkennung und Lernverfahren adaptieren sich die Systeme an den indivuellen Nutzer und werden zum persönlichen Assistenten. Durch Auswertung des Bedien- und Aufgabenkontextes können sie auch fehlerhafte, unvollständige und gestörte Eingaben noch sinnvoll interpretieren. Sie geben aktive Hilfe, ohne immer explizit dazu aufgefordert sein zu müssen. Da die Kommunikationsagenten breitbandige Datenautobahnen nutzen, die Sprache des Benutzers und seine Ziele verstehen, können Sie in mobilen Situationen eingesetzt werden, z. B. bei Montage, Wartung, im Fahrzeug. Über Brillen mit eingebautem Miniaturbildschirm werden Grafiken und Reparaturanleitungen zur Verfügung gestellt. Ein Mechaniker kann sich so auf seine Tätigkeit konzentrieren, er hat sämtliche Materialien, Pläne, Daten zur Hand und vor dem Auge, außerdem kann die gesprochene Analyse vor Ort kombiniert mit dem Material für die Dokumentation bzw. Abrechnung verwendet werden.

Die Sprachtechnologie bildet eine wesentliche Säule der zukünftigen Informationstechnologie im Alltag und in der Arbeitswelt, da die verbale, die sprachliche Interaktion die einfachste, ausdrucksstärkste und beliebteste Kommunikationsform des Menschen ist und bleiben wird. Ohne den Einsatz von Sprachtechnologie wird der weltweite Zugriff auf das gesamte digital gespeicherte Wissen für Jedermann, zu jeder Zeit und an jedem Ort im Zeitalter des Internet eine Fiktion bleiben. Nur wenn es prinzipiell für jeden Menschen möglich wird, in seiner Muttersprache spontan eine Anfrage oder ein Kommando in Computersysteme zu sprechen, und wenn die entsprechende Antwort oder Reaktion wiederum für ihn verständlich in

Intelligente Assistenzsysteme für die maschinelle Wissensverarbeitung.

Alltagssprache ertönt, wird die Mensch-Computer-Interaktion den Stand erreicht haben, der den Computer zum integralen Bestandteil einer universalen Kulturtechnik für die Wissensgesellschaft macht.
Unser Ziel am Deutschen Forschungszentrum für Künstliche Intelligenz (DFKI) ist es, durch die Sprachtechnologie z. B. die Internet-Nutzung so einfach wie die Bedienung eines Fernsehgerätes oder Mobiltelefons zu machen, damit möglichst jedermann unabhängig von seinem Bildungsniveau an der elektronischen Interaktion der zukünftigen Wissensgesellschaft teilnehmen kann. Der intuitive Dialog mit „hörenden und sprechenden" Computern wird in den nächsten 20 Jahren in vielen Fällen das langwierige Studium von Handbüchern überflüssig machen.
Die maschinelle Sprachverarbeitung ist wissenschaftlich eines der ehrgeizigsten Ziele unseres Zeitalters. Bei der Sprachverarbeitung für eine gesprochene Eingabe können drei Stufen unterschieden werden: die Spracherkennung, die Sprachanalyse und das Sprachverstehen. Für einfache Anwendungen wie die Sprachsteuerung von Geräten im Alltag (z. B. Telefonbedienung, Auswahl eines Radiokanals im Auto) reicht es aus, wenn das System richtig erkennt, was der Sprecher gesagt hat. Da solche Spracherkenner für ein kleines Vokabular (20–100 Wörter) auf einem Chip integrierbar sind, werden sie als eingebettete Systeme immer mehr in Geräte integriert werden. Alternativ zum Tastendruck wird man z. B. bei einer Ultraschalluntersuchung den Echokardiographen anweisen können: „Ein Standbild bitte". Der Arzt muss also die Untersuchung nicht unterbrechen, den Schallkopf nicht absetzen, wenn er einen bestimmten Zustand bildlich festhalten will. In anderen Situationen ermöglicht die Sprachsteuerung von medizinischen Geräten eine berührungslose und damit auch sterile Bedienung.

Als Autofahrer wird man eine wachsende Anzahl sicherheitsunkritischer Funktionen durch Sprachkommandos steuern, im Sprachdialog mit der nächsten Generation von Navigationssystemen einen Parkplatz vorreservieren, ein Hotel suchen und eine Opernkarte buchen können. Natürlich müssen solche Systeme nicht mehr von dem einzelnen Sprecher auf seine Stimme trainiert werden. Regionale Aussprachevarianten oder Dialekte werden sie allerdings nur dann erkennen können, wenn die Industrie das Marktpotenzial so einschätzt, dass sich die notwendigen Investitionen für die Sammlung von Sprachdaten mittelfristig amortisieren.
Die meisten Aufforderungen, Fragen und Wünsche lassen sich aber nicht mit wenigen Schlüsselwörtern formulieren. Wenn die Anwendung anspruchsvollere Eingabemöglichkeiten erfordert, muss durch Sprachanalyse versucht werden, den Sinnzusammenhang zu erfassen und in einer inhaltlichen Repräsentation festzulegen, was der Sprecher mit seiner Äußerung tatsächlich gemeint hat. Die nächste Generation von Handys wird es ermöglichen, dass wir während einer kurzen Verhandlungspause per Sprache ein Preisvergleichssystem aufrufen können: „Ich habe gerade die Digitalkamera S45 getestet. Sie kostet 800 Euro. Gibt es dieses Modell im Umkreis von 10 Minuten billiger?" Der sprachverstehende Computer sucht im Internet nach günstigeren Angeboten und gibt durch die Kopplung mit einem Positionierungssystem

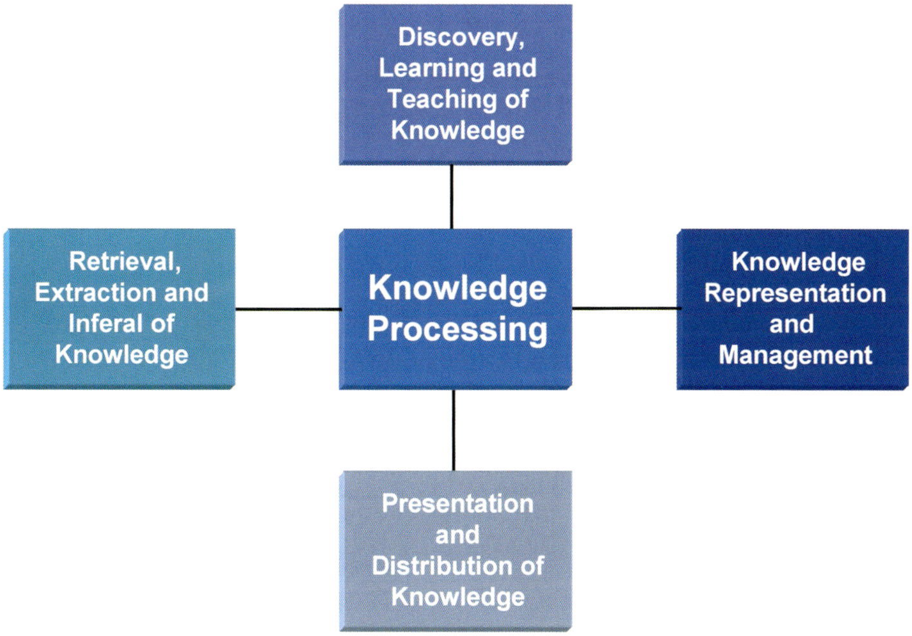

Intelligent Software Systems based on Knowledge Processing.

chip, they will be increasingly integrated as embedded systems into devices. Instead of pressing a button, for example in ultrasound examinations one will be able to instruct the echocardiograph: "Freeze that image please". The physician does thus not have to interrupt the examination, does not have to put down the transducer, if he wants to record an image of a certain state. In other situations, voice control of medical equipment enables a contactfree and thus sterile handling.

As a car driver one will control an increasing number of less critical functions with speech commands. The next generation of navigation systems will allow speech dialogues to reserve a parking space in advance, to look up a hotel or to book a ticket for the opera. Of course, such systems do not have to be trained any longer to react to the voice of a specific speaker. Regional variations of pronunciation or dialects will only be recognised however, if the industry values their market potential in such a way that necessary investments for the collection of speech data pays for itself in the mid-term.

Most instructions, questions and desires however cannot be formulated with only a few key words. If the application requires more sophisticated possibilities of input, efforts must be made to grasp the meaning through language analysis and to determine in a semantic representation what the speaker actually meant with his utterance. The next generation of mobile phones will enable us to call a prize comparison system during a short pause in negotiations: "I have just tested the digital camera S45. It costs 800 Euro. Is there a cheaper prize for this model available within 10 minutes reach?" The computer capable of understanding language searches for a more favourable offer in the Internet and provides immediate directions to

Entwicklung der Gesamtkapazität des DFKI: 1989–2000.

DFKI Revenues from 1989–2000.

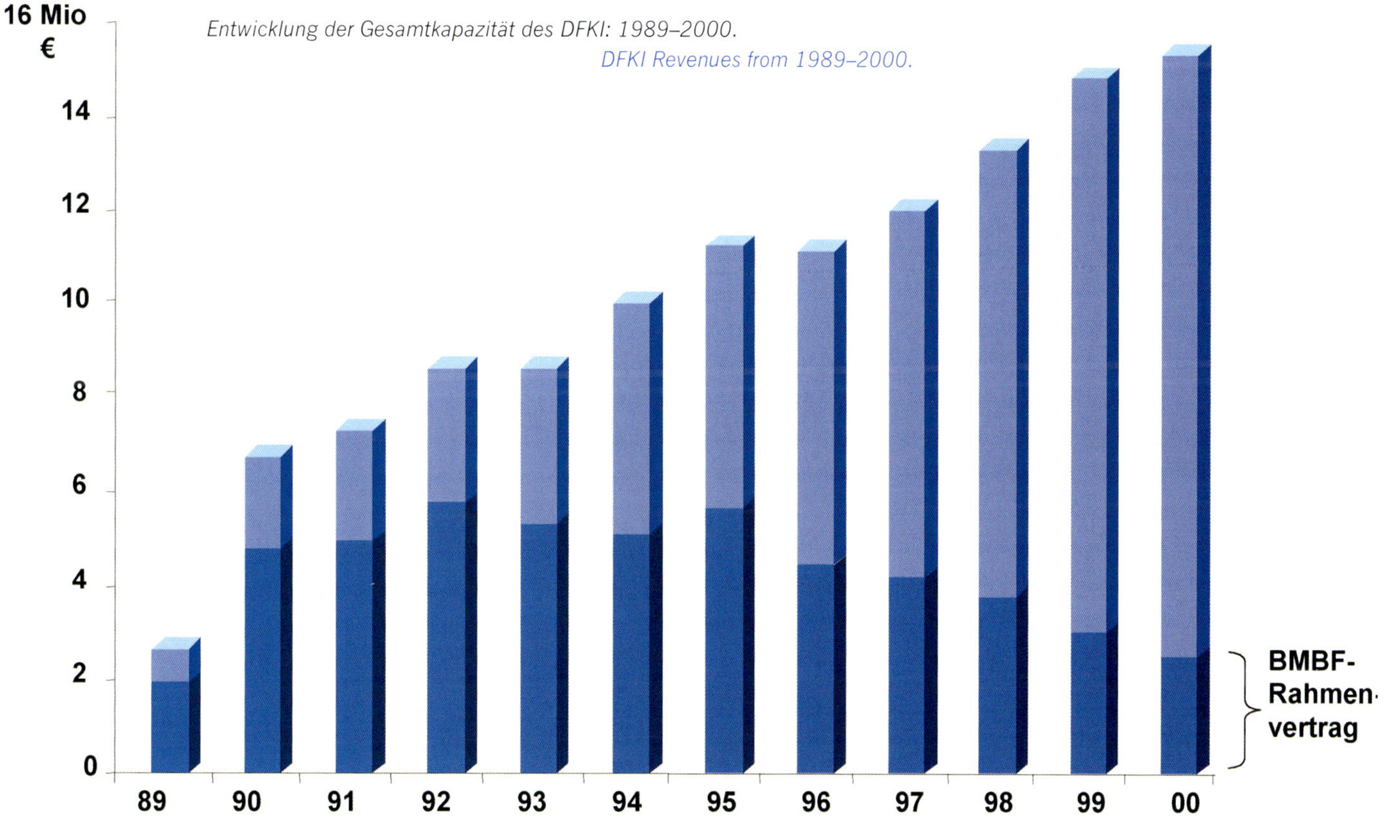

gleich eine Wegbeschreibung zu dem alternativen Anbieter an „Ja, bei Cyberphoto kostet das Modell nur 720 Euro. Ich habe überprüft, dass dort noch zwei S45 vorhanden sind. Das Geschäft ist zu Fuß in 5 Minuten von Ihrer derzeitigen Position aus zu erreichen. Gehen Sie jetzt zum Hauptausgang raus und dann gleich rechts in die Bahnhofstraße ..."

Ein dolmetschendes Handy, wie es aus unserem Verbmobil-System entwickelt werden kann, erkennt gesprochene Spontansprache, analysiert die Eingabe, übersetzt sie in eine Fremdsprache (derzeit Englisch und Japanisch), erzeugt einen Satz und spricht ihn aus. Für ausgewählte Themenbereiche (z. B. Terminverhandlung, Reiseplanung, PC-Fernwartung) kann Verbmobil dann Übersetzungshilfe in Gesprächssituationen mit ausländischen Partnern leisten. Eine im Berufsalltag sehr nützliche Innovation stellt die in Verbmobil erstmals realisierte Dialogprotokollierung dar. Das System ist in der Lage, nach Beendigung eines Telefondialogs entweder ein knappes Ergebnisprotokoll oder ein ausführlicheres Verlaufsprotokoll zu erzeugen.

Es wird in den nächsten zehn Jahren möglich, alles, was ein Mensch in seinem Leben spricht, auf einem kleinen tragbaren Gerät, das am Arm getragen wird, digital aufzuzeichnen. Weitere Fortschritte auf dem Gebiet der Spracherkennung und des Sprachverstehens werden es dann erlauben, direkt zu einer gesuchten Sprachaufzeichnung zu springen, ohne diese Aufzeichnungen wie ein Tonband abzuhören. Ein 50-jähriger Manager kann also fragen: „Was hat meine Großmutter zu mir gesagt, als ich mit 5 Jahren am ersten Weihnachtsfeiertag selbst eine Wunderkerze anzünden wollte und sie um Streichhölzer gebeten habe?" Diese faszinierenden Möglichkeiten zur Erweiterung des eigenen Gedächtnisses sind aber auch von großem praktischen Nutzen im Alltag und Beruf. Anstatt Sitzungsprotokolle durchzuarbeiten, wird man fragen können: „Was hat mein Chef gesagt, als ich ihn letzte Woche auf einen neuen Dienstwagen für meinen Mitarbeiter Meyer ansprach?"

Die Vision ist also, dass digitale Aufzeichnungen von Gesprächen genauso inhaltlich durchsuchbar sind, wie dies heute schon bei Texten in Textverarbeitungssystemen möglich ist. Damit wird mittelfristig die Vision einer inhaltsbasierten Suche auch über alle Fernsehkanäle hinweg realisierbar. So wird man die interaktiven Fernsehgeräte der Zukunft fragen können: „Wo wird gerade über die Entwicklung in Afghanistan berichtet?" Wenn das System antwortet: „Im ZDF und auf n-tv laufen derzeit aktuelle Berichte", kann der Benutzer reagieren: „Bitte den Bericht von n-tv aufzeichnen und ZDF jetzt zeigen". Durch die Online-Suche in aufgezeichneten Kommentaren, Interviews und

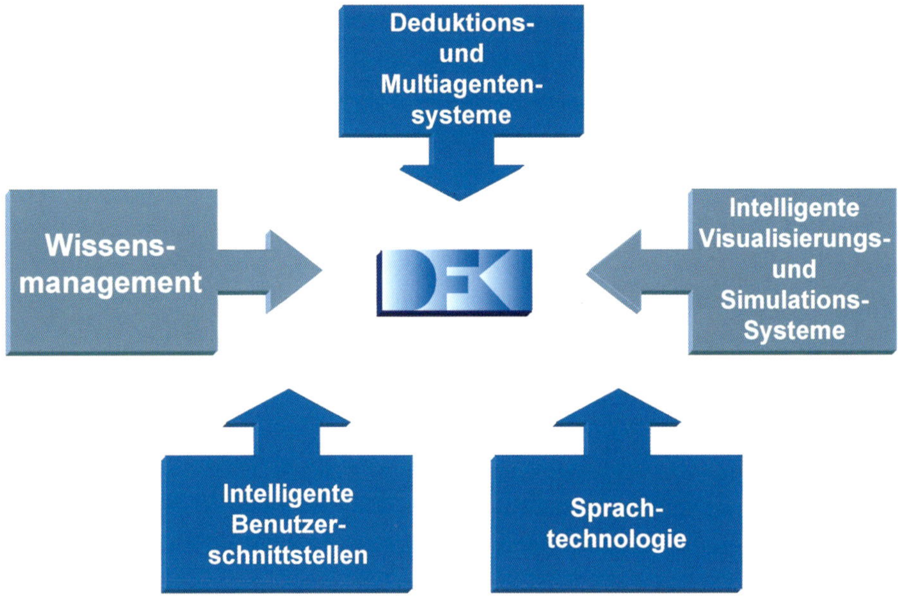

Die fünf Forschungsbereiche der DFKI GmbH.

Diskussionen könnte auch der gezielte sprachbasierte Zugriff auf global verfügbaren, digitalen Multimedia-Archiven ermöglicht werden und durch die Kombination von Fernsehgerät und Internet-Zugang in WebTVs im Alltag für jedermann nutzbar gemacht werden. Eine Anfrage an die Infotainment-Station: „Was hat der Bundeskanzler in den drei letzten Monaten zur Rentenentwicklung gesagt?" führt dann zu einer entsprechenden Zusammenstellung von Fernsehausschnitten – es entstehen individualisierte Fernsehreportagen auf Abruf.

Da in Zukunft immer mehr eingebettete Computersysteme die Steuerung und das Zusammenwirken von Geräten des alltäglichen Gebrauchs übernehmen, wird der Anwender sich häufig mit der Aufgabe konfrontiert sehen, dass er diese Systeme konfigurieren und programmieren muss. Hier bietet es sich an, die Sprachtechnologie zur „natürlichsprachlichen Programmierung" einzusetzen. Der Benutzer erklärt seinen Steuerungswunsch in Alltagssprache: „Wenn ich nach 20:00 Uhr im Sommer in die Garage fahre, schalte das Licht im Keller ein und öffne die Tür zwischen Garage und Keller. Lösche dann das Licht in der Garage, sobald ich im Keller bin". So kann es jedermann ermöglich werden, das Verhalten der intelligenten Haustechnik individuell seinen Wünschen und Gewohnheiten anzupassen, ohne komplizierte Bedienungsanleitungen lesen zu müssen oder gar selbst zum Programmierer zu werden.

Zusammenfassend ist festzustellen, dass die Sprachtechnologie zu den Schlüsseltechnologien bei der Verwirklichung der Wissensgesellschaft zählt, da sich bislang nur die menschliche Sprache zur Formulierung, Speicherung und Weitergabe komplexer Sachverhalte, Gedanken und Wissensinhalte eignet. Die Prozessorleistung und der Speicherausbau selbst kleinster mobiler Computer wird in Zusammenarbeit mit leistungsfähigen Sprachdialogservern die Realzeitverarbeitung von Sprache ermöglichen. Im mobilen Einsatz von Computern ist meist nur Spracheingabe sinnvoll. Sprachdialogsysteme bauen bestehende Hemmschwellen von Computerlaien bei der Nutzung der Informationstechnologie ab und leisten so einen Beitrag zur Nutzerfreundlichkeit und Nutzerzentrierung der Technik in der Wissensgesellschaft.

Das Deutsche Forschungszentrum für Künstliche Intelligenz (DFKI GmbH) mit Sitz in Kaiserslautern und Saarbrücken ist auf dem Gebiet innovativer Software-Technologien die führende wirtschaftsnahe Auftragsforschungseinrichtung in Deutschland. Das DFKI ist integriert in 6 europäische „Networks of Excellence". In der internationalen Wissenschaftswelt zählt das DFKI zu den weltweit wichtigsten „Centers of Excellence", dem es gelungen ist, Spitzenforschung rasch in praxisrelevante Anwendungslösungen umzusetzen. 1988 von namhaften deutschen Unternehmen der Informationstechnik und zwei Großforschungseinrichtungen als gemeinnützige GmbH gegründet, hat sich die DFKI GmbH inzwischen durch ihre proaktive und bedarfsorientierte Projektarbeit national und international den Ruf eines kompetenten und zuverlässigen Partners für Innovationen in der Wirtschaft erworben.

DFKI-Projekte decken das gesamte Spektrum von der anwendungsorientierten Grundlagenforschung bis zur markt- und kundenorientierten Entwicklung von Produktfunktionen ab. Der Gesellschafterkreis des DFKI zu dem u. a. DaimlerChrysler, SAP und IDS Scheer gehören, unterstreicht die

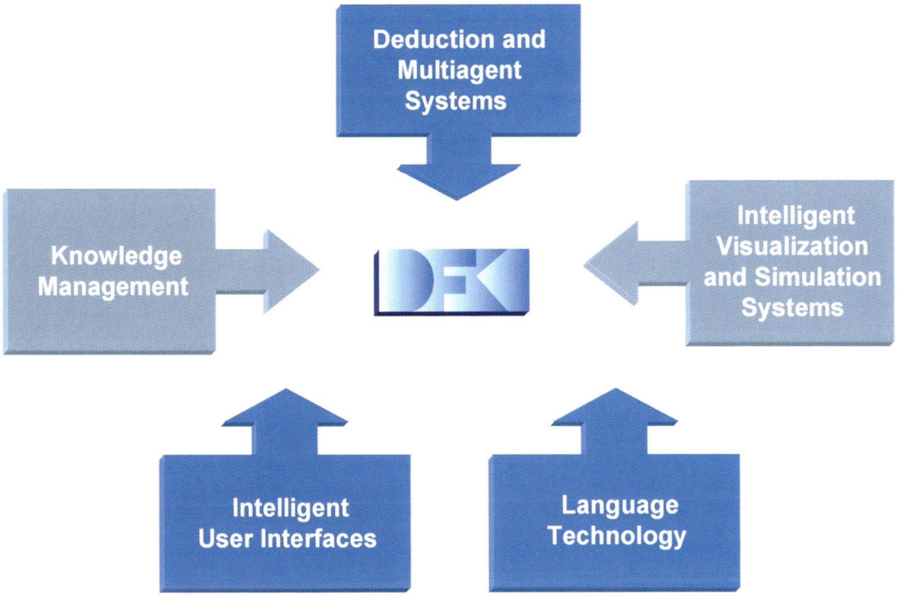

The Five R&D Departments of DFKI.

the alternative provider "Yes, at Cyberphoto the model only costs 720 Euro. I have found that there still are two S45s available. The shop can be reached with a 5 minutes walk from your present position. Take the main exit now and go immediately right into Bahnhofstrasse …"

An interpreting cellular phone as it can be developed from our Verbmobil system, recognises spontaneous speech, analyses the input, translates it into a foreign language (currently English and Japanese), generates a sentence and utters it. For selected topics (e. g. scheduling appointments, travel planning, remote maintenance of a PC) the Verbmobil system can provide translation aid in conversations with a foreign partner. The dialogue protocol facility realised in the Verbmobil system for the first time constitutes a very useful innovation for daily professional life. After completion of a telephone dialogue the system has the capacity to generate either a short resumee or an extensive minutes of the conversation.

In the next ten years it will be possible to record digitally everything that a human utters in his life on a small portable appliance that is carried around one's wrist. Further progress in the field of speech recognition and speech understanding will then enable one to jump directly to a speech record without having to listen to all recordings like with tape recorders. A 50-year-old manager can thus ask: "What did my grandmother say to me when I was 5 years old and wanted to light a sparkler on the first day of Christmas and I asked her for matches?" But these fascinating possibilities for extending one's own memory are also of great practical use in daily life and at work. Instead of having to scrutinize meeting protocols one will be able to ask: "What did my boss say, when I approached him last week concerning a new company car for my team member Meyer?"

The vision is, that digitally recorded dialogues can be searched in terms of content, as is already possible with text in text processing systems today. Thus, in mid-term range, the vision of a content-based search across all television channels becomes feasible. For instance will it be possible to ask interactive televisions of the future: "Where are they reporting right now about the development in Afghanistan?" If the system responds: "On ZDF and on n-tv they are now showing up to date reports", the user can react: "Please show the report on ZDF now and record the one on n-tv". Through an online search in recorded comments, interviews and discussions the speech-based access to globally available, digital multimedia archives could also be enabled. Through Web-TVs, a combination of television with Internet access, the information is thus made accessible for everyone in everyday life. A request to the infotainment station: "What has the chancellor said in the past three months concerning the development of pensions?" will then lead to a corresponding summary of television extracts – thus individualised television reports are created on demand.

As in future more and more embedded computer systems will take over the control and coordination of devices in daily use, the user will frequently be confronted with the task of having to configure and programme these systems. Here it seems plausible to employ language technology for "programming in natural language". The user declares his request in informal language: "When I drive into the garage after 20:00 in summer, switch on the light in the cellar and open the door between the garage and the cellar. Then, switch off the light in the garage as soon as I am in the cellar". Thus, it becomes possible for everyone to adjust the performance of the intelligent house technology individually to his desires and habits without having to read complicated operating instructions or even having to become a programmer oneself.

In summary it must be noted that language technology is among the key technologies for the realisation of the knowledge society since up to now only the human language is suitable to formulate, store and pass on complex facts, thoughts and knowledge. The increasing performance of processors and advances of storage capacity even of the smallest mobile computers will enable in collaboration with efficient speech dialogue servers the processing of language in real-time. The mobile use of computers in general only makes sense by means of speech input. Dialogue systems remove the current inhibitions of computer laymen when using information technology and thus contribute to more user friendliness and user-centric technology in the knowledge society.

The German Research Center for Artificial Intelligence (DFKI GmbH) based in Kaiserslautern and Saarbrücken is the leading-edge contract research organisation in the field of innovative software technologies in Germany. DFKI is integrated into 6 European "Networks of Excellence". In the international academic world, DFKI ranks among the most significant "Centers of Excellence" worldwide, which consistently manage to turn the latest research findings into practically relevant solutions. Founded in 1988 by renowned German enterprises of the Information Technology branch and two large-scale research institutions as a non-profit limited company (GmbH) DFKI has meanwhile attained the reputation of a competent and reliable partner for innovations in the economic sector through its proactive and demand-oriented project work nationally as well as internationally.

DFKI projects cover the entire range from application-oriented research to market and customer-oriented development of product functions. The group of shareholders that include for instance DaimlerChrysler, SAP and IDS Scheer, underline the high attractiveness of the spectrum of services that the DFKI offers. The fact that Dresdner Bank joined the group of shareholders in December 2000 proves this statement. The Bundesministerium für Bildung und Forschung (BMBF)/Federal Ministry of Education and Research has praised the DFKI model of a successful and sustainable public-private partnership. The BMBF announced hohe Attraktivität des DFKI-Leistungsangebots. Dies belegt auch der Beitritt der Dresdner Bank in den Gesellschafterkreis im Dezember 2000. Das Bundesministerium für Bildung und Forschung (BMBF) lobt das DFKI-Modell einer erfolgreichen und nachhaltigen Public-Private-Partnership. Das BMBF kündigte an, dass man es als Vorbild für die Entscheidung über zukünftige Strukturen der Forschungsförderung nutzen wolle.

Das DFKI entwickelt intelligente Lösungen für die Wissensgesellschaft:

- Wissensmanagement und Data Mining
- Intelligente E-Commerce Lösungen
- Webbasierte Kundenkontaktzentren
- Tele-Kooperation und Tele-Learning
- Dokumentanalyse und Workflow-Management
- Entwicklung beweisbar korrekter Software
- Informationsextraktion aus Textdokumenten
- Multilinguales Webretrieval
- Multi-Agenten-Systeme und Agententechnologie
- Intelligente Planung, Konfiguration und Logistik
- Intelligente Visualisierung und digitale Simulation
- Internet-Assistenten und Verkaufsagenten
- Intelligente Produktsuche
- Intelligente WAP-Dienste und Mobile Business

Die Projekte am DFKI gliedern sich in fünf Forschungsbereiche:

- Wissensmanagement (Leitung: Prof. Dr. Andreas Dengel)
- Intelligente Visualisierungs- und Simulationssysteme (Leitung: Prof. Dr. Hans Hagen)
- Deduktions- und Multiagentensysteme (Leitung: Prof. Dr. Jörg Siekmann)
- Sprachtechnologie (Leitung: Prof. Dr. Hans Uszkoreit)
- Intelligente Benutzerschnittstellen (Leitung: Prof. Dr. Wolfgang Wahlster)

Zusätzlich zu den Forschungsbereichen wurden vier Technologie-Transferzentren eingerichtet. In den DFKI-Transferzentren wird die Umsetzung und Anpassung von Forschungsresultaten für die Wirtschaft vorangetrieben. Adressiert werden Themen wie Sprachtechnologie, Unterstützung von mobilen Teams und virtuellen Organisationen, Internet Security und Künstliche Intelligenz für sicheren und benutzerfreundlichen E-Business. Die vier DFKI-Technologie-Transferzentren bieten maßgeschneiderte Software mit Wartung und Support:

- SISO – „Der Weg zur sicheren Software“
- TransLect – „Sprachtechnologie im Einsatz“
- AICommerce – „Intelligenz im eBusiness“
- TGW – „Mobiles Arbeiten in Virtuellen Teams“

Das Ziel der drei im Augenblick existierenden Kompetenzzentren, in denen technologisches und fachliches Können des DFKIs konzentriert wurde, ist die Beantwortung wichtiger Fragestellungen aus den Bereichen:

- E-Learning
- Sprachtechnologie
- Semantisches Web

Zur Zeit beschäftigt die DFKI GmbH etwa 170 Angestellte, davon 145 wissenschaftliche Mitarbeiter. Hinzu kommen noch rund 140 studentische Hilfskräfte als Teilzeitkräfte. Im Jahr 2001 wurde ein Volumen von rund 16 Mio. Euro im Rahmen praxisorientierter Auftragsforschung erzielt.

Alle Arbeiten sind in der Form zeitlich befristeter und klar fokussierter Projekte mit Festpreisen organisiert, die u. a. zu patentierten Lösungen und Produktfunktionen führen. Eine unabhängige Gutachtergruppe namhafter internationaler Experten evaluiert zweimal im Jahr den Projektfortschritt am DFKI. ■

Die DFKI-Gesellschafter sind/
The DFKI shareholders are:

DaimlerChrysler
Dresdner Bank
Fraunhofer Gesellschaft
IDS Scheer AG
Insiders Information Management GmbH
KIBG GmbH
SAP AG
TECMATH AG
Universität Kaiserslautern
Universität des Saarlandes

DFKI GmbH
Stuhlsatzenhausweg 3
D-66123 Saarbrücken
Telefon +49 (681) 302 52 52
Telefax +49 (681) 302 53 41

Erwin-Schrödinger-Straße
D-67608 Kaiserslautern
Telefon +49 (631) 205 32 12
Telefax +49 (631) 205 32 10

e-mail: info@dfki.de
internet: www.dfki.de

Die Kernkompetenzen der DFKI-Wissenschaftler decken KI-Technologien mit starkem Anwendungspotential auf höchstem europäischen Niveau ab.

Sprachanalyse, Sprachgenerierung, Multilinguale Systeme	Dokument-Analyse, Informations-extraktion	IntelliMedia-Systeme	Deduktions-Systeme
Benutzer-modellierung	Constraintbasierte Optimierung und Scheduling	Multi-Agenten-Systeme	Intelligente Visualisierung und Simulation
Planungssysteme, Planerkennung	Telekooperations-systeme, Mobile Teamware	Internet-Agenten	Formale Entwicklung beweisbar korrekter Software
Graphische Mensch-modellierung und VR	Multimodale Dialogsysteme	Wissens-management Systeme	Intelligente Call Center und E-Commerce Systeme

Bundespräsident Johannes Rau mit dem Zukunftspreisträger Prof. Wahlster (rechts) und den Nominierten.

The German President Johannes Rau with the award winner Prof Wahlster and the nominees of the Future Prize.

that it intends to use it as an example for deciding about future structures of research funding. DFKI develops intelligent solutions for the knowledge society:

- Knowledge Management and Data Mining
- Intelligent e-Commerce Solutions
- Web-based Customer Care Centers
- Telecooperation and Tele-Learning
- Document Analysis and Workflow Management
- Development of provable correct software
- Information extraction from text documents
- Multilingual web retrieval
- Multi Agent Systems and Agent Technology
- Intelligent Planning, Configuration and Logistics
- Intelligent Visualisation and Digital Simulation
- Internet Assistants and Sales Agents
- Intelligent Product Search
- Intelligent WAP Services and Mobile Business

Projects at DFKI are structured in five research departments:

- Knowledge Management (Director: Prof. Dr. Andreas Dengel)
- Intelligent Visualization and Simulation Systems (Director: Prof. Dr. Hans Hagen)
- Deduction and Multiagent Systems (Director: Prof. Dr. Jörg Siekmann)
- Language Technology (Director: Prof. Dr. Hans Uszkoreit)
- Intelligent User Interfaces (Director: Prof. Dr. Wolfgang Wahlster)

The Core Competencies of DFKI From World-Class Research to Leading-Edge Product Innovations

Multilingual Systems	Information Extraction and Intelligent OCR	IntelliMedia Systems	Internet Ontologies
User Modeling	Constraint Processing	Multiagent Systems	Intelligent Visualization
Planning and Plan Recognition Systems	M-Commerce Mobile Teams	Internet Agents	Provably Correct Software Development
Human Modelling and VR	Multimodal Dialog Systems	Knowledge Management Systems	Intelligent Call Centers and E-Business Solutions

In addition to the research departments, four Technology Transfer Centers have been established. The DFKI Transfer Centers apply the research findings to the commercial world. Addressed are topics such as language technology, support of mobile teams and virtual organisations, Internet Security and Artificial Intelligence for secure and user-friendly e-Business. The four DFKI Technology Transfer Centers offer tailored software including maintenance and support:

- SISO – "Towards Secure Software"
- TransLect – "Language Technology at Work"
- AICommerce – "Intelligence for e-Business"
- TGW – "Mobile Working in Virtual Teams"

The aim of the three currently existing Competence Centers, which bundle technological and expert skill of DFKI, is to tackle important questions from the areas of:

- e-Learning
- Language Technology
- Semantic Web

Currently, DFKI GmbH employs around 170 staff members, of which 145 are research scientists. Furthermore, there are about 140 scientific assistant students that work part-time. In the year 2001, a volume of revenues of around 16 million Euro was achieved from application-oriented contract research.

All work is organised in form of time-limited and clearly focussed R&D projects with fixed prices that may lead to patented solutions and product functions. An independent expert commission of international experts evaluates the progress of research projects at DFKI twice a year. ■

FRIADENT

FRIADENT GmbH

Geschäftsführer/Managing Directors:
Walter Hund,
Dr. Freimut Vizethum

Gründungsjahr/Year of Foundation:
1974 als Sparte Medizintechnik der heutigen FRIATEC AG, seit 1. 5. 1999 FRIADENT GmbH
1974, as Medical Technology Division of today's FRIATEC AG, since May, 1st, 1999 FRIADENT GmbH

Mitarbeiter/Employees:
291

Geschäftstätigkeit/Business Activity:
Implantologie im Bereich der Zahnheilkunde
Implantology in the field of dentistry

Anschrift/Address:
Steinzeugstraße 50
D-68229 Mannheim
Telefon +49 (621) 43 02-000
Telefax +49 (621) 43 02-001
E-Mail info@friadent.de
Internet www.friadent.de

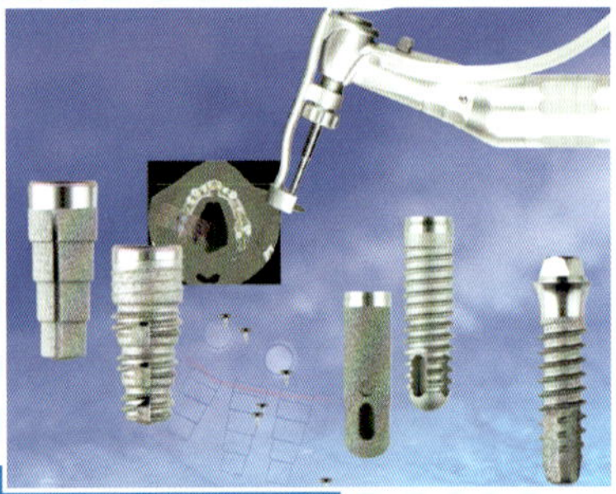

FRIADENT Implantate und chirurgische Instrumente.
FRIADENT implants and surgical instruments.

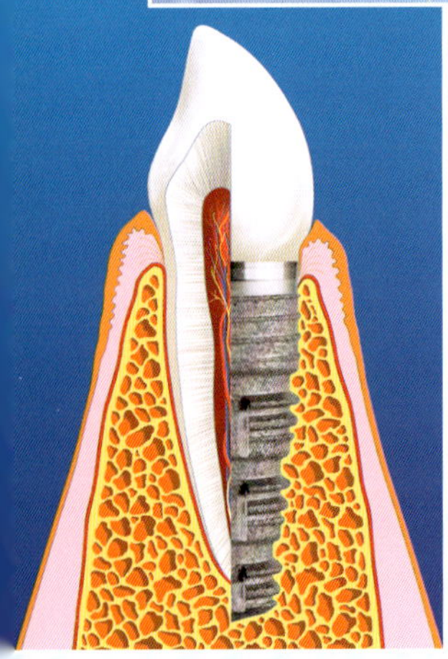

Modell eines Zahn-Implantats.
Model of a root-analog implant.

Innovationsführer in der Zahn-Implantologie

Leader of innovations in implant dentistry

In den 70er-Jahren zählte die heutige FRIADENT GmbH zu den Pionieren der zahnärztlichen Implantologie. Früher als viele andere hatte sich das Mannheimer Unternehmen der Implantologie im Bereich der Zahnheilkunde angenommen. In der Folge präsentierte es sich immer wieder als Innovationsführer. Zahlreiche Patente schützen heute die bahnbrechenden Erfindungen der FRIADENT-Entwickler, die sich einem Ziel verschrieben haben: Mit Hilfe von Implantaten einen Zahnersatz zu schaffen, der in Funktion und Ästhetik ganz dem natürlichen Zahn entspricht. Die Strategie hat sich durch den Erfolg bestätigt. Von Anfang an vermittelte das Unternehmen zwischen Wissenschaft und Praxis. Bis heute werden bei allen Neuentwicklungen und Verbesserungen der bekannten Implantatsysteme sowohl Forscherpersönlichkeiten als auch erfahrene Zahnärzte zu Rate gezogen.
FRIADENT versteht sich nicht nur als Produzent von Zahnimplantaten, sondern als Anbieter von umfassenden Therapiemodellen, die chirurgische Instrumente und Hilfsmittel für den Implantologen ebenso berücksichtigen wie Materialien, die den Knochenaufbau fördern. Das Ganze wird durch ein Schulungszentrum abgerundet, in dem Chirurgen, Zahnärzte, Zahntechniker und Zahnarzthelferinnen auf dem Gebiet der zahnärztlichen Implantologie geschult werden. Auf diesem Weg werden einzelne Produktlinien zu zahnmedizinischen Problemlösungen mit hohem Qualitätsanspruch – zum Wohl des Patienten. Der profitiert nicht nur von der ausgefeilten Ästhetik, sondern eben auch von den medizinisch gesicherten Vorteilen der implantologischen Systeme. Heute ist die FRIADENT GmbH – einst als Geschäftsbereich „Medizin-Technik" der Mannheimer FRIATEC AG gegründet – eine 100-prozentige Tochter der US-amerikanischen DENTSPLY-Gruppe, dem weltgrößten Unternehmen der Dentalbranche. ■

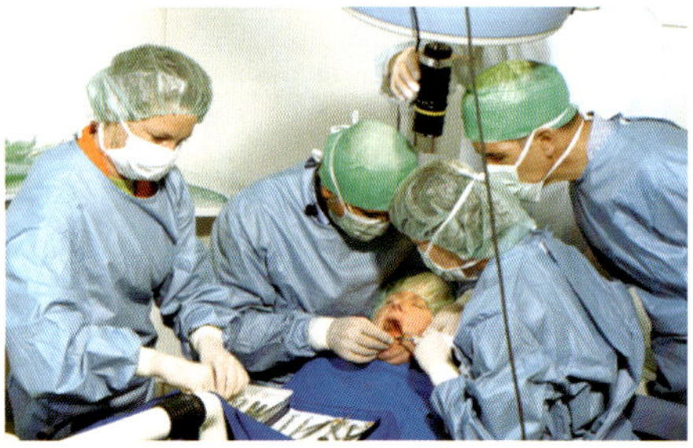

OP-Aufnahme während einer Zahn-Implantation.
Picture taken during implant placement.

FRIADENT Kongress-Zentrum in Mannheim.
FRIADENT congress centre in Mannheim.

In the seventies, today's FRIADENT GmbH was regarded as one of the pioneers in implant dentistry. Much earlier than many of its competitors, the company located in Mannheim had taken to dental implantology. Subsequently, the company presented itself again and again as a leader of innovations. Today, the pioneering inventions of the FRIADENT developers are protected by numerous patents. They are committed to one major goal: to provide tooth replacement with implants completely analogous to natural teeth in function and design. This strategy has been confirmed by success. Right from the start, the company has combined scientific research and practical experience. All innovations and improvements of the renowned implant systems are developed in close cooperation with both specialists from the world of research as well as experienced practitioners.
FRIADENT sees itself not only as a manufacturer of dental implants, but also as a provider of comprehensive therapy models that take into consideration surgical instruments and aids for the implantologist, as well as materials for bone remodeling. The whole programme is complemented by a training centre, in which oral surgeons, dentists, dental technicians and dental assistants are instructed in the field of implant dentistry. In this way, individual product lines provide solutions for meeting the high quality standards in implant dentistry – and all this to the patient's benefit. Not only does the patient take advantage of excellent esthetics, but above all of the medically proven advantages of the implant systems. Today, FRIADENT GmbH – once the "Medical Technology" Division of FRIATEC AG, Mannheim – is a solely owned subsidiary of the US DENTSPLY Group, the world's largest company in the dental field. ■

Innvovationspreis für ultradünne Faltlinse

Innovation Award for Folding, Ultra-Thin Lenses

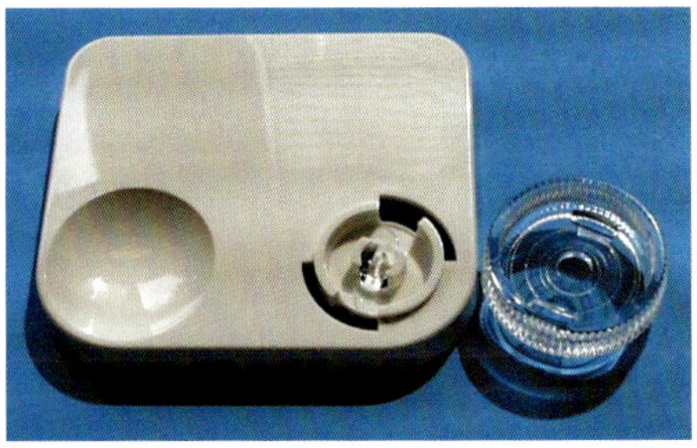

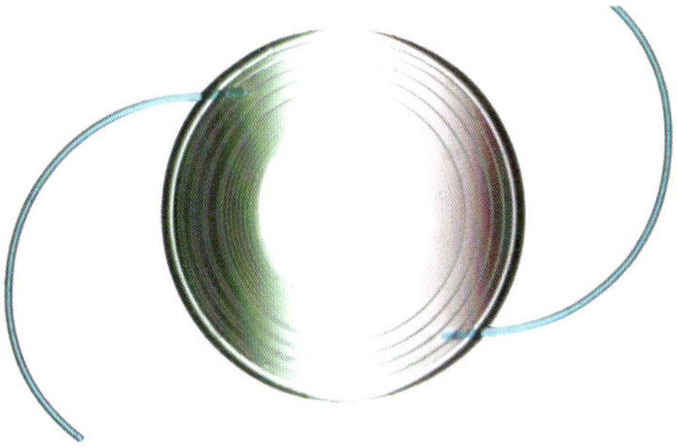

Grauer Star ist die weltweit am häufigsten auftretende Augenerkrankung. Allein in Deutschland werden jährlich über 600.000 Patienten operiert. In Zukunft braucht der Patient danach keine Brille mehr, denn eine neuartige Lösung kommt von der Firma *Acri.Tec GmbH aus dem brandenburgischen Glienicke. Ultradünne Faltlinsen können dem Erkrankten eingesetzt werden, die es laut Gutachter des Innovationspreises 2001 der Länder Berlin und Brandenburg erlauben, pro Patient und Brille mindestens 250,– € pro Jahr einzusparen. Das Neue an diesen Linsen ist, dass sie eine unterschiedliche Lichtverteilung für Nah- und Fernsicht aufweisen. Im Verhältnis von 70 % zu 30 % ist die eine Linse mehr für die Nahsicht, die andere überwiegend für die Fernsicht zuständig. Dadurch wird eine so gute Abbildung in der Ferne wie in der Nähe erreicht, dass der Patient keine zusätzliche Brille mehr benötigt. Das Sehvermögen ist selbst bei dunklen Sichtverhältnissen so gut, dass der Autofahrer in der Dämmerung den Fußgänger, der im Dunklen im Schatten steht, noch erkennen kann.

„Diese Linsen bedeuten einen großen Gewinn an Lebensqualität", erklärt Firmenchefin Frau Dr. Kreiner. Die Firma mit 60 Mitarbeitern entwickelt und produziert Medizinprodukte im Bereich der Augenheilkunde. ■

Wissenschaftliche Aktivitäten

Entwicklung

- eines berührungslosen mikrooptischen Tonometers zur Messung des Augeninnendrucks durch Stimulation von Oberflächenschwingungen und Messung der Bulbus-Vibrationen (MIOPTO)
- einer faltbaren Intraokularlinse mit integriertem Drucksensor (*Acri.Sensor-Mesograph-System)
- eines Biomaterials für die Keratoprothesenhaptik und -optik (FUEGO)
- einer Vorderkammerlinse aus Plexiglas (PMMA) zur Korrektur hoher Myopien

Cataracts are the world's most frequent eye diseases. In Germany alone over 600,000 people are operated on to correct this diseases. In future patients will no longer require glasses because a new solution has been developed by *Acri.Tec GmbH in Glienicke in Germany's state of Brandenburg. Those suffering from cataract will be able to use ultra-thin, folding lenses which, according to the judges of the Innovation Award for 2001, will save at least 250.– € per patient and pair of glasses.

What is new about these lenses is the fact that they demonstrate a variable distribution of light for near and long-distance vision. With a ratio of 70 % to 30 % one lens is used more for close-up work and the other predominantly for long-distance work. This permits such clear images at long distances and close up that the patient no longer needs any extra glasses. The patient's eyesight is so good even in the dark that, at nightfall, motorists can still make out pedestrians standing in the shadows.

"These lenses will mean a large increase in the quality of life", explains company head Dr. Kreiner. With 60 employees, the company develops and manufactures ophthalmological products. ■

Scientific Activities

Development

- of a contact-free micro-optical tonometer for measuring internal pressure in the eye by simulating surface oscillation and measurement of the vibrations of the bulbus (MIOPTO)
- of a foldable intra-ocular lense with integrated pressure sensor (IODS)
- of a bio-material for keraprosthetic aptics and optics (FUEGO)
- of a front chamber lense made of plexi-glass (PMMA) for correcting serious myopia

*Acri.Tec

*Acri.Tec
Gesellschaft für ophthalmologische Produkte mbH

Geschäftsführung/Management:
Dr. Christine F. Kreiner
Dr. Dagmar Hebendanz

Leitung Auftragsabwicklung/Order Processing Manager:
Edeltraud Rother

Gebietsleiter/Area Manager:
Dr. Andreas Fischer
Dr. Roger Regler
Dr. Marie-Theres Sudhoff
Dirk Wiese

Export/Export:
Alexander Paraker

Gründungsjahr/Year of Foundation: 1997

Mitarbeiter/Employees: 61

Service:
0800-4 70 50 30
Service-Fax:
0800-4 70 50 00

Geschäftstätigkeit/Business Activity:
Entwicklung, Herstellung und Vetrtrieb von Produkten für die Ophthalmochirurgie: Sterile Medizinprodukte in Form von festen und flüssigen Implantaten, Instrumenten und Diamantmessern
Development, manufacture and sales of products for ophthalmo-logical surgery: Sterile medical products in the form of solid and liquid implants and diamond knives

Firmensitz, Produktion/Head Office and production facility:
Lindenstraße 22/24
D-16548 Glienicke b. Berlin
Telefon +49 (33056) 61 0-0
Telefax +49 (33056) 61 0-10
E-Mail info@acritec.de
Internet: www.acritec.de

Vertriebsbüro/Sales Office:
Schatzbogen 52
D-81829 München
Telefon +49 (89) 42 71 84-0
Telefax +49 (89) 42 71 84-40
E-Mail vertrieb@acritec.de

Industrie und Umweltschutz in Deutschland

Industry and environmental Protection in Germany

Wir alle wissen: Drei Kräfte treiben die Märkte zu Beginn des 21. Jahrhunderts – Globalisierung, Liberalisierung und technologische Innovation. Das führt zu erheblichen Kompetenzverlusten der Nationalstaaten. Die Hoffnung auf eine nachhaltige Entwicklung, also einer Entwicklung mit wirtschaftlichem Wachstum, ökologischer Stabilität und sozialer Gerechtigkeit, an den Nationalstaaten und ihren Verwaltungsapparaten festzumachen, trägt immer weniger. Die sinkende Lösungskompetenz der Nationalstaaten führt zu der Frage, welche Instanzen können das entstehende Vakuum füllen. Sind die Unternehmen in der Lage, shareholder value zu erzeugen und gesellschaftliche Verantwortung wahrzunehmen, fehlt ihnen doch für eine solche Wahrnehmung die demokratische Legitimation?

Schaut man sich die Entwicklung großer Unternehmen an, so stellt man fest, dass die corporate identity von Unternehmen wie DaimlerChrysler, Aventis, Novartis, Siemens, BP, Shell oder Nestlé zunehmend die gesellschafts- und umweltpolitischen Erwartungen der Öffentlichkeit aufgreift. Vorbei die Zeiten mit doppelten Standards, Öko-Dumping, Absicherung wirtschaftlicher Interessen durch diktatorische Regime. Im Gegenteil: Nichtbeachtung gesellschaftlicher Erfordernisse führt zur Zerstörung der Unternehmenswerte. Union Carbide, 15 Jahre nach Bhopal, erholte sich hiervon nie und ging unter. Die alte Hoechst AG, die zu spät die Bedeutung des Umweltschutzes für die Reputation des Unternehmens erkannt hatte, hat sich letztendlich nur durch einen radikalen Umbau in eine life science company transformieren und shareholder value retten können.

Dass Unternehmen die Erwartungen der Gesellschaft aufgreifen, Umweltschutz zum Unternehmensziel zu machen, war nicht immer selbstverständlich. Noch in den siebziger Jahren versuchten Betreiber von Anlagen die Öffentlichkeit möglichst im Unklaren zu lassen über die Umweltbelastungen, die von diesen Firmen ausgingen. Gab es Störfälle, wurden sie eher unter den Teppich gekehrt.

Heute kann sich kaum jemand vorstellen, dass bis zum Jahre 1982 Chemikalien ohne eine vorherige Prüfung auf ihre Umweltverträglichkeit in den Verkehr gebracht werden konnten. Die meisten Menschen haben vergessen, dass weit bis in die 80er-Jahre in unseren Innenstädten Luftbelastungen in den Wintermonaten vorherrschten, die als Wintersmog nur durch Verkehrsverbote und die Stilllegung von Anlagen bekämpft werden konnten. Vergessen auch die Schaumberge auf den Flüssen oder die regelmäßigen Fischsterben auf Grund von Störfällen bei der Abwassereinleitung oder der Sauerstoffarmut der Gewässer in den Sommermonaten. Es ist noch keine 20 Jahre her, dass grundwassergefährdende Ablagerung von Giftmüll der übliche Entsorgungsweg für Abfälle war.
Mittlerweile sind die Probleme der Luftbelastung gelöst, selbst das Dioxinproblem ist abgehakt. Allein die TA-Luft (Technische Anleitung zur Reinhaltung der Luft) von 1986 hat bis 1995

Prof. Dr. Fritz Vahrenholt

Der 1949 in Gelsenkirchen-Buer geborene Autor ist studierter Chemiker. Nach der Promotion folgten berufliche Stationen beim Umweltbundesamt und im Hessischen Umweltministerium. 1984–1990 war Vahrenholt Staatsrat in der Hamburgischen Umweltbehörde und 1990/91 Chef der Senatskanzlei. 1991–1997 übte er das Amt des Senators und Präses der Umweltbehörde der Freien und Hansestadt Hamburg sowie den Vorsitz des Aufsichtsrats der HEW aus. 1998 trat er in den Vorstand der Deutsche Shell AG ein und war dort u. a. zuständig für das Chemiegeschäft und den neugegründeten Bereich Erneuerbare Energien. Seit April 2001 ist er Vorstandsvorsitzender der REpowerSystems AG.

The author was born in Gelsenkirchen-Buer in 1949 and has a degree in Chemistry. After then completing his doctorate he had various positions at the German Federal Ministry of the Environment and the Hessian Ministry of the Environment. From 1984 to 1990 Vahrenholt worked for Hamburg's Department of the Environment and from 1990 to 1991 was Head of the State Chancellery there. From 1991 to 1997 he was a Senator and Head of Hamburg's Department of the Environment as well as Chairman of the Supervisory Board of the Hamburg Electricity Department. In 1998 he became a member of the Management Board of Shell AG, where he was responsible for the chemicals side of the company's business and the newly-established area of renewable energies. He has been Chairman of the Management Board of REpower Systems AG.

As we all know, the market at the beginning of the 21st century is being driven by three forces – globalisation, liberalisation and technological innovation. This leads to considerable losses of competence on the part of nation states. The hope of binding long-term development, in other words, development with economic growth, ecological stability and social justice, to these nation states and their public administration systems is not becoming reality.

If we look at the development of large companies, we find that the corporate identity of companies such as DaimlerChrysler, Aventis, Novartis, Siemens, BP, Shell or Nestlé often takes up the social and political expectations of the public. Gone are the days of double standards, eco-dumping, the shoring up of economic interests by dictatorial regimes. On the contrary: failure to observe social demands leads to the destruction of company values. Take Union Carbide: 15 years after Bhopal it didn't recover and went under. The old Hoechst AG, which recognised too late the significance of environmental protection for its reputation, was ultimately only able to save itself through a radical transformation into to a life science company and through shareholder value.

The fact that companies take up the expectations of society and make environmental protection a company goal, was not always a matter of course. As late as the 1970s companies operating factories were trying to keep the public in the dark about the environmental hazards they caused. If there were accidents, these were swept under the carpet.

Today hardly anyone can imagine that until 1982 chemicals could not be placed in circulation without a previous check as to their environmental compatibility. Most people have forgotten that far into the 1980s air pollution dominated in our inner cities and could only be combated as winter smog by car-less days and factory closures. Forgotten, too, are the mountains of scum on the rivers or the regular mass dying of fish due to accidents caused by letting waste water into the rivers or the lack of oxygen in the rivers during the summer months. Not 20 years ago the burial of poisonous waste which polluted our ground water was the usual method of getting rid of refuse. Today the problems of air pollution have been solved, and even the dioxin problem is no longer an issue. In 1986 the quality of the air meant that 27,000 factories had to be re-fitted with state-of-the-art air purification equipment to meet the standards of the Technical Air Purification Guide: this is half of the total. The often-demanded ecological modernisation of factories has taken place. But we can say that in 20th century Germany, we have never had such clean air in urban areas as in the last few years. My prognosis five years ago to the effect that, by 2002 at the latest, summer smog would no longer be an issue, has proven correct. A similar development can be seen in the quality of water and in the waste disposal industry. All this was the result of the oft-decried "end of the pipe" technologies and the use of state-ordered regulatory law.

This once-only catch-up hunt in the area of pollutant control meant that the costs of cleaning waste water, air purification and waste disposal paid massive dividends in company balance sheets. Companies at last had an interest in integrated-production environmental protection measures, the conservation of waste water, the avoidance and recycling of refuse. Environmental pollution as a cost-saving measure was identified in environmental audits and formally abolished. This was the second phase of company environmental protection which was no less successful than the State-ordered version. But it was carried out on the initiative of the commercial sector itself, so that a system of self-control of environmental standards developed.

Subjecting processes and products to quality assurance became a matter of course and a competitive advantage. Does this mean that without an environmental audit, products have no chance of being sold in the business-to-business sector? First of all goals in environmental protection and industrial safety are part of the core demands of company principles. These demands must be implemented internally via emission standards, product quality standards or instructions on how to deal with old industrial waste or the issuing of safety handbooks, for example. These internal standards frequently exceed those prescribed by government regulation, which is especially necessary when the company is active on the overseas market. In this way the frequently-criticised double standard between advanced and backward practising environmental protection can be avoided.

It goes without saying that the results in the field of environmental protection must be audited. Hardly a single company does without this important management instrument in order to hunt down gaps, deficiencies or omissions. If it was considered inopportune 20 years ago to sweep pollution or even breaches of the law under the carpet, today these weak spots are discovered in time by external testing companies. Successful companies know how great the damage through inadequate environmental performance can be for the brand and the company – they avoid such causing damage if at all possible. Anyone wanting to go further invites the sharpest critics into the company. Thus Deutsche Shell asked a critical environmental institute to write the company's environmental report. This required the external company to have access to all company environmental information. The result was a constructive dialogue between company and the external experts.

If environmental and industrial safety requirements arise as key indicators for the annual bonus, this results in the employees making special efforts to achieve environmental protection targets. Material interest leads to parity of interests in production and environmental protection. In many big companies up to 25 % of the annual bonus is still determined

Produktion, Montage und Betrieb von Windkraftanlagen der REpowerSystems AG.

The production, installation and operation of wind power equipment of REpowerSystems AG.

Umrüstungen bei 27.000 genehmigungsbedürftigen Anlagen in Deutschland auf den Stand der Technik bewirkt, das ist die Hälfte aller Anlagen. Die oft geforderte ökologische Modernisierung der Industrieanlagen hat stattgefunden. Es bleibt festzuhalten: Wir haben in Deutschland im 20. Jahrhundert noch nie so gute Luft in den Städten gehabt wie in den letzten Jahren. Meine Prognose vor fünf Jahren, spätestens 2002 wird auch der Sommer-Smog kein Thema mehr sein, ist eingetreten. Eine ähnliche Entwicklung ist bei der Gewässergüte und der Abfallwirtschaft zu verzeichnen. Alles dies war Ergebnis der oft geschmähten end of the pipe Technologien und der Anwendung stattlichen Ordnungsrechts.

Diese einmalige Aufholjagd im Bereich der Schadstoffbekämpfung hatte zur Folge, dass der Aufwand für die Abwasserreinigung, die Luftreinhaltung und die Abfallbeseitigung in der betrieblichen Gewinn und Verlustrechnung massiv zu Buche schlug. Produktionsintegrierter Umweltschutz, Einsparungen von Abwasser, Vermeidung und Verwertung von Abfällen wurden zum Eigeninteresse der Unternehmen. Umweltbelastungen als Kostenfaktor wurden in den Umweltaudits identifiziert und förmlich weggespart. Das war die zweite Phase des betrieblichen Umweltschutzes, die nicht weniger erfolgreich als die staatlich verordnete war. Aber sie ging von den Unternehmen selbst aus, so dass sich eine Eigenüberwachung der Umweltschutzstandards in den Unternehmen herausbildete. Qualitätssicherung der Prozesse und der Produkte wurde selbstverständlich und zu einem Wettbewerbsvorteil. Ohne Audit keine Verkaufschance für Produkte im business to business-Sektor.

Wie verankert man nun Umweltschutzziele im Unternehmen? Zunächst einmal gehören Ziele des Umweltschutzes wie auch des Arbeitsschutzes zu den Kernanforderungen der Unternehmensgrundsätze. Diese Anforderungen sind in die interne Praxis umzusetzen durch Emissionsstandards, Qualitätsanforderungen an Produkte, oder auch Verfahrenshinweise beim Umgang mit Altlasten oder etwa Sicherheitshandbücher. Diese internen Standards gehen häufig genug über die nationalen Regelungen hinaus. Dies ist insbesondere dann zwingend, wenn das Unternehmen international tätig ist. Auf diese Weise wird der früher häufig zu kritisierende doppelte Standard zwischen fortgeschrittenen und rückständigen Umweltschutznationen vermieden.
Selbstverständlich sind die Ergebnisse im Umweltschutzbereich zu auditieren. Kaum ein Unternehmen verzichtet auf dieses wichtige Führungsinstrument, um Lücken, Unzulänglichkeiten und Versäumnisse aufzuspüren. Galt es noch vor zwanzig Jahren als opportun, Belastungen, ja gar Gesetzesverstöße unter den Teppich zu kehren, werden heute durch externe Prüfungsinstitute Schwachstellen rechtzeitig aufgedeckt. Erfolgreiche Unternehmen wissen, wie groß der Schaden für die Marke und das Unternehmen durch schlechte Umweltperformance sein kann: Sie vermeiden möglichst solche Schäden. Wer noch weiter gehen will, lädt die schärfsten Kritiker selbst ins Haus. So hat die Deutsche Shell ein kritisches Umwelt-Institut gebeten, den Umweltbericht des Unternehmens zu schreiben. Dazu musste das Institut Zugang zu sämtlichen umweltrelevanten Informationen bekommen. Es entstand ein fruchtbarer Dialog zwischen den eigenen und den externen Experten.

Wenn dann noch Umweltschutz- und Arbeitssicherheitsanforderungen als Schlüsselindikatoren für die jährliche Bonuszahlung hinzutreten, mündet dies in besondere Anstrengungen der Angestellten zur Erreichung der Umweltschutzziele. Die materielle Interessiertheit führt zu einer Gleichrangigkeit von Produktions- und Umweltschutzinteresse. In manchen großen Unternehmen werden immerhin bis zu 25% des jährlichen Bonus durch die Unterschreitung von Unfallkennziffern oder Umweltschutzstandards bestimmt. Jemand, der mehrere Jahre einen schlechten Arbeitssicherheits- und Umweltrekord aufweist, hat schlechte Aufstiegschancen. Nicht nur die Produktionsanlagen haben das neue Denken über nachhaltige Entwicklung widerzuspiegeln. Zukunftsfähige Unternehmen durchkämmen ihre Produktionsportfolios und klopfen sie auf Nachhaltigkeit ab.

Und in der Tat stehen die Abgaskamine und Abwassereinleitungen der Industrie nicht mehr im Mittelpunkt der ökologischen Debatte in Deutschland. Wenngleich wir erfolgreich bei der Bekämpfung der sichtbaren, erfahrbaren, lokalen Umweltbelastungen waren, brechen doch weltweit die Ökosysteme zusammen. Dabei geht es um langsame, kaum spürbare Veränderungen unserer Umwelt durch die Summation milliardenfacher kleiner Beiträge. Überfischung, Entwaldung, Übernutzung und Kontamination der Trinkwasserressourcen und vor allen Dingen Klimaveränderungen.

Nehmen wir das Beispiel Energie. Ein großes Energieunternehmen muss die Frage nach der Endlichkeit der fossilen Ressourcen und der Klimaverträglichkeit seiner Produkte, seien es

Bilder diese Seite:
Ein Klimahüllenkonzept der Architekten Jourda & Peraudin, Lyon, und HHS, Kassel, wird in Herne-Solingen getestet. Unter einer gläsernen Klimahülle (176x72x15 m) stehen in einem geschützten Außenraum neun dreigeschossige holzverkleidete Bauten. Die Hülle erzeugt für die darunter stehenden Gebäude ein mediterranes Klima, vergleichbar mit dem von Nizza. Die erwartete Energieeinsparung liegt gegenüber anderen Gebäuden mit gleichem Dämmstandard bei etwa 23 %.

Illustrations on this page: Weather shield models by the architects Jourda & Peraudin (Lyons) and HHS (Kassel) being tested in Herne-Solingen. Nine three-storey, wood-covered buildings stand in a protected outer chamber under a glass weather shield (176x72x15 m). The shield produces a Mediterranean climate for the building beneath, comparable with that in Nice, in France. The expected energy savings compared to other buildings with the same degree of insulation is about 23 %.

Kohle-, Öl- oder Gas-basierte CO_2-Emissionen kritisch beleuchten. Die Shell zum Beispiel sieht in ihren Szenarien, dass sich bis 2050 die Weltbevölkerung fast verdoppeln wird und der Energiebedarf sich verdreifachen kann. Wird dieser Energiehunger der wachsenden Welt mit fossilen Brennstoffen befriedigt, steuert die Welt in eine dramatische Veränderung des Klimas. Wir sehen daher einen massiven Ausbau der erneuerbaren Energien vor uns, die im Jahre 2050 die Hälfte des Energieverbrauchs decken können. Energieunternehmen wie E.ON, RWE setzen daher zunehmend auf Windenergie, Solarenenergie, Biomassenutzung und Geothermie. Erhebliche Summen werden in diese Bereiche investiert, weil zu erwarten ist, dass die internationale Staatengemeinschaft CO_2-Emissionen beschränken und besteuern wird. REpower Systems AG geht von zweistelligen Wachstumsraten in diesem Bereich aus. Wer heute investiert wird daher in wenigen Jahren einen uneinholbaren Wettbewerbsvorsprung vor seinen Konkurrenten haben.

Große Unternehmen müssen nicht alles machen, was Umwelt- und Menschenrechtsgruppen von ihnen fordern. Aber hinhören und Bedenkenswertes aufgreifen müssen sie schon. In dieser Allianz mit den Umweltverbänden füllen sie einen Teil des Machtvakuums der Staatengemeinschaft. Denn eins haben zukunftsfähige Unternehmen gelernt, dass sie aufhören würden als Unternehmen erfolgreich zu operieren, wenn sie die Erwartungen nicht erfüllen, die die Gesellschaft als Ganzes an sie stellt. ■

Erneuerbare Energien werden im Jahr 2050 die Hälfte des gesamten Energiebedarfs decken.
Renewable energies will cover half of total energy requirements in 2050.

by the degree to which the number of accidents is kept to a minimum or whether environmental standards are maintained. Anyone who has a bad industrial safety or environmental protection record for several years running has little chance of promotion. Not only is the production equipment required to reflect the new ideas on long-term development. Future-oriented companies comb their production portfolios and scrutinise them for their longlastingness.

And in fact the exhaust gas chimneys and waste water pipes in industry are no longer the focus of the ecological debate in Germany. Even if we were successful in the struggle against visible, tangible, local environmental pollution, ecosystems are collapsing the world over. It is happening by slow, hardly perceptible changes in our environment, by the summation of thousands of millions of little attacks. Deforestation, over-fishing, overuse and contamination of drinking water resources and above all, climatic change.

Let us take the example of energy. A large energy company has to throw light on the problem of the finiteness of fossil resources and the potential harm to the climate of its products, whether they be coal-, oil-, or gas-based CO_2 emissions. The Shell company, for example, sees in its scenarios that the world's population will almost double by 2050 and that energy requirements may triple. If this hunger for energy on the part of the growing world is satisfied with fossil fuels, the world will be heading for a dramatic change in the world's climate.

We therefore see ourselves faced with a massive expansion in the use of renewable energies which may cover half of energy consumption in 2050. Energy companies such as E.ON and RWE are increasingly placing their hopes in wind energy, solar energy, the use of bio-mass and geothermal power. Considerable sums will be invested in these areas because we may expect that the community of nations will limit and tax CO_2 emissions. Repower Systems AG is assuming two-figure growth-rates in this field. Anyone investing today will in a few years have an unbeatable advantage over his competitors. Big companies do not have to do everything demanded from them by environmental and human rights groups in this area. But they must certainly listen to them and take up those issues worth considering. In the alliance with environmental pressure groups they fill a large part of the power vacuum of the community of nations. Future-oriented companies have learned one thing: that they would cease to operate successfully as companies if they did not fulfil the expectations that society as a whole has of them. ■

DGF STOESS AG – internationaler Konzern mit Zentrale in Deutschland

DGF STOESS AG – International Group with Headquarters in Germany

In Eberbach/Baden werden die Strategien für den Gelatineweltmarkt konzipiert

DGF STOESS AG ist mit der konzerneigenen GELITA Gruppe weltweit führender Hersteller des multifunktionellen Naturprodukts Gelatine – in allen Formen und für alle bedeutenden Anwendungsgebiete.

Unsichtbar und doch unverzichtbar ist Gelatine in unzähligen Produkten unseres Alltags enthalten: Lebensmittel, Gesundheits- und Pharmaprodukte, Foto und Film.

Bereits 1929 war das Unternehmen führend in seiner Branche in Europa, heute erwirtschaften über 2.700 Mitarbeiter in Produktions- oder Vertriebsstätten auf allen fünf Kontinenten einen Jahresumsatz von ca. 500 Millionen Euro.

Dank der weltweiten Präsenz und den permanenten Investitionen in Forschung & Entwicklung, Produktionstechnologie und Logistik können sich die Kunden des Unternehmens auf Spitzenprodukte und anwendungstechnischen Beratungsservice verlassen, die Maßstäbe setzen.

Der Blick in die Zukunft geht über Kontinente hinweg

Wirtschaftliche Rahmenbedingungen ändern sich immer schneller und grundlegender. Darüber hinaus müssen regional unterschiedlich geprägte Rohstoffmärkte mit internationaler Kundenausrichtung in Einklang gebracht werden. DGF STOESS hat auf diese Herausforderungen mit einer globalen Positionierung reagiert: Europa, Nordamerika, Südamerika, Asien/Pazifik/Afrika sind die Knotenpunkte eines dynamischen Netzwerkes. Die Organisationsstruktur ist regiozentrisch geprägt: Die Konzernaktivitäten sind in die operativen GELITA-Kontinentaleinheiten der Schlüsselregionen gegliedert. Strategische Entscheidungen werden von der Konzernleitung in Deutschland getroffen und umgesetzt.

Die Offenheit dieser Struktur und der Grundsatz „Regionalprinzip dominiert Funktionalprinzip" ermöglichen beispielsweise konzernweiten Wissenstransfer und verstärkte interdisziplinäre und internationale Team- und Projektarbeit. Vor allem aber entsteht die Möglichkeit, weitere Unternehmen, Werke oder Standorte zu integrieren, ohne grundsätzliche Strukturen oder Abläufe zu modifizieren und so die Marktführerschaft schnell und konsequent weiter auszubauen. Unter Beibehaltung des hohen Qualitätsstandards wird die Unternehmensgruppe ihre Marktführerschaft weiter stärken und ihre strategischen Ziele in Erfolge umsetzen. ■

DGF STOESS AG Unternehmensgruppe

DGF STOESS AG Unternehmensgruppe
The DGF STOESS AG Group of Companies

Vorstand/Executive Board:
Dipl.-Ing. Jörg Siebert
(Vorstandsvorsitzender/Chief Executive Officer)
Dipl.-Ing. (FH) Reinhard Schrieber

Gründungsjahr/Year of foundation: 1875

Mitarbeiter/Employees: 2.700

Umsatz/Turnover: Ca. 500 Mio. €

Produkte/Products:

- Lebensmittel/Foodstuffs:
  Speisegelatine, Blattgelatine, Gelatine-Hydrolysate, Instantgelatine/Edible gelatine, leaf gelatine, gelatine hydrolysate, instant gelatine
- Foto/Photographic applications:
  Emulsionsgelatine, Dispersionsgelatine, Schutzschichtgelatine, Rückgussgelatine, Barytagelatine, Modifizierte Gelatine/Emulsion gelatine, dispersion gelatine, protective layer gelatine, backing gelatine Baryta gelatine, modified gelatine.
- Pharma/Pharmaceutical applications:
  Hartkapselgelatine, Weichkapselgelatine, Gelatine für Blutersatzmittel, Gelatine zur Tablettierung und Dragierung, Pharmahydrolysat, Succinylierte Gelatine/Hard gelatine capsules, soft gelatine capsules, gelatine for blood replacement, gelatine for tableting and sugar-coating, pharmaceutical hydrolysate, succinylated gelatine

Anschrift/Address:
Gammelsbacher Straße 2
D-69412 Eberbach/Baden
Telefon +49 (6271) 84-01
Telefax +49 (6271) 84-27 00
E-Mail service@gelita.com
Internet www.GELITA.com

Strategies for the world gelatine market are formulated in Eberbach, Baden

The DGF STOESS AG with its GELITA Group is the world's largest producer of the multifunctional natural product gelatine – in all its forms and for all its numerous applications.

Although invisible, gelatine is indispensable in many of the products we use in our every day lives: it is an important component of foodstuffs, health products, pharmaceuticals, photographic products and films.

Even as far back as 1929, the company was market leader in its branch in Europe; today, it employs some 2,700 people in production plants and sales offices on five continents and has a turnover of approximately 500 mill. Euros.

Thanks to its worldwide presence and permanent investment in research and development, production technology and logistics, the company can offer its customers products and applications service of the highest quality.

An intercontinental future

Today, economic conditions tend to change fundamentally and very rapidly. In addition, regional raw materials markets have to be oriented to international customer requirements. DGF STOESS has reacted to this challenge by positioning itself globally: Europe, North America, South America and Asia/Pacific/Africa are the centers of a dynamic network. The organizational structure is regiocentric: Strategic decisions are formulated and controlled in the German headquarters and implemented by the GELITA Continental Operating Units of each key region.

The openness of this structure together with the guiding principle "Region over Function" makes e. g. know-how transfer and improved interdisciplinary and international project work possible throughout the concern. Especially, however, the new structure is ideal for integrating further companies or plants without having to modify existing structures or procedures. The Group will continue to exercise world market leadership and successful achievement of its strategic goals whilst maintaining its high quality standards. ■

Reiseweltmeister Deutschland – der Tourismus als eine Säule des Standorts

Germany – the World Travelling Champion: Tourism as a Pillar of the Location

76 % der Deutschen unternehmen jährlich mindestens eine Urlaubsreise von 5 Tagen oder länger.
76 % of the Germans have one annual holiday of at least five days' duration.

Dr. Ralf Corsten

Der Autor, 1942 in Berlin geboren, studierte in Traunstein Rechtswissenschaften, in München und Kiel Betriebswirtschaftslehre, und schloss mit dem ersten und zweiten juristischen Staatsexamen sowie der Promotion zum Dr. jur. ab. 1992 kam Dr. Ralf Corsten zur TUI, zunächst als Sprecher, ab 1. Juli 1994 als Vorsitzender des Vorstands. Mit Bildung der TUI Group wurde er Vorsitzender des Vorstands der TUI Group GmbH. Nach deren Auflösung wechselte er 2001 in den Vorstand zum Mutterkonzern der Preussag. Er verantwortet dort den Quellmarkt Europa Mitte, die Hotelbeteiligungen und die Zielgebietsagenturen sowie den Zentralen Einkauf Hotel/-Zielgebietsleistungen. Seit Juli 2001 ist Corsten zudem Vorstandsvorsitzender bei dem französischen Reiseveranstalter Nouvelles Frontières.

The author, born in Berlin in 1942, studied Law in Traunstein and Business Administration in Munich and Kiel, graduating with the 1st and 2nd State Law Examinations and a doctorate. In 1992 Dr Corsten worked for TUI, initially as Speaker of the Managing Board and late as Chairman of the Managing Board. With the formation of the TUI Group he became Chairman of the Managing Board of the TUI Group GmbH. After the Group was dissolved he became a member of the Managing Board of its parent company Preussag. There he is responsible for the source market of Central Europe, hotel shareholdings and destination area agencies. as well as the Central Purchasing for hotels and destination area agencies. Since July 2001 Corsten has also been Chairman of the Managing Board of the French tourist operator Nouvelles Frontières.

Die Welt zu entdecken oder auch nur das ganze Jahr über Badeferien mit sommerlichen Temperaturen und Sonnengarantie zu erleben, ist einfach und bequem geworden. Reisen gehört heute zum sozialen Besitzstand der Bevölkerung der meisten Industrieländer. Urlaubsreisen, das sind für viele inzwischen sprichwörtlich die „schönsten Wochen des Jahres".

Wachstumsmarkt Tourismus

Der zunehmende Tourismus ist eindeutig eines der wichtigsten sozialen, kulturellen und wirtschaftlichen Phänomene der vergangenen fünf Jahrzehnte. Zwischen 1950 und dem Jahrtausendwechsel stieg die Zahl der internationalen Reisen weltweit von 25 Mio. auf nahezu 700 Mio. Das bedeutet eine jährliche Wachstumsrate von 7 %.

Trotz dieses enormen Wachstums ist es bislang nur ein kleiner Teil der Weltbevölkerung, der am internationalen Tourismus teilnimmt. Die World Tourism Organization (WTO) sowie alle Experten sind sich darin einig, dass der Tourismus auch in den künftigen Jahrzehnten ständig weiter wachsen wird. Dies gilt auch für den Quellmarkt Deutschland trotz der bereits erreichten hohen Reiseintensität.

Im Jahr 2000 unternahmen 76 % der Deutschen mindestens eine Urlaubsreise von 5 Tagen und länger. Die Zahl der langen Urlaubsreisen von 5 Tagen und mehr stieg von 1990 mit 71,9 Mio. Reisen auf 85,8 Mio. im Jahr 2000. Deutliches Wachstum zeigt auch der Markt für Kurzreisen bis zu 4 Tagen sowie der Markt für Tagesreisen. Das Gesamtvolumen macht deutlich, dass immer mehr Menschen jährlich mehrere, das heißt zwei, drei oder mehr Urlaubsreisen unternehmen. Leicht rückläufig ist dabei die Reisedauer.

Für das von allen Experten prognostizierte anhaltende Wachstum des Tourismus spricht, dass Reisen in Deutschland und ganz Europa zunehmend nicht nur aus Arbeitseinkommen finanziert werden,

Discovering the world or just having a swimming holiday with summer temperatures all year round has become easy and convenient. Travel is now one of the social possessions of the populations of most of the industrial countries. Going on holidays are now proverbially the "loveliest weeks of the year" for many people.

Tourism as a Growth Market

Increasing tourism is clearly one of the most important cultural and economic phenomena of the past 50 years. Between 1950 and 1999 the number of international trips increased from 25 million to almost 700 million. That represents an annual growth rate of 7 %.
In spite of this enormous growth only a small part of the world's population participates in international tourism. The World Tourism Organisation (WTO) and all the experts agree that tourism will also continue to increase in future. This applies to Germany as a source market in spite of the frequency of travel achieved already. in the year 2000 76 % of Germans went on holiday trip of at least five days' duration or longer. The number of long holiday trips lasting five days or longer increased from 71.9 million in 1990 to 85.8 million in 2000. A clear increase was shown in the short trip market and the one-day trip market. The total volume shows that more and more people go on several holidays, i.e. two or three times a year. However the holidays are of shorter duration. This continued growth in tourism, which experts have forecast, is that holidays in Germany are not just financed from income in the form of wages or salary, but also from capital, savings or inheritances.

This growth mentioned above is also supported by the changes in the age structure of the population and the shortening of the working week, the seasons and overall working life. As well, the holiday market – as opposed to consumer goods – is far from reaching satiation point. Even if the share of overseas travel over the last ten years has constantly increased, the Germans still prefer to travel within Germany. Germany-based tourist companies profit not only from growing domestic demand but from the growing number of visitor to Germany from abroad. The number of overnight stays of foreign guests reached almost 40 million in 2001.

Trend to Organised Tours

What is also welcome for the tourism industry is the trend to organised tours, which has been continuing for years. Our market studies show an above-average increase in such holidays compared to the whole German tourism market and for all other European source markets. This means that travel agencies and travel companies are gaining market share as opposed to the "do-it-yourselfers", who like to plan and go on their holidays on their own. This has to do with the fact that people are travelling overseas more frequently. The fragmentation of the choice of travel destinations by German travellers is a development that has been observed for several years. The trend to more distant travel and hence by aeroplane, is an important element of the general trend to quality on the tourist market.

Increasing Demands for Quality by Guests

The quantitative growth in the number of national and international travellers is linked to a big increase in quality and change. This includes:

1. The increasing variety of guests' wishes due to freedom of choice. This is related to all aspects of travel: destination, time and duration, means of transport, travel route, accommodation, food and beverages, health, education, sport, games and entertainment, contact among guests and meeting people from all over the world, their culture and their historic heritage. The increase in the number of guests' wishes is the result of strong growth in the number of guests on the one hand but also the consequence of increasing number of wishes that the guests have while travelling on the other hand.

2. As travel has become a basic social need for many Europeans from all walks of life, the wide range in the level of guests' demands is apparent. It ranges from the simplest solutions to out and out luxury, but these all include a higher standard of individual wishes.

3. One of the essential demands by guests is the increasing desire for more guaranteed quality. Guaranteed quality assurance means that the tourist companies guarantee the standards of quality that they define and with which they advertise their services. The basis for claims is the various tourist companies' advertisements in the media, especially in their catalogues, i. e., the detailed promises relating to accommodation and other services. The guests expect guaranteed quality for every combination of wishes and every standard.

Major Structural Changes in the Industry

The increase in the extent and quality in tourism in Germany is linked with major changes in the structures and processes in the industry. The emphasis of the current development is the establishing of a vertically integrated travel group, in which travel agencies, tour organisers, airlines and destination organisers are all united.
As these companies determine the quality standards of holidays on a long-term basis, they are in a particularly suitable position to fulfil the guests' wishes. The leading company in this development in Europe and around the world is Preussag. Altogether 22 million guests went on holidays with Preussag in 2001.

An Increasing Contribution to the Gross Domestic Product

Given the increase in the past few years tourism occupies second place in the German economy in respect of its contribution to GDP. Only the motor industry is making a greater contribution. Based on a survey by the German Institute of Economic Research the tourism industry contributed 8 % to the German Gross Domestic Product in 1995. Since then it must have increased still further. If we add up all those tourism-related returns from other sectors of the economy not included in the above 1995 survey, the contribution from the tourist industry is now over 10 %.

In analysing the tourist industry in comparison with other sectors of the economy, we must take into account the fact that the increase in the core areas of the tourist industry also lead to a large extent to increases in complementary industries and in commerce. Based on the optimistic prognoses for the next few years, tourism in Germany as well as in many other countries is one of the sectors in which new jobs may develop.

The incentives for growth in the tourist industry have an effect on leisure parks, theme parks and adventure parks, the souvenir industry, the sports article industry, the photographic industry, the cosmetic industry, manufacturers of aeroplanes, cars and ships, the clothing industry, the banking industry and the building industry, to name just a few.

sondern ebenso aus Kapitaleinkünften, aus Erspartem oder ererbtem Vermögen.

Für das vorhergesagte Wachstum sprechen auch die Veränderungen in der Altersstruktur der Bevölkerung sowie die Verkürzung von Wochen-, Jahres- und Lebensarbeitszeiten. Die Menschen verfügen über immer mehr Freizeit, das heißt Zeit, frei von Arbeit. Außerdem ist der Markt für Urlaubsreisen im Gegensatz zu vielen Gebrauchsgütern von einer Sättigungsgrenze weit entfernt. Auch wenn sich der Anteil der Auslandsreisen im Laufe der vergangenen Jahrzehnte ständig erhöht hat, wichtigstes Reiseziel der Deutschen ist Deutschland. Die in Deutschland ansässigen Unternehmen der Tourismuswirtschaft profitieren nicht nur vom wachsenden Binnenmarkt, sondern auch von der wachsenden Zahl der Deutschland-Besucher aus dem Ausland. Die Zahl der Übernachtungen ausländischer Gäste erreichte im vergangenen Jahr nahezu 40 Millionen.

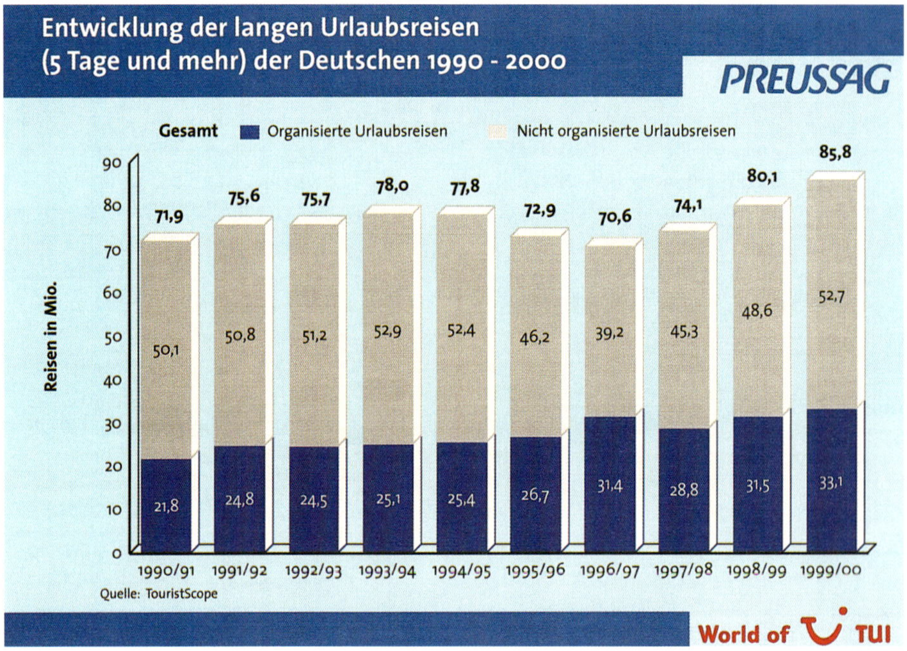

Trend zur Veranstalterreise

Erfreulich für die Unternehmen der Tourismuswirtschaft ist darüber hinaus der seit Jahren anhaltende Trend zur organisierten Reise. Unsere Marktuntersuchungen belegen ein überdurchschnittliches Wachstum der Veranstalterreisen gemessen am Gesamtmarkt des Tourismus für den deutschen Markt sowie für alle übrigen europäischen Quellmärkte. Das heißt: Reisebüro und Veranstalter gewinnen Marktanteile gegenüber dem Selbstorganisierer, der die Planung und Durchführung seiner Reise selbst in die Hand nimmt. Das hängt u. a. damit zusammen, dass die Gäste verstärkt zu ferneren Destinationen reisen. Die Fragmentierung der Wahl der Reiseziele durch die deutschen Urlaubsgäste ist eine Entwicklung, die wir seit vielen Jahren beobachten. Der Trend zu ferneren Reisezielen und damit zur Flugreise ist bereits wichtiges Element des generellen Trends zur Qualität auf dem Tourismusmarkt.

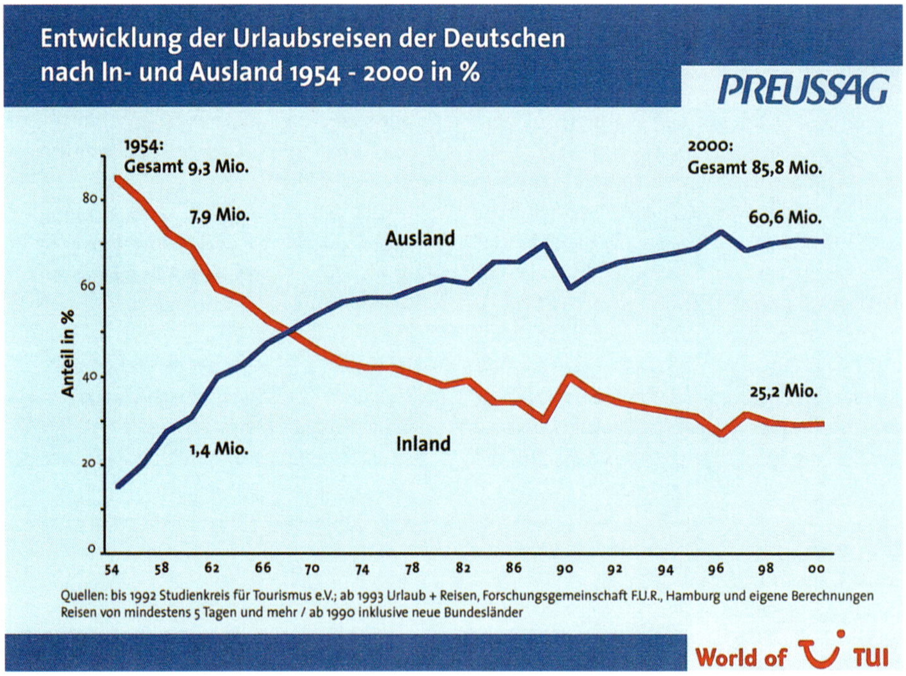

Zunehmende Qualitätsanforderungen der Gäste

Das quantitative Wachstum der Zahl der nationalen und internationalen Reisenden ist verbunden mit starkem qualitativen Wachstum und Wandel. Dazu gehören:

1. Die wachsende Vielfalt der Gästewünsche verbunden mit dem Wunsch nach der Freiheit der Wahl. Die wachsende Vielfalt der Gästewünsche bezieht sich auf alle Facetten des Reisens: Reiseziele, Zeitpunkt und Dauer, Transportmittel und -wege, Unterkunft, Essen und Trinken, Gesundheit, Bildung, Sport, Spiel und Unterhaltung, die sozialen Kontakte unter den Gästen sowie die Begegnung mit den Menschen in aller Welt, mit ihren Kulturen und ihrem historischen Erbe.

   Das Wachstum der Vielfalt der Gästewünsche ist einerseits die Folge des starken quantitativen Wachstums der Gästezahl, zum anderen aber auch die Konsequenz der zunehmenden Wunschfülle, die sich der einzelne bei seinen Reisen erfüllen möchte.

2. Da das Reisen für viele Europäer aus allen Bevölkerungsschichten im Laufe der Jahre zu einem sozialen Grundbedürfnis geworden ist, zeigt sich im Hinblick auf das Anspruchsniveau eine große Bandbreite. Sie reicht von einfachsten Lösungen bis zur ausgeprägten Luxusreise, wobei ein genereller Trend zu höheren individuellen Ansprüchen besteht.

3. Gehört zu den wesentlichen Anforderungen der Gäste darüber hinaus der wachsende Wunsch nach Qualitätssicherheit. Qualitätssicherheit bedeutet, dass die Gäste erwarten, dass die Tourismusunternehmen die von ihnen definierten und ausgelobten Qualitätsstandards garantieren. Anspruchsgrundlage der Gäste sind die Ausschreibungen in den Verkaufsmedien, insbesondere in den Katalogen der Veranstalter, d. h. die dort im Hinblick auf Einrichtungen und Leistungen gegebenen detaillierten Produktversprechen.

Die Tourismuswirtschaft wächst in nahezu allen Bereichen

PREUSSAG

Beherbergungseinrichtungen: – 5-Sterne- und Luxus Hotels **Transport:** – Fluggesellschaften – Flughafengesellschaften	**Sport- und Freizeiteinrichtungen:** – Einrichtungen für neue Sportarten **Kur-, Gesundheits-/Fitneßeinricht.** **Trainings- und Fortbildungs-institute**	**Reisevertrieb:** – Globale Vertriebssysteme und Reservierungssysteme – Neue Medien	**Parks:** – Abenteuerparks – Themenparks **Computer- und Softwarehändler** **Kommunikations-Netzwerk-Betreiber**
Beherbergungseinrichtungen: – 4-Sterne Hotels – 3-Sterne Hotels – Hotel garni – Bauernhöfe – Wohnwagen, Zelt – Ferienwohnungen, Appartements **Sport- und Freizeiteinrichtungen:** – Schwimmbäder mit Unter-haltungs-/Erlebnisbereich **Reiseveranstalter** **Kultureinrichtungen:** – Museen – Ausstellungseinrichtungen **Verlage und Vertreiber von Reiseliteratur und Landkarten** **Werbeagenturen und Medien** **Einkaufszentren**	**Gastgewerbe:** – 3-Sterne Restaurants – 2-Sterne Restaurants – 1-Sterne Restaurants – Restaurants m. einheim. Küche – Restaurants mit internat. Küche – Selbstbedienungs-Restaurants – „Do-it-yourself"-Küche – Bars – Cafés, Cafeterias – Cateringservice für Transport-unternehmen **Denkmäler:** – Kulturdenkmäler – Naturdenkmäler – Industriedenkmäler **Kamera- und Filmehersteller** **Kunst und Handwerk**	**Incoming Service:** – Incoming Agenturen – Fremdenverkehrsämter – Reiseleiter-Dienste – Transfer-Dienstleister – Ausflugveranstalter **Unterhaltungsindustrie:** – Opern – Operetten, Musicals – Theater – Kabarett **Reiseversicherungen** **Fahrzeugbau:** – Flugzeughersteller – Bushersteller – Automobilhersteller **Landschaftspflege/Landwirtschaft** **Hersteller von Freizeitkleidung**	**Transport:** – Eisenbahngesellschaften – Busgesellschaften – Kreuzfahrt- und Fährgesellschaften – Mietwagenunternehmen – Taxi und andere Transfer-Dienste – Hafengesellschaften **Konferenz- und Kongreßzentren** **Parks:** – Freizeitparks – Wasserparks **Groß- und Einzelhandel:** – Wohnwagen/Wohnmobile – Camping-Artikel – Lederwaren und Reiseaccessoires – Souvenirs **Architekten/Entwickler und Ingenieurbüros**
Beherbergungseinrichtungen: – 2-Sterne Hotels – 1-Sterne Hotels – Motels – Jugendherbergen	**Reisevertrieb:** – Reisebüros **Gastgewerbe** – Nicht klassifizierte Restaurants	**Kultureinrichtungen:** – Bibliotheken, Archive	**Fahrzeugbau:** – Schiffswerften – Lokomotiven- und Waggon-hersteller
Beherbergungseinrichtungen: – Nicht klassifizierte Hotels	**Banken/Wechselstuben**		
Kein Segment zugeordnet			

Quelle: High Level Group 1998

World of TUI

Durchflußeffeke des Tourismus schaffen Arbeitsplätze auch in anderen Bereichen

PREUSSAG

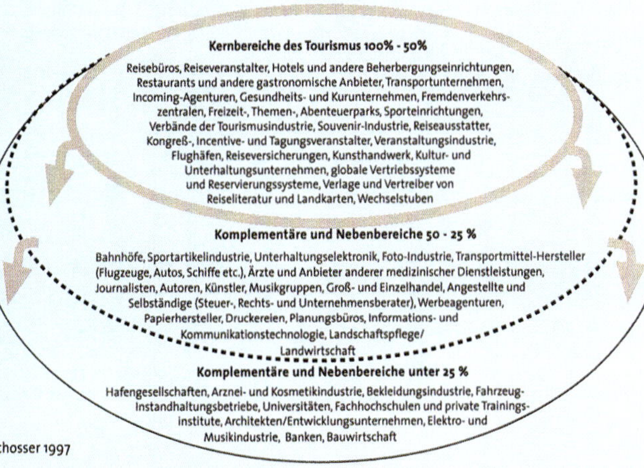

In Anlehnung an F. Schosser 1997

Quelle: High Level Group 1998

World of TUI

Hope for new Jobs

In order to analyse the potential for growth and employment in the European tourist industry, the European Commission convened a group of experts with specialists from all over Europe in 1998. These were businesspeople, union officials, scientists and government officials and industry associations. The the so-called High Level Group's most important message was that the tourist industry will grow in almost all areas until the year 2010. The companies that succeed will be especially those that are flexible in reacting to the altered wishes of the tourists and which offer good quality services. The High Level Group's analyses showed that there was potential for 2.2 million to 3.3 million new jobs in the tourist industry up till 2010. For Germany alone there was room for 300,000 to 450,000 new jobs.

Basic Conditions determine the Extent of the Opportunities for Growth

Whether the potential can be exhausted at the upper end of the growth corridor depends much on which conditions laid down by the state the German tourist industry will find here and within the European Union. Important for the development of the tourist industry will be:

1. Getting rid of bureaucratic hurdles based on over-regulation laws.

2. The general reduction of the tax and social insurance burden on wages and salaries, and the targeted support of young entrepreneurs including easier access to financing.

In addition, the future development of the tourist industry will depend much on the continued expansion of the infrastructure and the use of further-developed technologies. This applies to all essential areas of the industry:

- transport and mobility;
- accommodation and meals;
- organisation and administration, including the whole area of sales and marketing;
  and
- entertainment, leisure and relaxation.

The basic requirement in the continued growth in tourism for maintaining existing jobs and the creation of new ones is mobility. Germany and Europe already have a dense transport and telecommunications network reaching into the rural areas of most of the member countries. It is becoming apparent that bottlenecks are occurring especially at airports and air approach routes and on much-frequented rail and road routes.

Besides the improvement of basic conditions provided by the state it will be necessary to promote mobility for Germany as a place to come and visit:

1. The development of high-speed transport with large passenger capacity, as well as lower energy consumption and exhaust emissions. There is also a trend to improved safety permitting concentrated use of transport routes for goods and passengers, e. g. through navigation systems, collision warning systems and directional parking systems.

2. The improvement of the linking of transport modes. The improvement of the combination of the various transport systems will make travel quicker, more comfortable cheaper and environmentally friendlier.

Of decisive influence on the future positive development of growth in the tourist industry will be long-term progress in information technology. This is the area in which the most jobs will develop.

Die Gäste erwarten Qualitätssicherheit für jedes Wunschmix und damit für jedes Anspruchsniveau.

Starke strukturelle Veränderungen der Branche

Das quantitative und qualitative Wachstum der Tourismuswirtschaft in Deutschland ist verbunden mit starken Veränderungen der Strukturen und Prozesse der Branche. Schwerpunkt der aktuellen Entwicklung ist der Aufbau vertikal integrierter Reisekonzerne, in denen Reisebüros, Veranstalter, Fluggesellschaften, Zielgebietsagenturen für die Betreuung der Gäste vor Ort und Hotels zusammengeschlossen sind. Da diese Unternehmen die Qualitätsstandards der Reisen durchgängig bestimmen können, sind sie besonders dafür prädestiniert, die wachsenden Qualitätsanforderungen der Gäste zu erfüllen. Führendes Unternehmen dieser Entwicklung europaweit und weltweit ist die Preussag. Insgesamt verreisten im vergangenen Jahr rund 22 Mio. Gäste mit der Preussag.

Wachsender Beitrag zum Bruttoinlandsprodukt

Aufgrund des Wachstums der vergangenen Jahre nimmt der Tourismus unter den Branchen der deutschen Wirtschaft im Hinblick auf das Bruttoinlandsprodukt Platz 2 ein. Einen höheren Wirtschaftsbeitrag erzielt lediglich die Automobilindustrie.

Aufgrund einer Untersuchung des Deutschen Instituts für Wirtschaftsforschung erreichte der Beitrag der Tourismuswirtschaft zum Bruttoinlandsprodukt im Jahr 1995 8 % und hat in der Zwischenzeit mit Sicherheit weiter zugenommen. Rechnet man alle touristisch bedingten Umsätze anderer Branchen, die vom Deutschen Institut für Wirtschaftsforschung in der Untersuchung von 1995 noch nicht berücksichtigt wurden, zusammen, so wird der Beitrag der Tourismuswirtschaft zum Bruttoinlandsprodukt in der Zwischenzeit über 10 % liegen. Bei der Bewertung der Tourismuswirtschaft im Vergleich mit anderen Branchen ist zu berücksichtigen, dass das Wachstum in den Kernbereichen der Touristik in starkem Maße auch zu Wachstum in komplementären Industrien und im Handel führt. Aufgrund der hohen Wachstumsprognosen für die kommenden Jahre zählt der Tourismus für Deutschland wie auch für viele andere Länder weltweit zu den Hoffnungsträgern im Hinblick auf neue Arbeitsplätze.

Die Wachstumsimpulse des Tourismus wirken sich aus auf Freizeit-, Themen- und Abenteuerparks, Souvenirindustrie, Sportartikelindustrie, Fotoindustrie, die Kosmetikindustrie, die Hersteller von Flugzeugen, Autos und Schiffen, die Bekleidungsindustrie, aber auch Banken und Bauwirtschaft, um nur einige wenige Beispiele zu nennen.

Hoffnungsträger für neue Arbeitsplätze

Um die Wachstums- und Beschäftigungspotenziale des Tourismus für Europa zu analysieren, hat die Europäische Kommission 1998 eine Expertengruppe mit Fachleuten aus ganz Europa berufen: Unternehmer, Wissenschaftler, Gewerkschaftler sowie Verantwortliche aus den Ministerien und Verbänden. Die wichtigste Botschaft der sogenannten High Level Group lautet: Die Tourismuswirtschaft wird bis zum Jahr 2010 europaweit in nahezu allen Bereichen wachsen. Wobei vor allem die Unternehmen besonders erfolgreich sein werden, die sich flexibel auf die veränderten Gästewünsche einstellen und als Qualitätsanbieter positionieren.

Die Analysen der High Level Group ergaben bis zum Jahr 2010 ein Potenzial von zusätzlichen Arbeitsplätzen durch den Tourismus in Europa von 2,2 bis 3,3 Mio. Für Deutschland allein wurde ein Potenzial von 300.000 bis 450.000 neuen Stellen berechnet.

Rahmenbedingungen bestimmen das Ausmaß der Wachstumschancen

Ob die Potenziale bis zum oberen Ende des aufgezeigten Wachstumskorridors ausgeschöpft werden können, hängt in starkem Maße davon ab, welche staatlichen Rahmenbedingungen die Tourismuswirtschaft in Deutschland und innerhalb der Europäischen Union künftig vorfindet.

Wichtig für die Förderung der Entwicklung der Tourismuswirtschaft in Deutschland und Europa wird vor allem sein:

1. die Beseitigung von bürokratischen Behinderungen aufgrund von übermäßigen Regulierungen durch Gesetze und Verordnungen,

2. die generelle Absenkung der Belastung durch Steuern und Sozialabgaben sowie

3. die gezielte Förderung junger Unternehmer einschließlich eines erleichterten Zugangs zu Finanzierungen.

Die künftige Entwicklung der Tourismuswirtschaft wird darüber hinaus in starkem Maße vom weiteren Ausbau der Infrastruktur und der Nutzung weiter entwickelter und neuer Technologien abhängen. Das gilt für alle wesentlichen Bereiche der Tourismuswirtschaft:

- Transport und Mobilität,
- Unterbringung und Gastronomie,
- Organisation und Verwaltung einschließlich des gesamten Marketing und Vertriebsbereiches sowie
- Unterhaltung, Freizeit und Erholung.

Grundvoraussetzung für das weitere Wachstum des Tourismus für die Erhaltung bestehender und die Schaffung neuer Arbeitsplätze ist die Mobilität.

Deutschland und Europa verfügen bereits über ein dichtes Netz an Verkehrs- und Telekommunikationsstrukturen, das sich in den meisten Mitgliedsstaaten bis in die ländlichen Räume erstreckt. Es zeichnet sich jedoch ab, dass vor allem auf Flughäfen sowie auf den Flugstraßen sowie auf den hochfrequentierten Verkehrswegen „Straße und Schiene" Engpässe entstehen.

Neben der Verbesserung der staatlichen Rahmenbedingungen wird zur Förderung der Mobilität für den Standort Deutschland notwendig sein:

1. Die Entwicklung von Verkehrsmitteln mit hohen Geschwindigkeiten und größeren Passagierkapazitäten sowie mit reduziertem Energieverbrauch und Schadstoffausstoß. Der Trend geht auch zu höherer Sicherheit, die eine verdichtete Nutzung der Verkehrswege erlaubt, z. B. durch Navigationssysteme, Kollisionswarnsysteme, Parkleitsysteme etc.,

2. Die Optimierung der Vernetzung der Verkehrsmittel. Die Optimierung der Kombination der verschiedenen Verkehrssysteme wird das Reisen schneller, bequemer, kostengünstiger und ökologischer machen.

Von entscheidendem Einfluss auf die künftig positive Entwicklung des Wachstums der Tourismuswirtschaft werden die anhaltenden Fortschritte in der Informationstechnologie sein. In diesem Bereich entstehen vor allem hoch qualifizierte Arbeitsplätze. ■

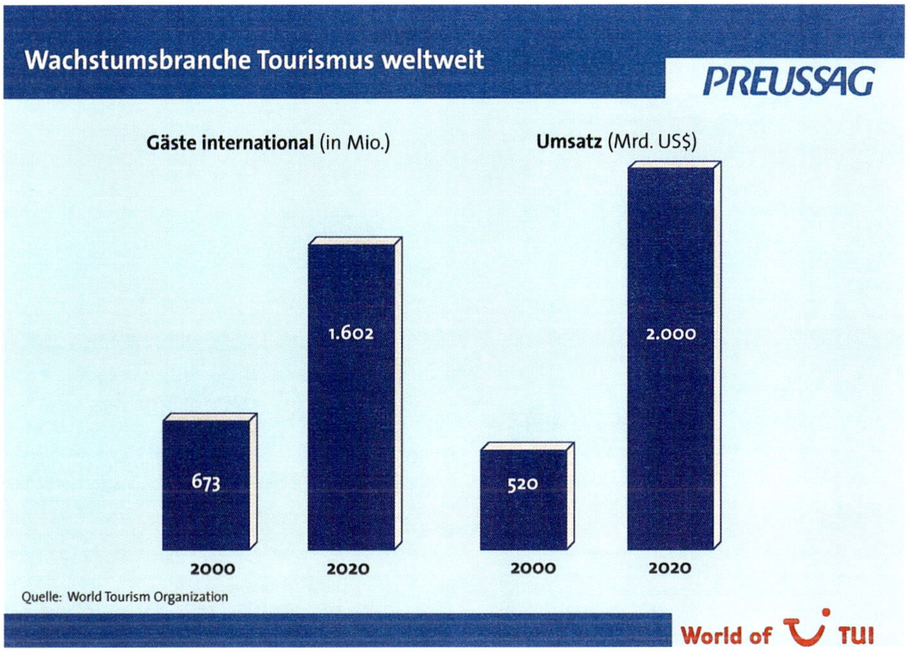
Wachstumsbranche Tourismus weltweit
PREUSSAG
Gäste international (in Mio.)
Umsatz (Mrd. US$)
673
1.602
520
2.000
2000
2020
2000
2020
Quelle: World Tourism Organization
World of TUI

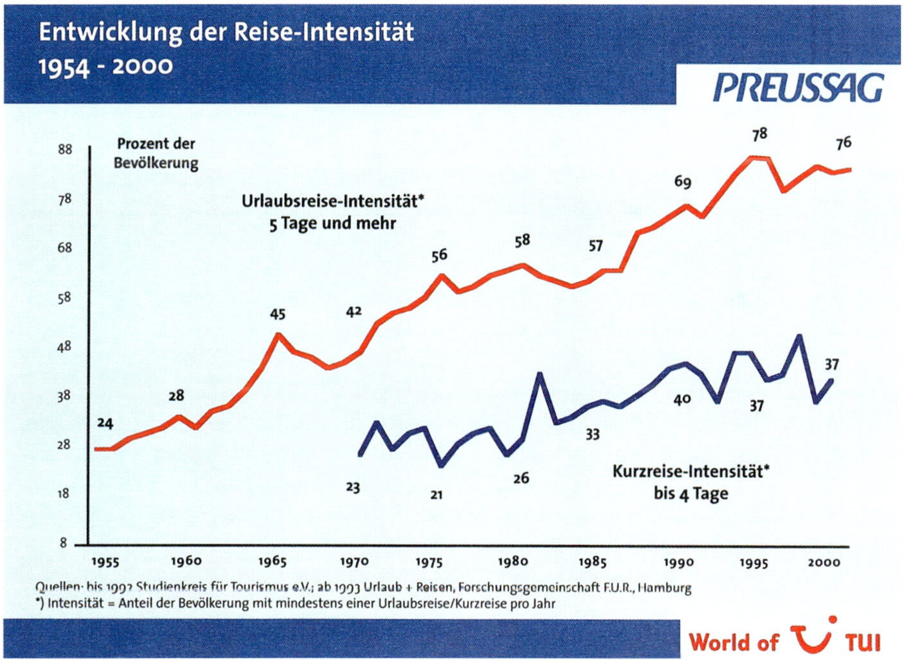
Entwicklung der Reise-Intensität
1954 - 2000
PREUSSAG
Prozent der Bevölkerung
88
78
68
58
48
38
28
18
8
Urlaubsreise-Intensität*
5 Tage und mehr
24
28
45
42
56
58
57
69
78
76
23
21
26
33
40
37
37
Kurzreise-Intensität*
bis 4 Tage
1955
1960
1965
1970
1975
1980
1985
1990
1995
2000
*) Intensität = Anteil der Bevölkerung mit mindestens einer Urlaubsreise/Kurzreise pro Jahr
World of TUI

Das Nono-Projekt für Schulen in europäischen Regionen

The Nono Project for Schools in the Regions of Europe

Illustrationen für das Projekt „Il Canto Sospeso" von Design-Studenten der Fachhochschule München.
Illustrations for the "Il Canto sospeso" project by design students at the College of Applied Sciences in Munich.

Europa braucht einen neuen Aufschwung, um seinen starken politischen Fortschritt wieder aufzunehmen. Dieser kann nicht durch die wirtschaftliche Entwicklung ersetzt werden, vor allem dann nicht, wenn es neue Erweiterungen der Europäischen Union geben wird. Hier kann das Nono-Projekt wertvolle Lehren vermitteln.
Berlin-Potsdam ist neben der Provinz Bologna und Darmstadt eines der Zentren für das europäische Netzwerk Le Scuole di Pace, an dem sich 77 Schulen in europäischen Regionen beteiligen mit dem Ziel, einen gemeinsamen Dialog über die Vielfalt der Kultur in Europa, über Toleranz, Frieden und Menschenrechte zu entwickeln.
Basis für den Dialog in den 77 Schulen ist die Videoproduktion zu der Komposition „Il canto sospeso" des italienischen Komponisten Luigi Nono, die in Zusammenarbeit mit Claudio Abbado entstand und die zur Grundlage Briefe von Jugendlichen, von jungen Frauen und Männern aus Bulgarien, Italien, Griechenland, Rußland, Polen und Deutschland hat, die gegen den Nationalsozialismus Widerstand leisteten und diese Briefe vor ihrer Hinrichtung an ihre Verwandten schrieben. Die Briefe fand Luigi Nono in einem Sammelband „Lettere di condannati a morte della Resistenza Europea", der mit einem Vorwort von Thomas Mann im Jahr 1955 in Zürich erschien.
Die Briefe sind Zeugnis von Menschlichkeit und Toleranz, von Liebe und Hoffnung. Sie enthalten Botschaften, die jungen Menschen in Europa auch heute noch ein lebendiges Beispiel für Werte, Kultur, Bildung und Verantwortlichkeit für das eigene Handeln und für das Wohl anderer Menschen geben.

Die Videoproduktion „Il canto sospeso" wurde jetzt im April 2002 als „Darmstädter Edition" im Format einer DVD Video PAL Ausgabe veröffentlicht, die alle drei Fassungen der Projektarbeit zu Luigi Nono „Il canto sospeso" in Deutsch, Italienisch und Englisch enthält. Die Edition steht Schulen und Bildungseinrichtungen europaweit zur Verfügung. An der Entwicklung dieses Nono-Projektes für junge Menschen in Europa beteiligten sich neben Claudio Abbado als Dirigent und Umberto Eco mit einem Vorwort auch Künstler wie das Berliner Philharmonische Orchester, die Sänger Barbara Bonney, Susanne Otto, Marek Torzewski, der Rundfunkchor Berlin mit Dieter Knothe sowie als Sprecher der Briefe Susanne Lothar und Bruno Ganz für die deutsche Fassung, Angelica Ippolito und Gian-Maria Volontè für die italienische und Ben Kingsley für die englische Fassung.

Im Rahmen des Netzwerkes Le Scuole di Pace wird auf diese Weise Europa für die beteiligten Schulen in den verschiedenen Regionen zu einem facettenreichen politischen und kulturellen Lernfeld für exemplarisches Lernen, welche Werte Freiheit, Toleranz, Zivilgesellschaft und

Prof. Vittorio Prodi

Der Autor, geboren 1937 in Reggio Emilia, ist Hochschulprofessor an der Universität von Bologna und Präsident der Provincia di Bologna. Er ist zusammen mit Hans Eichel, Bundesminister der Finanzen, und Klaus-Peter Schmidt-Deguelle, Staatssekretär a. D., Mitglied des Kuratoriums der Stiftung „Fondazione L' Union Europea Berlin".
The author was born in Reggio Emilia in Italy in 1937. He is a Professor at the University of Bologna and President of the Province of Bologna. Together with Hans Eichel, the German Federal Minister of Finances and Klaus-Peter Schmidt-Deguelle, a retired Secretary of State, he is a Member of the "Curatorium of the European Union Foundation" in Berlin.

Jürgen Petzinger

Der Co-Autor, geboren 1940 in Prag, ist Rechtsanwalt und Kulturredakteur in Berlin. Jürgen Petzinger gehört dem Vorstand von „Fondazione L' Union Europea Berlin" an.
The co-author was born in Prague in the Czech Republic in 1940. He is a lawyer and cultural editor in Berlin. He is a member of the Management Board of the "European Union Foundation" in Berlin.

Europe needs new impetus in order to continue its strong political progress. This cannot be replaced by economic development, especially in the light of an impending extension to the European Union. The Nono Project can give a valuable lesson here.

Besides the Province of Bologna and Darmstadt, Berlin-Potsdam is one of the centres of the European network of "Le Scuole di Pace" (The Schools of Peace), where 77 schools in European regions are participating with the aim of developing a common dialogue on the variety of European cultures, tolerance, peace and human rights.

The basis of the dialogue in the 77 schools is the video production to the musical composition "Il Canto sospeso" (= "The Unfinished Song") of the Italian composer Luigi Nono, which came into being in cooperation with Claudio Abbado and which became the basis of letters from those teenagers, young men and women from Bulgaria, Italy, Greece, Russia, Poland and Germany who resisted National Socialism and wrote these letters to their relatives before their execution. Luigi found the letters in a volume of collected works "Lettere di condannati a morte della Resistenza Europea", (Letters from Members of the European Resistance under Sentence of Death), which appeared in Zürich in 1955 with a foreword by Thomas Mann. The letters bear witness to humanity and tolerance, to love and hope. They contain messages that provide young people in Europe with an example of values, culture, education and responsibility for their own actions and for the well-being of others.

The video production "Il Canto sospeso" was published in April 2000 as the Darmstadt edition in DVD video PAL format, which contains all three versions of the project in German, Italian and English. The edition is available to schools and educational institutions all over Europe. Besides Claudio Abbado as conductor and Umberto Eco, who wrote a foreword, artists such as the Berlin Philharmonic Orchestra, the singers Barbara Bonney, Susanne Otto, Marek Torzewski, the Berlin Radio Choir with Dieter Knothe, Susanne Lothar and Bruno Ganz as readers of the German version of the letters; Angelica Ippolito and Gian-Maria Volonte for the Italian version and Ben Kingsley for the English version.

As part of the "Le Scuole di Pace" network, Europe will thus become a rich and varied political and cultural field for exemplary learning for the participating schools and will show which the value of freedom, tolerance, civil society and modern democracy to young people.

The "Scuola di Pace Montesole" in Marzabotto in the Province of Bologna, an international meeting place belonging to the "Le Scuole di Pace", is itself an example of the overcoming of enmities. The school reminds us to work for peace and to find common understanding for all the cultures and religions of the world.

Our task is to develop a common learning process and also to overcome depression in the days of terror by understanding them as a challenge, to give young people courage and enthusiasm. The network is the basis for young people and teachers to whom these young people have been entrusted for education and vocational training, to cope with

Ben Kingsley (in seinem Heimatort Chipping-Norton) bei Dreharbeiten zu Luigi Nono „Il canto sospeso“ mit dem Team Jan Schneider-Rothaar (Produzent der englischen Fassung), Christa Maerker, Kathrin Butzke und Peter Wendt.

Ben Kingsley (in his home town of Chipping-Norton) during the shooting of Luigi Nono's "Il Canto sospeso" with the team of Jan Schneider-Rothaar (producer of the English Version), Christa Maerker, Kathrin Butzke and Peter Wendt.

Die Gründungsmitglieder von IncontriEuropei Botschafter Umberto Vattani, Jürgen Petzinger und Jan Schneider-Rothhaar (v.l.n.r.) übergeben an den früheren italienischen Außenminister Lamberto Dini (Mitte) Informationen zum Nono-Projekt.

The founding members of IncontriEuropei Botschafter Umberto Vattani, Jürgen Petzinger and Jan Schneider-Rothhaar (from left to right) passing information on the Nono project to the former Italian Foreign Minister Lamberto Dini (middle).

moderne Demokratie für junge Menschen haben können.

Die „Scuola di Pace Montesole“ in Marzabotto in der Provinz Bologna, ein internationales Begegnungszentrum am Rande des Apennin und ein zentraler Tagungsort auch im Rahmen des Netzwerkes „Le Scuole di Pace“, ist selber ein Beispiel für die Überwindung von Feindschaften. Der Ort mahnt uns, für den Frieden zu arbeiten und ein gemeinsames Verständnis für alle Kulturen und Religionen in der Welt zu finden.

Aufgabe ist es, einen gemeinsamen Lernprozess zu entwickeln und auch in den Tagen des Terrors Depressionen zu überwinden, indem wir sie als Herausforderung begreifen, jungen Menschen Mut und Enthusiasmus zu vermitteln. Das Netzwerk ist die Basis für Jugendliche wie auch für Erzieher und Lehrer, denen diese Jugendlichen zur Bildung und Ausbildung anvertraut sind, sich zum einen mit Bedingungen der eigenen Situation in der Region auseinanderzusetzen, zum anderen über nationale Grenzen hinweg einen Dialog zu finden, der Kontakte, das gegenseitige Verstehen und die Freizügigkeit in Europa zu einer Selbstverständlichkeit werden lässt. Die lebendige Möglichkeit, an jedem Ort in Europa leben und arbeiten zu können, ist der wahre menschliche Reichtum in der Vielfalt der Kultur in Europa, die auch von Einflüssen außerhalb Europas geprägt ist.

Das Netzwerk „Le Scuole di Pace” und das Nono-Projekt sind eine Inspiration für den Zugang zu den Basisthemen um Kultur, Frieden und Menschlichkeit in Europa und für das Finden eines eigenen Weges, der auch den Blick für den Wert der eigenen Geschichte und der eigenen Region mit Leben füllt. So lassen sich Bildung und Ausbildung von Jugendlichen mit der wirtschaftlichen Prosperität in Regionen in Europa verbinden. Es geht bei dem Projekt auch um eine Vernetzung des Dialogs von Bildung, Kultur, Politik und Wirtschaft.

Trägerin des Netzwerkes ist die „Fondazione L'Unione Europea Berlin“, die als BGB Stiftung gegründet wurde und ihren Sitz in Berlin hat. Wir haben aus der Geschichte gelernt, dass wir die Menschenrechte – in der Europäischen Union und in den Vereinten Nationen – als Werkzeuge zum Handeln haben. Zugleich sind es Werkzeuge, die uns eine Pflicht zum Handeln geben und die uns auffordern, ein Zusammenleben zwischen den Menschen und zwischen den Ländern zu ermöglichen. Das Netzwerk ist ein Netzwerk der Vernunft auf dem Weg zu einem Verständnis von Vertrauen und Kooperation in Europa auf Basis der Menschenrechte. ■

Umberto Eco zum Schulprojekt und der Videoproduktion Luigi Nono „Il canto sospeso“

„Die Geschichte von vor 50 Jahren ist zur Urgeschichte geworden. Und wenn jemand heute die Jugend daran erinnert, so um die Geschichte zu negieren, um zu sagen: es sei nichts passiert. Im Internet gibt es mindestens 15 Plätze, inspiriert von diesem Revionismus, die mit Bildern, mit Worten die Realität des Holocaust abstreiten. Die jungen Leute erleben es täglich, wie mit dem Fernseher, dem PC-Programm bearbeitete Realität erzeugt werden kann. So erscheint die Geschichte, die viele von uns erinnern, sie erlebt zu haben, für Jugendliche wie eine Hollywood-Legende, in der General Custer, Buffalo Bill, Indiana Jones, Hitler und Mussolini sich vermischen.

Was ist wahr: Auschwitz oder die Stadt von Bladerunner ?

Wo uns die Geschichte nicht mehr zu überzeugen vermag und sich mit der Legende vermischt, kann uns die Kunst wieder die Wahrheit sagen. Ich wünschte mir, dass „Canto sospeso“ in allen Schulen gezeigt würde – junge Leute in aller Welt würden dann verstehen, dass das, was sie in dem Video gesehen und gehört haben, tatsächlich passiert ist.

Vielleicht würden sie unsere gleiche Unruhe und Angst fühlen, dass es noch einmal passieren kann. Sie würden lernen, die neuen Zeichen von Intoleranz, von Fanatismus, Brutalität und Bestialität zu erkennen. Weil sich der neue Feind nicht mit glattrasiertem Kopf, mit schwarzen oder braunem Hemd und Hakenkreuz auf dem Ärmel zeigt. Das wäre eine traurige, beschränkte Folklore.

Der neue Feind ist verkleidet. Manchmal im Zweireiher. Manchmal spricht er nicht die Sprache der Nibelungen, sondern die Sprache von Coca Cola. Er knirscht nicht mit den Zähnen, er lächelt. Er fordert uns nicht zum Krieg auf, sondern zum Glücklichsein. Und dennoch fordert er, das Andere, die Vernunft und die Tugend der Stille zu hassen.

Um also bereit zu sein zu sprechen und zu schreien – jedes Mal, wenn es nötig ist, heute und in der Zukunft, lade ich Sie ein, mit mir einige Sekunden zu schweigen, um danach bereit zu sein und zu reden, wie uns „Canto sospeso“ es gelehrt hat.“

conditions in the region on the one hand and, on the other hand, to seek dialogue and contact beyond national borders that makes mutual understanding and freedom of movement in Europe a matter of course. The very real possibility of being able to live and work anywhere in Europe is the true human richness in the variety of culture in Europe that is also distinguished by influences outside Europe.

Umberto Eco on the school project and the video production of Luigi Nono's "Il Canto sospeso"

"The history of 50 years ago is prehistory. And if anybody reminds today's young people about it in order to deny it, in order to say it didn't happen, there are at least 15 web-sites in the internet, inspired by this revisionism, which deny the reality of the Holocaust in words and pictures. The young people experience every day how TV and computer programmes can re-process reality. History as we remember it and experienced it appears to young people as a Hollywood legend, in which General Custer, Buffalo Bill, Indiana Jones, Hitler and Mussolini are mixed into one.

What is true: Auschwitz or Bladerunner's City? Where history can no longer convince us and gets mixed in with legend, art can tell us the truth again. I wish "Il Canto sospeso" could be shown to young people in schools all over the world. Then they would understand that what they saw and heard on the video actually happened.

Perhaps they would feel our ill-ease and fears that it can happen again. They would learn to recognise the new signs of intolerance, fanaticism, brutality and bestiality - because the new enemy does not show himself with shaven head, black or brown shirt and a Swastika on the sleeve. That would be a sad, limited folklore.

The new enemy is in disguise - sometimes in a double-breasted suit, sometimes he speaks the same language as Coca Cola, not the language as the Nibelungs. He doesn't grind his teeth, he smiles. He doesn't call on us to go to war, but to be happy. And yet he still calls for us to hate those that are different, to hate reason and the virtue of silence. In order to be ready to speak and to scream, every time when it is necessary, today and in the future, I invite you to be silent for a few seconds, in order to be ready and to speak the way the "Il Canto sospeso" has taught us."

The "Le Scuole di Pace" and the Nonoproject inspire people to find their way to the basic themes of culture, peace and humanity in Europe and for discovering their own way in life, which also fills the look for the value of their own history and their own region with life. The education and vocational training of young people can thus be combined with economic prosperity in the regions of Europe. The project is about networking the dialogue between education, culture, politics and business.

The network is being financed by the Fondazione L'Unione Europea Berlin (= the European Union Foundation in Berlin), which was founded as a foundation of the BGB Foundation and which is based in Berlin. We have learned from history that we have human rights in the European Union and the United Nations as a tool for getting things done and which call on us to ensure that living together for people and countries is possible. The network is a network of reason on the road to an understanding of trust and cooperation in Europe on the basis of human rights. ■

Fondazione L'Unione Europea Berlin
The European Union Foundation in Berlin

Kontakt/Contact
www.Nonoprojekt.de
jp@incontri-europei.de

*Acri.Tec
Gesellschaft für ophthalmologische Produkte mbH
Lindenstraße 22/24
D-16548 Glienicke b. Berlin
Telefon +49 (33056) 61 0-0
Telefax +49 (33056) 61 0-10
Internet www.acritec.de S. 139

AD Industry Group
Kabelweg 69
D-06842 Dessau
Telefon +49 (340) 8 32-210
Telefax +49 (340) 8 32-585
Internet www.ad-industrygroup.de S. 40

Bitburger Getränke Verwaltungsgesellschaft mbH
Römermauer 3
D-54634 Bitburg
Telefon +49 (6561) 14-24 86
Telefax +49 (6561) 14-25 26
Internet www.bitburger.de S. 81

Bloomberg L. P.
Neue Mainzer Straße 75
D-60311 Frankfurt
Telefon +49 (69) 920 41-0
Telefax +49 (69) 920 41-720
Internet www.bloomberg.com S. 21

Bosch Telecom GmbH
Geschäftsbereich Sicherheitstechnik
Ludwig-Bölkow-Allee
D-85521 Ottobrunn
Info-Service:
Telefon +49 (800) 700 04 44
Telefax +49 (800) 700 08 88
Internet www.bosch-sicherheitssysteme.de S. 117

Classen-Papier GmbH
Landsberger Straße 80
D-45219 Essen
Telefon +49 (2054) 13-0
Telefax +49 (2054) 13-12 95
Internet www.classen-papier.de S. 109

DGF STOESS AG Unternehmensgruppe
Gammelsbacher Straße 2
D-69412 Eberbach/Baden
Telefon +49 (6271) 84-01
Telefax +49 (6271) 84-27 00
Internet www.GELITA.com S. 146

FRIADENT GmbH
Steinzeugstraße 50
D-68229 Mannheim
Telefon +49 (621) 43 02-000
Telefax +49 (621) 43 02-001
Internet www.friadent.de S. 138

Fujitsu Siemens Computers
Rathausplatz 3–7
D-61352 Bad Homburg
Telefon +49 (6172) 188-00
Telefax +49 (6172) 188-634
Internet www.fujitsu-siemens.de S. 128

IXOS SOFTWARE AG
Bretonischer Ring 12
D-85630 Grasbrunn/München
Telefon +49 (89) 46 29-0
Telefax +49 (89) 46 29-13 99
Internet www.ixos.com S. 116

Jokey Plastik GmbH
August-Mittelsten-Scheid-Straße 23
D-51688 Wipperfürth
Telefon +49 (2267) 685-0
Telefax +49 (2267) 685-133
Internet www.jokey.com S. 62

LEONI AG
Marienstraße 7
D-90402 Nürnberg
Telefon +49 (911) 20 23-201
Telefax +49 (911) 20 23-231
Internet www.leoni.com S. 54

LEONI Special Cables Friesoythe GmbH & Co. KG
Eschstraße 1
D-26169 Friesoythe
Telefon +49 (4491) 292-292
Telefax +49 (4491) 292-169
Internet www.leoni.com/lsc
S. 55

Medien Gruppe Kirk Holding AG
Groß-Gerauer Weg 1
D-64295 Darmstadt
Telefon +49 (6151) 17 70-0
Telefax +49 (6151) 17 70-10
Internet www.ebn24.com
S. 20

Mercateo AG
Poccistrasse 5
D-80336 München
Telefon +49 (89) 20 60 20
Telefax +49 (89) 20 60 23 10
Internet www.mercateo.com
S. 80

PHOENIX Kapitaldienst GmbH
Vilbeler Straße 29
D-60313 Frankfurt am Main
Telefon +49 (69) 28 02 66
Telefax +49 (69) 29 01 80
Internet www.phoenix-ffm.de
S. 31

Plenexis Gesellschaft für Satellitenkommunikation mbH
In den Dauen 6 a
D-53117 Bonn
Telefon +49 (228) 519-0
Telefax +49 (228) 519-22 22
Internet www.plenexis.com
S. 47

RICOH Deutschland GmbH
Mergenthalerallee 38-40
D-65760 Eschborn
Telefon +49 (6196) 906-0
Telefax +49 (6196) 906-295
Internet www.ricoh.de
S. 108

Rolls-Royce Deutschland Ltd & Co. KG
Eschenweg 11
D-15827 Dahlewitz
Telefon +49 (33708) 6-0
Telefax +49 (33708) 6-30 00
Internet www.rolls-royce.com
S. 46

SEAT Deutschland GmbH
Starkenburgstraße 10
D-64546 Mörfelden-Walldorf
Telefon +49 (6105) 20 8-0
Telefax +49 (6105) 20 8-113
Internet www.seat.de
S. 92

Swiss Life Asset Management Kapitalanlagegesellschaft mbH
Leopoldstraße 11 a
D-80802 München
Telefon +49 (89) 381 09-840
Telefax +49 (89) 381 09-465
Internet www.sl-am.de
S. 30

ThyssenKrupp AG
August-Thyssen-Straße 1
D-40211 Düsseldorf
Telefon +49 (211) 82 40
Telefax +49 (211) 82 43 60 00
Internet www.thyssenkrupp.com
S. 100

Toyoda Machinery & Engineering GmbH
Bischofstraße 118
D-47809 Krefeld
Telefon +49 (2151) 51 88 300
Telefax +49 (2151) 51 88 333
Internet www.toyoda.de
S. 63

UL International Germany GmbH
Frankfurter Straße 229
D-63263 Neu-Isenburg
Telefon +49 (6102) 369-0
Telefax +49 (6102) 369-280
Internet www.ul-europe.com
S. 70

Wirtschaftsstandort Deutschland
Business Location Germany

Verlag/Publishing House	Europäischer Wirtschafts Verlag GmbH Ein Unternehmen der Medien Gruppe Kirk holding AG Groß-Gerauer Weg 1 in D-64295 Darmstadt Telefon +49 (6151) 17 70-0 Telefax +49 (6151) 17 70-10 LeoPro +49 (6151) 17 70-48 E-mail ewv@medien-gruppe.com Homepage www.medien-gruppe.com
Internet	www.ebn24.com
Herausgeber/Publisher	Christian Kirk ©
Realisation	Dieses Projekt wurde realisiert unter Mitarbeit der Autoren Prof. Romano Prodi, Hans Eichel, Ernst Welteke, Hilmar Kopper, Andrew Richards, Günter Verheugen, Rolf Schwanitz, Dr. Edmund Stoiber, Rainer Brüderle, Florian Gerster, Renate Künast, Prof. Dr. Bernd Gottschalk, Hartmut Mehdorn, Bernhard Schreier, Edelgard Bulmahn, Prof. Dr.-Ing. Dr. h.c. mult. Dr.-Ing. E.h. Hans-Jürgen Warnecke, Prof. Dr. Fritz Vahrenholt, Prof. Vittorio Prodi, Jürgen Petzinger, Prof. Dr. Wolfgang Wahlster, Dr. Ralf Corsten, Christiana Weber M. A. (Schlussredaktion), Julia Schmitt sowie in der Organisation Andreas Laue, Jürgen Scheffel, Christopher Zulauf, Immacolata Rametti und Monika Burger
Gesamtherstellung/Collect-run Production	Media Team Gesellschaft für Kommunikation mbH
Chefredaktion/Editor-in-Chief	Heinz-Dieter Krage
Grafik & Satz/Graphics & Typesetting	Walter Keller, Steffi Sauermann-Schliebs, Christiane Schimmel, Daniela Kraft, Eva-Maria Prinz, Kirsten Ruths, Tobias Schulze
Verantwortlicher Übersetzer/Responsible for translation	Robert McMurray
Bildnachweis/Picture credits	Autoren der Artikel, porträtierte Unternehmen, Klaus Mihatsch, Messe Düsseldorf GmbH, aid Bonn, Siemens AG, Jan Terhoeven (Herne), Fremdenverkehrsamt München, Flughafen München, Heliosaar Ingenieurbüro Jacobsen (Saarbrücken), Ludwig-Maximilians-Universität München, adidas Salomon AG, Werner Vauth (Darmstadt), Thyssen-Nothelfer, Presse- und Informationsamt der Bundesregierung/Bundesbildstelle, Shell AG, Bayer AG, Robert Bosch GmbH, VDA, DaimlerChrysler AG, Sachsenring Automobiltechnikum AG, Wilhelm Karmann GmbH, Continental AG, Salzburger Land, Jürgen Detmers
EBV, Computer to Plate	digitaltype GmbH, Darmstadt
Papier/Paper	Classen-Papier GmbH, Darmstadt. Papiersorte: Volley®Silk matt, 135 gr/m²
Vervielfältigung & Nachdruck/Reproduction & reprints	Alle Rechte vorbehalten. Kein Teil dieses Buches darf ohne schriftliche Genehmigung des Verlages vervielfältigt oder verarbeitet werden. Unter dieses Verbot fällt insbesondere die gewerbliche Vervielfältigung per Kopie, die Aufnahme ins Internet bzw. andere elektronische Datenbanken und die Vervielfältigung auf CD. Verstöße werden rechtlich verfolgt. Redaktionsschluss: 24. April 2002
ISBN	3-932845-98-6, Ausgabe 2002/2003